2019年5月，中共泸州市委书记、市对口帮扶藏区彝区贫困县工作领导小组组长刘强率队赴彝区考察对口帮扶工作

2018年3月，泸州市江阳区相关领导组织对口扶贫盐源县考察现场及对接工作会

泸州市龙马潭区相关领导组织对口扶贫考察现场及工作座谈会

2017年1月,泸州市、中国农业科学院农业资源与农业区划研究所与对口帮扶
乡城、稻城、普格、盐源4区(县)签订规划协议

2017年4月,中国农业科学院农业资源与农业区划研究所专家
分两组赴稻城县、乡城县、普格县调研考察

2017年7月,规划编制专家组、泸州市农业局与稻城县、乡城县、普格县三方相关人员在成都召开中期讨论会

2017年9月,邀请国务院发展研究中心、农业部农村社会事业发展中心、中国农业大学、中国农业科学院、四川省泸州市相关专家在北京召开稻城县、乡城县、普格县规划评审会

2019年5月，中国农业科学院农业资源与农业区划研究所、泸州市农业农村局、泸州市江阳区相关领导专家赴盐源县调研考察

2019年11月，邀请国务院发展研究中心、中国农学会、全国农业技术推广服务中心、泸州市农业农村局、盐源县相关专家在北京参加盐源县规划评审会

稻城县生态特色农业发展规划（2017—2025年）

——特色林果产业布局图（葡萄、樱桃）

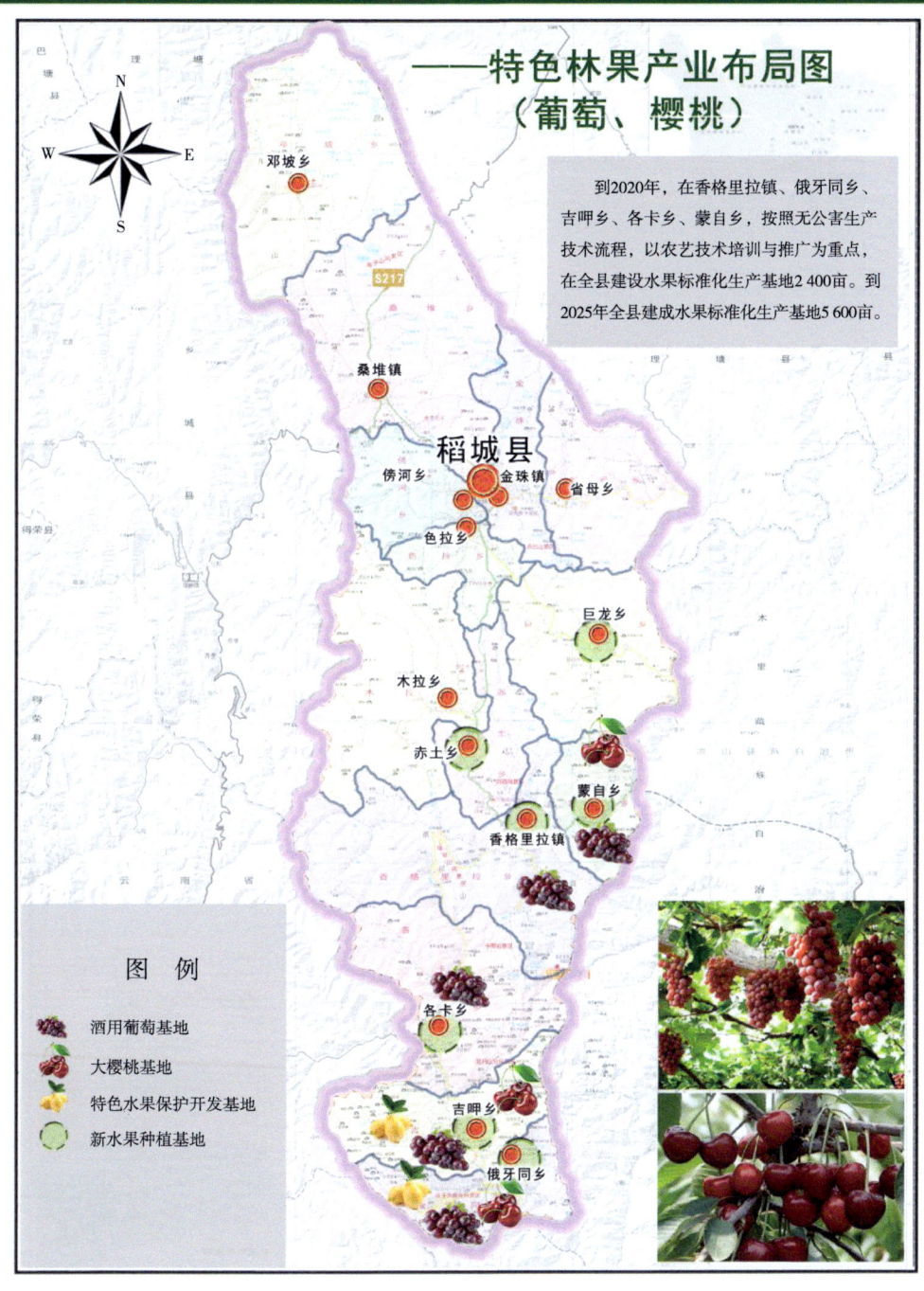

到2020年，在香格里拉镇、俄牙同乡、吉呷乡、各卡乡、蒙自乡，按照无公害生产技术流程，以农艺技术培训与推广为重点，在全县建设水果标准化生产基地2 400亩。到2025年全县建成水果标准化生产基地5 600亩。

图例
- 酒用葡萄基地
- 大樱桃基地
- 特色水果保护开发基地
- 新水果种植基地

稻城县生态特色农业发展规划（2017—2025年）

——中藏药材产业布局图

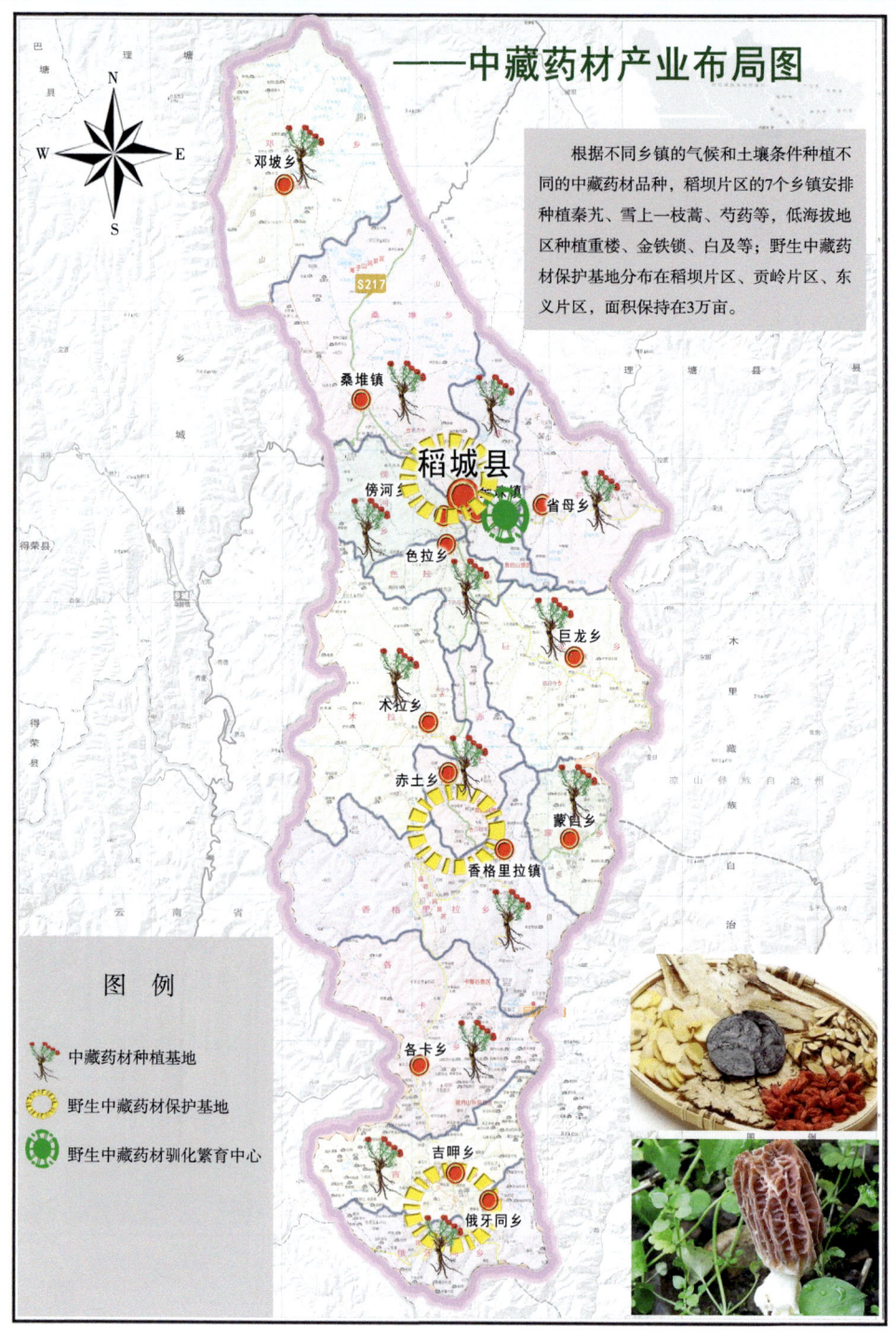

根据不同乡镇的气候和土壤条件种植不同的中藏药材品种，稻坝片区的7个乡镇安排种植秦艽、雪上一枝蒿、芍药等，低海拔地区种植重楼、金铁锁、白及等；野生中藏药材保护基地分布在稻坝片区、贡岭片区、东义片区，面积保持在3万亩。

图例
- 中藏药材种植基地
- 野生中藏药材保护基地
- 野生中藏药材驯化繁育中心

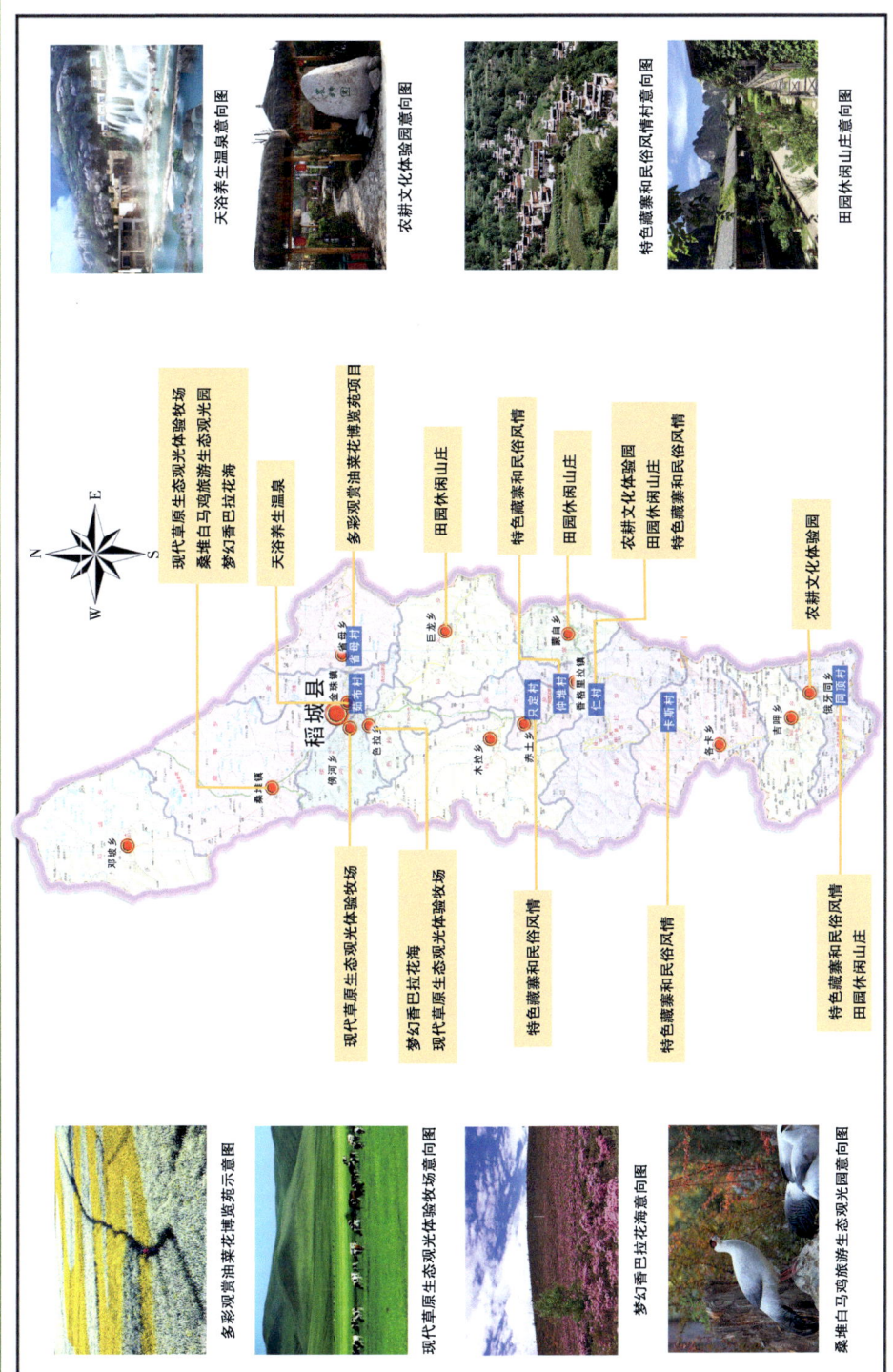

普格县特色优势农牧产业发展规划(2018—2025年)

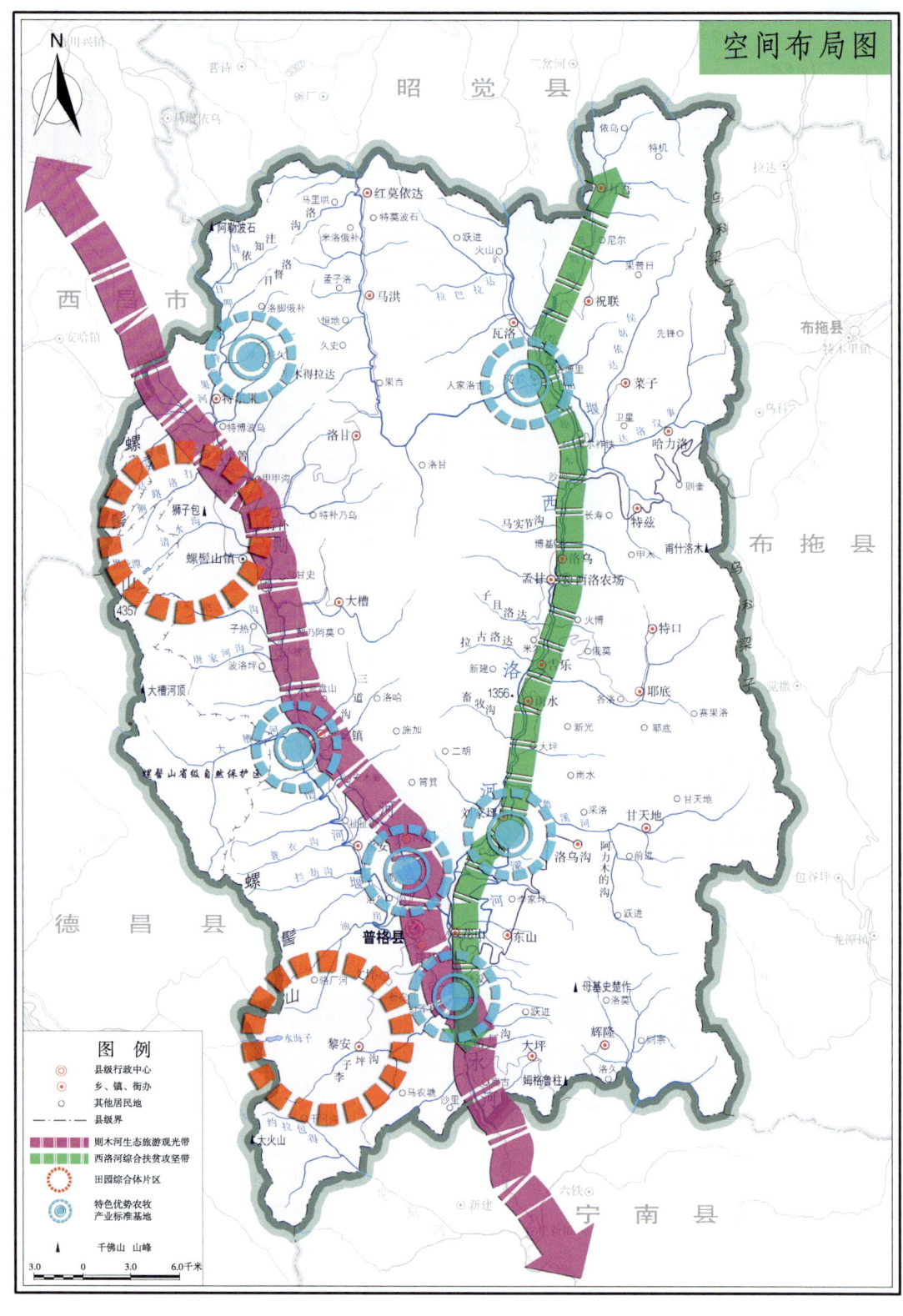

空间布局图

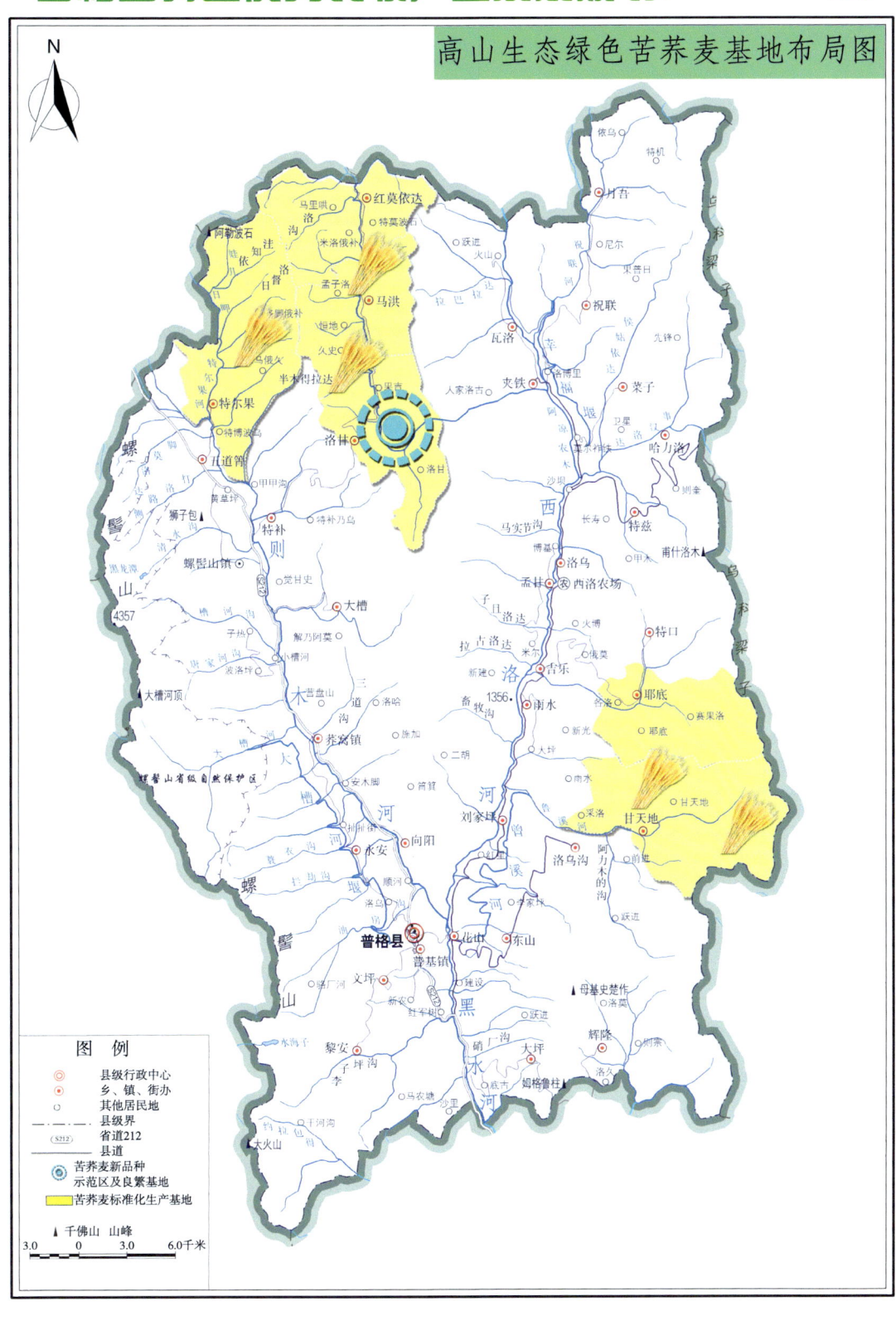

普格县特色优势农牧产业发展规划(2018-2025年)

生态麻鸭、蜜蜂养殖基地布局图

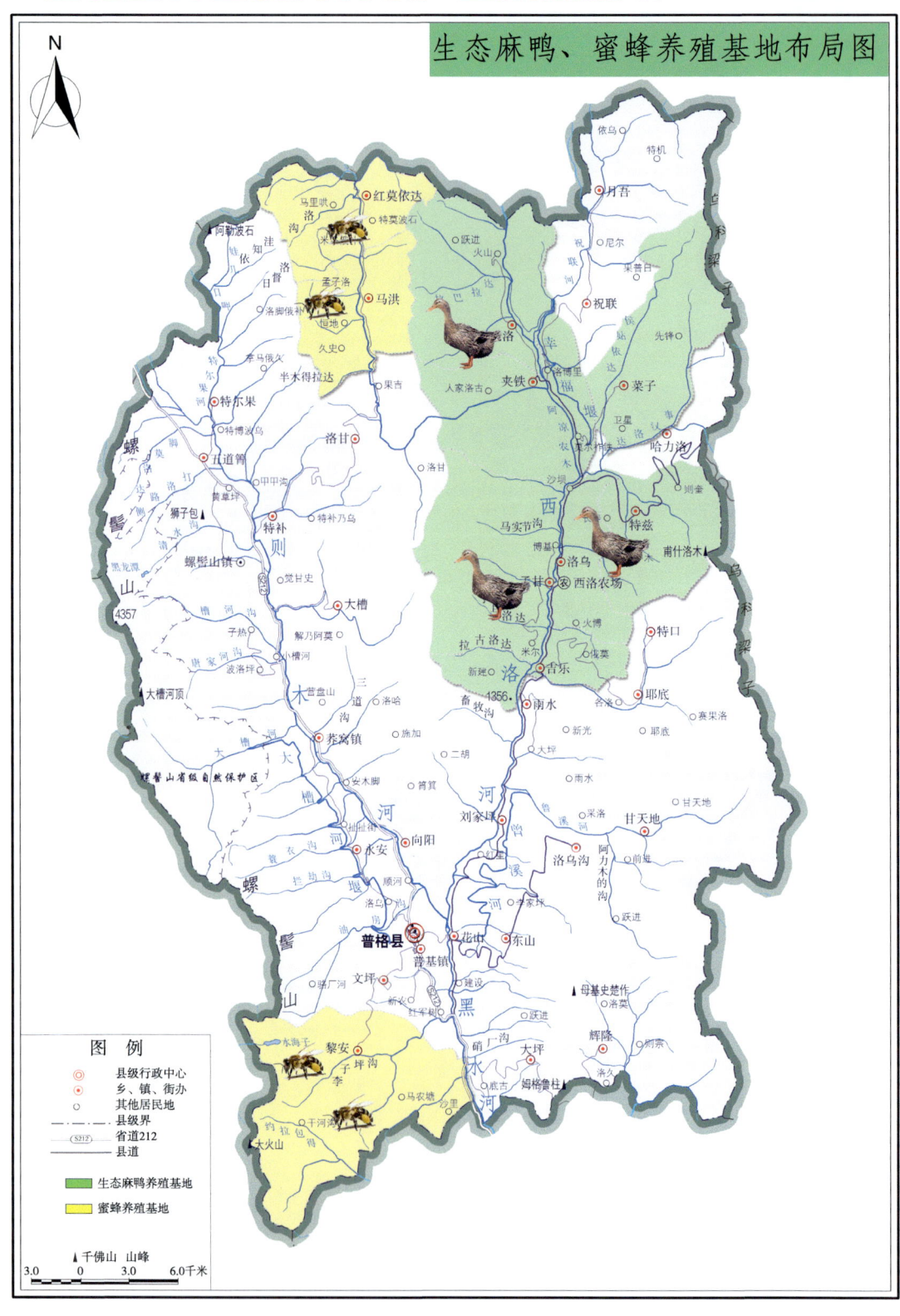

盐源县现代农业产业园规划

苹果科技示范核心区规划图

- 优质种苗繁育中心
- 循环农业基地
- 苹果种质资源圃
- 苹果采摘体验园
- 绿色农业支持成毒康复矫正服务示范区

- 园区管理与科技创新中心
- 立体栽培生产基地
- 高标准示范果园
- 农产品加工物流及电子商务基地
- 温室大棚蔬菜基地

盐源县现代农业产业园规划

绿色蔬菜生产示范区鸟瞰图

鸟瞰图

盐源县现代农业产业园规划

苹果庄园田园综合体鸟瞰图

鸟瞰图

脱贫攻坚

特色产业扶贫规划探索与实践

信军 姜文来 李娟 周雪松 等著

中国农业科学技术出版社

图书在版编目（CIP）数据

脱贫攻坚：特色产业扶贫规划探索与实践 / 信军等著. —北京：中国农业科学技术出版社，2020.10

ISBN 978-7-5116-5062-7

Ⅰ.①脱… Ⅱ.①信… Ⅲ.①特色产业—扶贫—研究—中国 Ⅳ.①F269.2

中国版本图书馆 CIP 数据核字（2020）第 190548 号

责任编辑	李　华　崔改泵
责任校对	贾海霞

出 版 者	中国农业科学技术出版社
	北京市中关村南大街12号　邮编：100081
电　　话	（010）82109708（编辑室）　（010）82109702（发行部）
	（010）82109709（读者服务部）
传　　真	（010）82106650
网　　址	http：//www.castp.cn
经 销 者	各地新华书店
印 刷 者	北京建宏印刷有限公司
开　　本	787mm×1 092mm　1/16
印　　张	13.75　　彩插12面
字　　数	272千字
版　　次	2020年10月第1版　2020年10月第1次印刷
定　　价	88.00元

◀━━ 版权所有·翻印必究 ▶━━

《脱贫攻坚：特色产业扶贫规划探索与实践》

著者名单

主　著： 信　军　姜文来　李　娟　周雪松

著　者：（以姓氏笔画为序）

　　　　王建鹏　王海英　王继红　王道龙　甘寿文
　　　　石大可　冯　昊　冯　欣　庄飞云　刘　洋
　　　　刘春芳　关　鑫　李秋波　杨　树　谷莉莎
　　　　张　杰　张涵宇　陆　杰　陈玉华　周旭英
　　　　郑　末　屈宝香　柏建钊　侯艳林　贾　伟
　　　　陶莉慧　阎振立　梁　晨　谢秋艳　鲜于开艳

前 言

脱贫攻坚战居于我国三大攻坚战首位,只有坚决打赢脱贫攻坚战,才能如期实现全面建成小康社会目标,中国共产党向中国人民作出的庄严承诺才能实现。

乡村振兴战略实施是脱贫攻坚重要抓手。"产业兴旺、生态宜居、乡风文明、治理有效、生活富裕"是乡村振兴战略总要求。如何在贫困地区走出一条脱贫攻坚和乡村振兴有机结合之路,让贫困地区人民同全国人民一道过上小康生活,党和国家高度重视。本书围绕特色产业扶贫规划进行探索和实践,为贫困地区脱贫攻坚和乡村振兴提供了生动的范例,具有重要的理论与现实意义。

纵观此书,有3个特点。一是重点突出,围绕特色产业在脱贫攻坚中的作用进行阐述,突出了特色产业在脱贫攻坚和乡村振兴中的战略地位和作用;二是理论与实践相结合,以泸州市定向帮扶的3个贫困县为案例,通过特色产业扶贫规划明确脱贫攻坚和乡村振兴之路;三是范例可借鉴,选择特色优势农牧产业、生态特色农业和现代农业产业园3种类型进行规划探索与实践,具有范例可借鉴性,为类似地区或项目提供生动的样本。

扶贫和乡村振兴是一项长期性任务,希望本书的出版能助力扶贫和乡村振兴,并开花结果。

本书得到中国农业科学院联合攻关重大科研任务"新时期国家粮食安全战略研究"(编号CAAS-ZDRW202012)和中国农业科学院科技创新工程(区域发展)项目资助。

著 者
2020年5月

目 录

第一章 脱贫攻坚与乡村振兴 ... 1
一、中国分阶段扶贫成效 ... 1
二、乡村振兴与脱贫攻坚耦合关系 ... 7

第二章 特色产业在扶贫中的特殊作用 ... 13
一、深度贫困地区扶贫攻坚特殊性 ... 13
二、特色产业扶贫模式分析 ... 16
三、特色产业在深度贫困地区扶贫成效及问题 ... 24

第三章 规划引领四川"三州"地区脱贫攻坚 ... 29
一、农业规划在扶贫攻坚中起到积极作用 ... 29
二、四川"三州"地区省内对口扶贫概况 ... 34
三、四川省内对口援彝援藏扶贫规划成果 ... 38

第四章 推动结构调整 助力特色产业扶贫
——普格县特色优势农牧产业发展规划 ... 41
一、普格县特色产业扶贫背景 ... 41
二、普格县特色产业发展条件 ... 42
三、发展思路与目标 ... 49
四、产业选择与总体布局 ... 56
五、重点项目建设 ... 62
六、支撑体系 ... 83
七、投资概算与效益分析 ... 89
八、保障措施 ... 91

第五章　聚焦生态农业　转变区域经济发展方式
——稻城县生态特色农业发展规划 ········· 95
- 一、稻城生态特色产业扶贫背景 ········· 95
- 二、规划基础条件与优势 ········· 96
- 三、规划指导思想、目标 ········· 106
- 四、总体布局与规划定位 ········· 110
- 五、重点特色产业发展规划 ········· 112
- 六、农业体系建设 ········· 146
- 七、投资估算与效益分析 ········· 153
- 八、保障措施 ········· 155

第六章　加快园区建设　开辟精准扶贫新路径
——盐源县现代农业产业园规划 ········· 159
- 一、现代农业产业园规划背景 ········· 159
- 二、园区建设条件分析 ········· 161
- 三、发展思路与目标 ········· 169
- 四、总体布局与功能分区 ········· 175
- 五、分区建设规划 ········· 177
- 六、基础设施与环境保护 ········· 189
- 七、投资估算与效益分析 ········· 197
- 八、运营保障 ········· 202

主要参考文献 ········· 209

后　记 ········· 210

第一章 脱贫攻坚与乡村振兴

脱贫攻坚与乡村振兴对农业农村都产生重大影响。本章在分阶段论述我国扶贫成效的基础上，阐述乡村振兴与脱贫攻坚的耦合关系。

一、中国分阶段扶贫成效

改革开放40多年来，党中央、国务院一直高度重视减贫工作，先后出台了一系列中长期扶贫规划等政策文件，从救济式扶贫到开发式扶贫再到精准扶贫，探索出一条符合中国国情的特色农村扶贫开发道路。回顾我国扶贫实践历程，大致经历了5个阶段：农村经济体制改革扶贫阶段（1978—1985年）、区域瞄准开发式扶贫阶段（1986—1993年）、重点攻坚式扶贫阶段（1994—2000年）、多元参与式扶贫阶段（2001—2012年）、精准扶贫阶段（2013年至今）。

（一）农村经济体制改革扶贫阶段（1978—1985年）

该阶段是我国扶贫工作的探索阶段，时处我国改革开放初期，党中央尊重人民群众的首创精神，通过经济体制改革，部署和推动以家庭联产承包为基础、统分结合的双层经营体制，实施提高农产品价格、改善农业交易条件、赋予农民生产自由权、发展农村商品经济等配套政策，极大地解放了农村生产力，从而推动了中国农村发展和农民家庭减贫进程。

具体来看，通过土地制度改革实行家庭联产承包责任制，使广大农民重新获得管理和使用土地的权利，为农业生产注入了新的生机与活力，使农村生产力得到解放，从而产生了极大的减贫效应。与此同时，国家允许多种经营手段存在，大力发展乡镇企业，为农业生产提供了必要的生产资料，更为贫困人口的脱贫、可持续发展能力的培育提供了根本保证。在逐步推进农村经济改革，提高贫困户收入的同时，国家针对极端贫困地区成立了专门的反贫困部门、设立专项资金。

1980年，国家设立"支持经济不发达地区发展资金"；1982年，启动"三西"地区（甘肃省河西地区、定西地区和宁夏回族自治区西海固地区）农业建设扶贫工程，连续10年每年安排2亿元专项资金（简称"三西"资金）支持"三西"地区农业开发建设；1984年中共中央、国务院联合发出《关于帮助贫困地区尽快改变面貌的通知》等，开启贫困地区扶贫措施。据统计，在该阶段，中国贫困人口从2.5亿人下降到1.25亿人，农民人均纯收入增长132%，年均减贫人口1 786万人，贫困发生率降低到78.3%，为后来的扶贫实践奠定了坚实基础。

（二）区域瞄准开发式扶贫阶段（1986—1993年）

随着市场经济体制改革的推进，中国农村贫困问题从普遍性贫困转变为区域性贫困，而单纯依靠农村经济增长为主、政府救济为辅的扶贫措施已很难实现脱贫效果。因此，从20世纪80年代中期开始，扶贫工作开始进入有组织、有计划、大规模的扶贫实践阶段。

1986年，国家成立了由农业、教育、财政、交通、水电等14个相关部门组成的国务院贫困地区经济开发领导小组（1993年改名为国务院扶贫开发领导小组）及其办公室，专责推进有组织、大规模、有计划的开发式扶贫。瞄准并划定了18个集中连片贫困地区和一批国家级、省级贫困县，设立专门贫困机构和贫困地区发展专项资金，制定一系列扶贫惠农政策，形成多维度的扶贫战略，旨在改变探索阶段单纯依靠国家体制改革作为推动力的扶贫思路，从根本上加强农户未来生计方式，并保障其寻找可持续发展的有效途径，做到在政策保障的基础上彻底摆脱贫困。

据统计，在该阶段，按1984年贫困标准，全国农村未解决温饱的人口从1985年的1.25亿人减少到1993年的7 500万人，平均每年减少625万人。

（三）重点攻坚式扶贫阶段（1994—2000年）

随着农村改革的深入和扶贫开发力度的不断加大，贫困人口进一步呈现明显的地缘性特征，集中分布在西南大石山区、西北黄土高原区、秦巴贫困山区以及青藏高寒区等几类地区。以1994年《国家八七扶贫攻坚计划》的公布实施为标志，我国扶贫工作由前期救济式、道义式扶贫方式转向制度化、专业化的扶贫攻坚模式，中国的扶贫开发进入了攻坚阶段。

中共中央、国务院通过的《国家八七扶贫攻坚计划》，明确提出集中人力、物力、财力，动员全社会各界力量，力争通过7年时间，即到2000年底基本解决8 000万农村贫困人口的温饱问题。强调要继续坚持开发式扶贫方针，明确扶贫开发的基本途径和主要形式以及信贷、财税、经济开发方面的优惠政策，并对资金的管理使用、各部门的任务、社会动员、国际合作、组织与领导作出规定。还提出，今后7年里每年再增加10亿元以工代赈资金、10亿元扶贫专项贴息贷款等。《国家八七扶贫攻坚计划》是我国制定的第一个明确扶贫目标、对象、措施及期限的行动指导纲领和基本方针，表明我国在探索减贫的道路上逐步进入制度化、专业化的轨道。

本阶段，国家有针对性大规模扶贫措施取得了显著成效。据统计，在这一阶段，农村尚未解决温饱问题的贫困人口由1978年的2.5亿人减少到2000年的3 000万人，农村贫困发生率从30.7%下降到3%左右；国家确定的重点扶持贫困县农业增加值增长54%，年均增长7.5%，高于全国7.0%的年均增长速度；粮食产量增长12.3%，年均增长1.9%，是全国平均增加速度（0.6%）的3.2倍；农民人均纯收入从648元增加到1 337元，年均增长12.8%，比全国平均增长速度快2个百分点；到2000年底，贫困地区通电、通路、通邮、通电话的行政村分别达到95.5%、89%、69%和67.7%；沂蒙山区、井冈山区、大别山区、闽西南地区等革命老区群众的温饱问题已经基本解决，一些偏远山区和少数民族地区，面貌也有了很大的改变。

可见，通过国家有针对性大规模扶贫实践，推动了贫困地区经济总体发展，贫困农户也在其中获得了利益，从而促进了中国大规模减贫的进程，同时减缓了区域间贫富差距趋势的进一步扩大。

（四）多元参与式扶贫阶段（2001—2012年）

2000年，我国基本解决了农村贫困人口温饱问题，完成了有针对性大规模扶贫实践阶段，实现了国家八七扶贫攻坚计划目标。但是，21世纪中国扶贫工作面临着诸多新问题、新挑战，即由前期普遍性贫困演变为城乡、工农及农村内部分化而产生的贫富差距问题日益扩大，农村多元贫困、阶层性贫困问题不断凸显。

2001年5月，中央召开全国扶贫开发工作会议，颁布了第一个长期规划式扶贫纲要《中国农村扶贫开发纲要（2001—2010年）》，明确提出进一步改善贫困地区生产环境，提高贫困人口生活质量，巩固扶贫成果，为全面建设小康社会提供坚实保障。这一时期，一方面，在全国中西部地区确定了592个国家扶贫开发重点县，把贫困瞄准重心下移到村，全国范围内确定了14.8万个贫困村，全面推进以整村推进、产业发展、劳动力转移为重点的综合扶贫措施；另一方面，为了有效实现脱贫目标，我国政府开始引导社会组织力量积极参与到扶贫工作中来，这既是中国特色扶贫工作的重要组成部分，也是中国扶贫工作获得成效的宝贵经验。2007年在全国范围全面实施农村最低生活保障制度，扶贫开发进入扶贫开发政策与最低生活保障制度衔接的阶段，国家贫困治理体系进一步完善。2011年，我国进入同步小康发展扶贫阶段，中共中央、国务院颁布实施第二个长期规划式扶贫纲要《中国农村扶贫开发纲要（2011—2020年）》，对新时代背景下的扶贫工作进行了更全面、更系统、更完善的规划与部署，将连片特困地区作为扶贫开发的主战场，扶贫标准提高92%。

多元参与式扶贫模式是在巩固前期开发式扶贫的基础上，利用参与式自下而上制定、实施扶贫规划，逐步推动形成整个社会参与扶贫工作的大格局，为国民经济的发展和城乡及区域发展差距的缩减贡献了力量。据统计，这一阶段，农民人均纯收入增长1.57倍，比同期全国平均数高6.5个百分点；按照现行扶贫标准，全国农村贫困人口减少了2.9亿人，年均减少2 965.7万人，贫困发生率降低到17.2%，是1978年以来我国减贫速度最快的时期。

（五）精准扶贫阶段（2013年至今）

前4个阶段的扶贫其本质都是开发式和输血式的扶贫，资源投放精准方面仍有欠缺。在全面建设小康社会时期，我国的扶贫形态和扶贫战略均发生了显著的变化，"贫困结构复杂多维，致贫原因多种多样，扶贫新常态呈现相对贫困、多维贫困、动态贫困、长期贫困等特征"。这表明我国的扶贫工作进入了攻坚期和深水区，脱贫攻坚工作进入了新常态。一方面，由于贫困地区交通闭塞、生活条件更为艰苦，脱贫难度更大，导致传统扶贫模式已无法啃掉剩余贫困的"硬骨头"；另一方面，扶贫事业关系到2020年是否能实现全面建成小康社会的宏伟目标，关系到在现行标准下农村贫困人口是否"脱真贫""真脱贫"。因此，针对新时代背景下出现的扶贫工作新挑战，需要对传统减贫理念及实践进行调整和完善。

2013年，习近平总书记提出了以"精准扶贫"为核心的关于扶贫工作的重要论述，其核心是要实现"四个精准"，即精准识别、精准施策、精准管理和精准考核。通过精准扶贫的具体化，为我国扶贫工作指明了科学方向。随后，国家先后颁布《关于创新机制扎实推进农村扶贫开发工作的意见》《建立精准扶贫工作机制实施方案》《关于打赢脱贫攻坚战的决定》《关于支持深度贫困地区脱贫攻坚的实施意见》等纲要性指导文件，详细规制了精准扶贫工作模式的顶层设计，推动了"精准扶贫"思想的落地。2017年，习近平总书记在党的十九大报告中把精准脱贫作为全面建成小康社会必须打好的三大攻坚战之一作出重大部署，为打赢脱贫攻坚战提供了行动指南。2018年，《中共中央 国务院关于打赢脱贫攻坚战三年行动的指导意见》，全面部署2018—2020年脱贫攻坚工作，为今后三年打赢脱贫攻坚战提出行动方案，提出"到2020年，巩固脱贫成果，通过发展生产脱贫一批，易地搬迁脱贫一批，生态补偿脱贫一批，发展教育脱贫一批，社会保障兜底一批，因地制宜综合施策，确保现行标准下农村贫困人口实现脱贫，消除绝对贫困；确保贫困县全部摘帽，解决区域性整体贫困。实现贫困地区农民人均可支配收入增长幅度高于全国平均水平。实现贫困地区基本公共服务主要领域指标接近全国平均水平。集中连片特困地区和革命老区、民族地区、边疆地区发展环境明显改善，深度贫困地区如期完成全面脱贫任务"的目标。

习近平总书记亲自部署、亲自挂帅、亲自出征、亲自督战，脱贫攻坚取得了关键性成就，创造了我国减贫史上最好成绩。2013—2019年，现行标准下的农村贫困人口从9 899万人减少到551万人，累计减贫9 348万人，年均减贫1 335万人。到2020年2月底，全国832个贫困县中已有601个宣布摘帽，179个正在进行退出检查，未摘帽县52个，区域性整体贫困基本得到解决。脱贫攻坚促进了贫困地区经济社会发展，贫困地区内生发展活力和动力明显增强，贫困地区基层治理能力和管理水平、农村基层党组织凝聚力和战斗力明显提升，形成了全社会合力攻坚的局面，贫困人口自我发展能力不断提高。

1. 农村贫困人口减少，贫困发生率下降

据国家统计局全国农村贫困监测调查，按照2010年国家贫困线标准，截至2019年底，全国农村贫困人口已降至551万人，贫困发生率已经下降到0.6%，基本接近2020年消除全部贫困人口的目标。

分三大区域看，2019年末农村贫困人口均减少，减贫速度均超上年。西部地区农村贫困人口323万人，比上年减少593万人；中部地区农村贫困人口181万人，比上年减少416万人；东部地区农村贫困人口47万人，比上年减少100万人。

分省看，2019年各省贫困发生率普遍下降至2.2%及以下。其中，贫困发生率在1%~2.2%的省（区）有7个，包括广西、贵州、云南、西藏、甘肃、青海、新疆；贫困发生率在0.5%~1%的省（区）有7个，包括山西、吉林、河南、湖南、四川、陕西、宁夏。

党的十八大以来，全国农村贫困人口累计减少超过9 000万人。截至2019年末，全国农村贫困人口从2012年末的9 899万人减少至551万人，累计减少9 348万人；贫困发生率从2012年的10.2%下降至0.6%，累计下降9.6个百分点。

2. 贫困地区农村居民人均可支配收入增速较快

2013—2019年，832个贫困县农民人均可支配收入由6 079元增加到11 567元，年均增长9.7%，比同期全国农民人均可支配收入增幅高2.2个百分点。全国建档立卡贫困户人均纯收入由2015年的3 416元增加到2019年的9 808元，年均增幅30.2%。贫困群众"两不愁"质量水平明显提升，"三保障"突出问题总体解决。

工资、转移、财产三项收入增速均快于全国农村居民该项收入增速（表1-1）。2019年贫困地区农村居民人均工资性收入4 082元，增长12.5%，增速比全国农村高2.7个百分点；人均转移净收入3 163元，增长16.3%，增速比全国农村高3.4个百分点；人均财产净收入159元，增长16.5%，增速比全国农村高6.2个百分点；经营净收入比上年加快增长，2019年贫困地区农村居民人均经营净收入4 163元，增长7.1%，增速比上年加快2.7个百分点。

表1-1 2019年贫困地区农村居民收入情况

指标	收入水平（元）	名义增速（%）
人均可支配收入	11 567	11.5
工资性收入	4 082	12.5
经营净收入	4 163	7.1
财产净收入	159	16.5
转移净收入	3 163	16.3

集中连片特困地区农村居民人均可支配收入增速高于全国农村增速。2019年集中连片特困地区农村居民人均可支配收入11 443元，增长11.5%，比全国农村高1.9个百分点。

党的十八大以来，贫困地区农村居民人均可支配收入年均实际增速比全国农村高2.2个百分点。2013—2019年，贫困地区农村居民人均可支配收入增速分别为16.6%、12.7%、11.7%、10.4%、10.5%、10.6%、11.5%，年均名义增长12.0%，扣除价格因素，年均实际增长9.7%，实际增速比全国农村平均增速高2.2个百分点。2019年贫困地区农村居民人均可支配收入是全国农村平均水平的72.2%，比2012年提高10.1个百分点，与全国农村平均水平的差距进一步缩小。

3. 贫困地区基本生产生活条件明显改善

具备条件的建制村全部通硬化路，村村都有卫生室和村医，10.8万所义务教育薄弱学校的办学条件得到改善，农网供电可靠率达到99%，深度贫困地区贫困村通宽带比例达到98%，960多万贫困人口通过易地扶贫搬迁摆脱了"一方水土养活不了一方人"的困境。贫困地区群众出行难、用电难、上学难、看病难、通信难等长期没有解决的老大难问题普遍解决，义务教育、基本医疗、住房安全有了保障。

4. 脱贫攻坚收官之年面临新挑战

2020年，在脱贫攻坚收官之年，我国面临着新冠肺炎疫情对脱贫攻坚战的特殊考验，打好打赢这两场大战，事关如期全面建成小康社会全局。习近平总书记在决战决胜脱贫攻坚座谈会上指出，"今年脱贫攻坚要全面收官，原本就有不少硬仗要打，现在还要努力克服疫情的影响，必须再加把劲，狠抓攻坚工作落实"。他强调了4个方面的困难和挑战，即剩余脱贫攻坚任务艰巨、新冠肺炎疫情带来新的挑战、巩固脱贫成果难度很大、脱贫攻坚工作需要加强。

脱贫攻坚任务艰巨，一是因为未脱贫的贫困人口大多位于条件艰苦的地区。剩余的52个未摘帽贫困县，2 707个贫困村和551万未脱贫的建档立卡贫困人口多处于"三区三州"深度贫困县，都属于贫中之贫，困中之困，是脱贫攻坚最后阶段要攻克的难关。二是未脱贫的贫困人口中特殊人群占比较高。老年人、患病者、残疾人的比例达到45.7%，工作难度很大，具有挑战性。三是突如其来的疫情给脱贫攻坚带来了新的挑战。

面对疫情加重脱贫攻坚工作强度，提高脱贫攻坚工作难度的现实，《中共中央 国务院关于抓好"三农"领域重点工作确保如期实现全面小康的意见》中提出，2020年要"集中力量完成打赢脱贫攻坚战和补上全面小康'三农'领域突出短板两大重点任务，持续抓好农业稳产保供和农民增收，推进农业高质量发展，保持农村社会和谐稳定，提升农民群众获得感、幸福感、安全感，确保脱贫攻坚战圆满收官，确保农村同步全面建成小康社会"。农业农村部办公厅、国务院扶贫办综合司联合发布《关于做好2020年产业扶贫工作的意见》中指出"围绕保脱贫、强产业、补短板、防风险、促巩固，聚焦未摘帽县和重点贫困村，聚焦三区三州等深度贫困地区，突出主体培育、产销对接、科技服务、人才培养等关键环节，加强统筹协调，加大倾斜支持，强化措施落实，在做好疫情防控工作的同时，切实做好产业扶贫工作，为打赢脱贫攻坚战、巩固脱贫攻坚成果提供有力支撑"。同时，民政部、国务院扶贫办印发《社会救助兜底脱贫行动方案》，聚焦特殊群体，编密织牢基本民生兜底保障网，切实做到兜底保障"不漏一户、不落一人"，坚决打赢社会救助兜底保障攻坚战。

二、乡村振兴与脱贫攻坚耦合关系

（一）乡村振兴战略内涵

实施乡村振兴战略，是以习近平同志为核心的党中央着眼于实现"两个一百年"

奋斗目标和中华民族伟大复兴的"中国梦",紧扣我国社会主要矛盾变化作出的重大战略部署,是新时代"三农"工作的总抓手。党的十九大报告提出实施乡村振兴战略,随后中共中央、国务院发布《关于实施乡村振兴战略的意见》和《乡村振兴战略规划（2018—2022年）》,提出乡村振兴战略"产业兴旺、生态宜居、乡风文明、治理有效、生活富裕"的总要求,并对实施乡村振兴战略作出阶段性谋划,分别明确至2020年全面建成小康社会和2022年的目标任务,细化实施工作重点和政策措施,部署重大工程、重大计划、重大行动,是指导各地区各部门分类有序推进乡村振兴的重要依据。

乡村振兴以"五振兴"为基本内容,包括产业振兴、人才振兴、文化振兴、生态振兴和组织振兴。产业振兴重点要构建乡村地区现代农业产业体系,推动一二三产业融合发展,深度挖掘农业的多功能特色优势,走乡村产业融合升级之路,农民能在家门口实现创业就业,为乡村振兴提供不竭动力;人才振兴要强化乡村振兴主体建设,培养合格现代职业农民队伍,凝聚各方人才,走乡村主体优化之路;文化振兴要传承发展提升农耕文明,走乡村文化兴盛之路,强化振兴的精神动力;生态振兴就是坚持人与自然和谐共生,走乡村绿色发展之路,以良好生态环境支撑,建设宜业宜居的美丽乡村;组织振兴的核心是健全乡村治理体系,走乡村善治之路,确保乡村社会安定有序和百姓安居乐业。

我国乡村振兴战略具有丰富的科学内涵,首先,乡村振兴战略内容涵盖我国"三农"工作的方方面面,其内在主旨在于实现产业兴旺发展、农民生活富裕、乡村环境优美。其一,要着眼于农业供给侧结构性改革,大力提升现代农业生产效率、保障农产品供给质量;同时,充分运用现代科学技术、现代管理经验的社会化农业,大力发展加工、物流、旅游、服务等相关联产业,拓展农业多功能性,提高一二三产业融合水平,实现产业兴旺。其二,通过发展现代农业增加农业经营性收入,通过深化农村集体产权改革提高财产性收入,通过消除农民工市民化就业歧视增加工资性收入,多渠道增加农民收入,改善农民家庭收入结构,增加总收入,使农民家庭生活富裕。其三,加强农村生态环境建设、文化事业建设、治理能力建设,将全国广大农村建成生态宜居、乡风文明、治理有效的社会主义现代化新农村。

其次,乡村振兴战略的最终目标是实现农业农村现代化。根据党的十九大的战略部署,2035年我国基本实现现代化,2050年建成社会主义现代化强国。当今,农业还是"四化同步"的短腿,没有农业现代化,没有农村繁荣富强,没有农民安居乐业,国家现代化就是不完整、不全面、不牢固的。到2035年基本实现社会主义现代化,大头重头在"三农",必须向农村全面发展聚焦发力,推动农业农村农民与国家同步基本实现现代化。乡村振兴战略作为国家战略的重要组成部分,其最终目标是全面解决"三农"问题,实现农业农村农民现代化。

再次,实施乡村振兴战略的总方针是坚持农业农村优先发展。历史证明,国家经济发展之所以能大步向前,是因为始终有农业农村这个稳固的基础,能够不断从中汲取力量。农业连年丰产,农民连年增收,农村和谐稳定,数亿农民工有效有序转移,已经成为经济社会发展的"压舱石"。现实不断提醒,我国发展最大的不平衡是城乡发展不平衡,最大的不充分是农村发展不充分,"一条腿长一条腿短"还比较突出。在经济下行压力加大、外部环境发生深刻变化的复杂形势下,必须坚持把解决好"三农"问题作为全党工作重中之重不动摇,进一步统一思想、坚定信心、落实工作,巩固发展农业农村好形势,发挥"三农"压舱石作用,为有效应对各种风险挑战赢得主动,为确保经济持续健康发展和社会大局稳定,如期实现第一个百年奋斗目标奠定基础。

最后,乡村振兴战略的实现机制是城乡融合发展。我国长期实行城乡分治的二元社会经济体制,城乡发展被人为割裂开来,城市和工业发展处于优先地位,农村和农业发展则处于次要地位,进而形成了城乡二元市场体制,城乡市场相互隔离,城市发展充分发挥了自身的极化优势,吸引了更多的政府资源、社会资源,而农村发展则相对滞后,不仅不能吸引外部资源,而且大量农村资源源源不断进入城市,最终造成农村发展资源的严重不足。实施乡村振兴战略,必须重塑城乡关系,走城乡融合发展之路。实施城乡融合发展,是促进农村现代化的必然要求,是解决农业发展结构性矛盾的必经之路,是最终改善农民生活、整体性提升国民生活质量、实现人民美好生活向往平衡发展的重要标准。建立健全城乡融合发展体制机制,逐步建立城乡统一大市场,充分发挥政府的自觉规划引导作用和市场的自发调节作用,推动城乡要素自由流动、平等交换,促进更多资源进入农村,合理引导农村劳动力等生产要素进入城市,在全社会统一市场范围内优化配置资源,提高效率,加快农村发展,形成工农互促、城乡互补、全面融合、共同繁荣的新型工农城乡关系。

（二）扶贫攻坚与乡村振兴的内在关联

习近平总书记高度重视脱贫攻坚与乡村振兴的有机衔接问题,多次发表重要讲话,强调"打赢脱贫攻坚战,做好同2020年后乡村振兴战略的衔接""打好脱贫攻坚战是实施乡村振兴战略的优先任务""要把脱贫攻坚同实施乡村振兴战略有机结合起来"。2019年中央一号文件《中共中央 国务院关于坚持农业农村优先发展做好"三农"工作的若干意见》明确指出,"做好脱贫攻坚与乡村振兴的衔接,对摘帽后的贫困县要通过实施乡村振兴战略巩固发展成果",表明乡村振兴与脱贫攻坚成效的巩固与提升关系密切。

1. 乡村振兴为脱贫攻坚成效的巩固与提升提供抓手

现阶段,我国脱贫攻坚进入决胜期。产业扶贫作为我国脱贫攻坚战的重要举措,其内涵在于以产业发展为核心带动贫困户和贫困地区脱贫的一种内生动力。在某些深度贫困地区受到贫困户意识形态影响,产业扶贫存在特色不明显、效益不高、缺乏长远规划、未能形成良性的可持续发展局面。而乡村振兴战略的首要要求即为产业振兴,作为乡村振兴战略的基石,要求实现现代化农业。而现代化农业不仅要求新型职业农民、适度经营规模、作业外包服务和绿色农业,还要求农村一二三产业的融合发展,其实施可实现在脱贫攻坚完成后为产业布局和长期发展指明方向,具有重要的指导意义,避免在产业发展方面的短视行为出现。同时乡村振兴战略又为贫困地区带来国家政策和资金上的扶持,从思想上和物质上为脱贫攻坚工作提供有力的保障。因此,乡村振兴为脱贫攻坚成效的巩固与提升提供了重要抓手。

2. 脱贫攻坚成效的巩固与提升为乡村振兴提供坚实基础

乡村振兴的前提是摆脱贫困,脱贫攻坚本身即是乡村振兴的重要组成。2018年2月,习近平总书记在四川视察的重要讲话中强调"实施乡村振兴战略,基础和前提还是要把脱贫攻坚战打赢打好"。脱贫攻坚的目标任务同党中央对乡村振兴战略的总体要求是相互衔接、相互统一的。脱贫攻坚是我国当前扶贫工作的主要任务,它与统筹城乡发展一起,共同筑实了中国特色社会主义乡村振兴的基底。只有如期实现农村贫困人口全部脱贫,才能实现全面建成小康社会的目标,才能为实施乡村振兴战略打下坚实基础。《中共中央 国务院关于打赢脱贫攻坚战的决定》和《中共中央 国务院关于实施乡村振兴战略的决定》中指出,以消除绝对贫困为目标的精准脱贫要在2020年前完成,而乡村振兴到2020年相关制度框架和政策体系要基本形成,在时间节点上形成了延续和过渡。精准脱贫攻坚战的实施效果,对于乡村振兴战略有基础性影响。脱贫攻坚成效的巩固与提升在一定程度上对产业发展质量的优化、乡风文明程度的深化、农村治理水平的升华等都有明显的助推作用。因此,脱贫攻坚成果的巩固与提升为乡村振兴战略提供坚实基础。

（三）脱贫攻坚与乡村振兴有机衔接的关键要素

组织和推进实施脱贫攻坚与乡村振兴两大战略，要充分把握两者的不同特性和差异特征，在宏观上做到不能因为脱贫攻坚而影响乡村振兴，也不能因为乡村振兴而影响脱贫目标如期实现。要做好两大战略的有机链接，必须紧抓产业衔接、招才引智、利益联结等关键要素。

首先，做好产业衔接，提升乡村造血功能，是协调推进两大战略的基石。产业是一个地区经济发展的命脉所在，也是实现经济可持续发展的不竭动力。乡村建设和乡村发展，不仅要"脱贫"而且要"致富"。产业能够助力实现从脱贫攻坚到乡村振兴的战略转变，作为连接两大战略的枢纽和衔接点促使农村经济发展"从无到有"，通过发展经济实现脱贫；乡村产业能够激发当地的文化资源禀赋、撬动社会资本对乡村闲置资源的开发利用，搭建乡村发展的内生造血机制，引导农村补短板、增收入、惠民生。目前，脱贫攻坚中的产业扶贫大多是专项的、单一的产业，且多集中在农业。要实现两大战略的有机衔接，必须找好产业发展的衔接点，按照乡村振兴中"产业兴旺"的内在要求，重点向农产品加工业、农业服务业拓展延伸，实现三产融合发展，同时还要积极开发新产业新业态，实现多功能发展。这样的产业，才能架构脱贫攻坚到乡村振兴的坚固桥梁。

其次，抓好招才引资，建立乡村人才队伍，是协调推进两大战略的中坚力量。人才是乡村发展的重要力量，乡村振兴需要一批懂农业、爱农村、爱农民的农业职业经纪人、经理人、乡村工匠和文化传承人。目前人口老龄化、妇孺化已成为乡村最大的短板，农村很多有知识、有文化、有技术、懂管理的中青年农民多数进城务工，人力资本出现严重短缺，人才更新速度相对缓慢，高学历技术人才返乡数量更是稀少，熟悉乡村发展的劳动者相对年龄偏大，乡贤群体和技术能人不断流失，回流的难度大，再加上人才培养机制不健全，导致农村缺乏技术人才和高素质人才。实现脱贫攻坚与乡村振兴的有机衔接，要让人才能带动智慧、资金、技术等配套要素向农村聚集，先"输血"再"造血"，进一步促成优质教育资源向农村正向流动，帮助农村居民"被动脱贫"向"主动奔康"转变，以更好地调动人才资源和教育资源，聚合乡村发展的智力和资源，从而为乡村发展提供源源不断的内生动力。

最后，保障农民增收，建立利益联结机制，是协调推进两大战略的落脚点。脱贫攻坚战役的根本目的就是提高农村贫困居民的生活水平，其实质就是促进农民增收。同时，生活富裕又是乡村振兴的根本要求，是乡村振兴的目的所在，是乡村振兴20字总方针的落脚点。无论是"社会保障兜底一批"的脱贫攻坚指导方针，还是"生活富裕"的乡村振兴总要求，农村居民特别是贫困人口持续增收是衡量"三农"工作完成质量的重要指标。只有稳定增强贫困户的脱贫能力，着力创造更多的、更有效的、更实在的农村居民增收来源点，让农村居民切切实实地感受到腰包"鼓起来"，乡村才具有"活水之源"。

第二章 特色产业在扶贫中的特殊作用

特色产业在扶贫工作中有奇效。本章在分析我国深度贫困地区特殊性的基础上，阐述了特色产业在扶贫中战略地位、特色产业扶贫理论和特色产业扶贫模式，并对特色产业在深度贫困区扶贫成效和存在问题进行了分析。

一、深度贫困地区扶贫攻坚特殊性

（一）我国深度贫困地区识别

打赢脱贫攻坚战，已经进入到最后阶段，也是最关键的阶段——解决深度贫困问题。中央提出精准扶贫、精准脱贫攻坚战略之后，进一步聚焦脱贫攻坚战的"精准区域"即深度贫困地区，尤其是少数民族集中聚居的"三区三州"。

2017年6月，习近平总书记在山西省太原市主持召开深度贫困地区脱贫攻坚座谈会中准确研判了深度贫困地区的范围。他指出，"脱贫攻坚的主要难点是深度贫困。主要难在以下几种地区：一是连片的深度贫困地区，西藏和四省藏区、南疆四地州、四川凉山、云南怒江、甘肃临夏等地区，生存环境恶劣，致贫原因复杂，基础设施和公共服务缺口大，贫困发生率普遍在20%左右。二是深度贫困县，据国务院扶贫办对全国最困难的20%的贫困县所做的分析，贫困发生率平均在23%，县均贫困人口近3万人，分布在14个省（区）。三是贫困村，全国12.8万个建档立卡贫困村居住着60%的贫困人口，基础设施和公共服务严重滞后，村两委班子能力普遍不强，3/4的村无合作经济组织，2/3的村无集体经济，无人管事、无人干事、无钱办事现象突出"。11月，中共中央办公厅、国务院办公厅印发的《关于支持深度贫困地区脱贫攻坚的实施意见》（以下简称《意见》）中，对深度贫困地区脱贫攻坚工作作出全面部署，其中提出"新增脱贫攻坚资金、新增脱贫攻坚项目、新增脱贫攻坚举措主要用于深度贫困地区，国家重点支持三区三州"。

《意见》中从国家层面上识别了深度贫困地区，即"三区三州"。"三区"即西藏、新疆南疆四地州（包括喀什地区、和田地区、克孜勒苏柯尔克孜自治州以及阿克苏地区）和四省藏区（包括四川省的阿坝藏族羌族自治州、甘孜藏族自治州和木里藏族自治县；甘肃省甘南藏族自治州；青海省海北藏族自治州、黄南藏族自治州、海南藏族自治州、果洛藏族自治州、玉树藏族自治州、海西蒙古族藏族自治州；云南省迪庆藏族自治州），"三州"即甘肃的临夏回族自治州、四川的凉山彝族自治州和云南的怒江傈僳族自治州。在空间上"三区"主要是青藏高原及周边地区，"三州"均位于青藏高原东缘的藏彝走廊上。

"三区三州"共有24个市州、209个县，总面积289.97万平方千米，占全国国土面积的30.2%，人口2 587万，占全国总人口的1.9%，其中，少数民族人口1 963.14万，占人口总量的75.88%。"三区三州"区域性整体贫困突出，深度贫困特征明显，极度贫困普遍存在，加之该区域是少数民族的聚居地，深度贫困与自然条件、民族宗教、社会治理等因素交织在一起，这使得"三区三州"成为全国贫困类型最多元、致贫原因最复杂、脱贫任务最艰巨的地区。该区域的脱贫问题是关系全国实现整体脱贫的关键所在，也是扶贫开发进入啃硬骨头、攻坚拔寨的冲刺期的关键所在，关系到国家精准扶贫、精准脱贫战略能否真正取得成功，关系到全面建成小康社会的目标能否完全实现，是关系全党全国工作全局的一件大事。

（二）"三区三州"脱贫攻坚难度分析

与其他地区相比，该区域脱贫难度主要体现在如下方面。

1. 自然地理环境恶劣，产业发展程度低

"三区三州"深度贫困区80%以上区域位于青藏高原区，集自然灾害频发区、边境地区、生态脆弱与资源保护区、连片特困地区等于一体，又是我国重要的农牧交错带、宗教传承地、文化富集区和开放前沿阵地。这些地区自然条件差，经济基础弱，贫困程度深，生存环境恶劣，致贫原因复杂，基础设施和公共服务缺口大。独特的自然地理环境，导致这些地区以自然经济和传统农牧业生产方式为主，普遍"小、散、弱"，现代化、科学化、绿色化的农牧业尚未形成有效规模，农牧业产业化的不足，产业结构较为单一，缺少农业产业化龙头企业，拳头产品、品牌产品较少，加上现代服务业发展滞后，商贸流通业层次低、规模小、发展缓慢，农产品销售渠道单一，无法有效打开市场（表2-1）。

表2-1 "三区三州"深度贫困区自然地理环境特点

特点	特点描述	产业影响
高	平均海拔3 500～4 000米，气压低，供氧不足	劳动效率低，传统经济类型单一，以自然经济和传统农牧业为主

（续表）

特点	特点描述	产业影响
寒	气候寒冷，生长期短	有效劳动时间短，生物生产力低，农牧产品单产低
大	地域辽阔	经济交易成本高，交易效率低
岖	山地环境，山高谷深，地表破碎，耕地稀少、土壤贫瘠	区际、区内不方便
边	从国内行政区划看，"三区三州"基本都处于省际结合部；从国际看，"三区三州"位于我国沿边区域。远离政治核心区和经济核心区，处于边缘地带	同级政府间区域协调合作机制建立困难；国家重要的安全屏障，"稳边兴边富边"的重要战略区域，虽然资源富足，但其价值随经济发展程度而变化

2. 少数民族高度聚居，存在文化理念差异

多民族多宗教是"三区三州"的重要特征之一，例如南疆四地州片区是一个以维吾尔族为主体的少数民族高度聚居区，90%以上是少数民族人口，其中，维吾尔族人口占南疆四地州片区总人口的比例超过88%；临夏全州有回、汉、土、藏等31个民族，州内有伊斯兰教、佛教、道教、基督教（新教）、天主教五大宗教。"三区三州"多民族聚居，民族文化多姿多彩，体现了中华文化多样性，是原生态民族文化发源地和传承地。不同的少数民族存在其独特的思维方式、价值观念、族群意识、宗教信仰、风俗习惯、行为准则、社会传统、地域心态。从全国的角度来看，少数民族群众整体受教育程度相对较低，扶贫攻坚难度较大。例如，部分地区部分贫困群众缺乏脱贫内生动力，坐等政府帮扶、救济，甚至出现"以贫为荣"现象；一些村民的"传宗接代、多子多福"观念根深蒂固等，脱贫政策难以落实。文化贫困怪圈频现，亟须采取多元文化精准扶贫举措进行战略攻坚。

3. 生态环境脆弱，开发政策约束强

"三区三州"地区脆弱的生态环境严重地制约着既要"金山银山"又要"绿水青山"目标的实现。一方面，"三区三州"大部分处于我国生态脆弱区，贫困群众大多居住在环境恶劣的高寒地区、深石山区，脆弱的生态环境直接制约该区域产业开发与发展。如云南怒江州平均海拔3 000米以上，98%以上是山区，土地基本都是25°以上的坡地，耕地短缺，基本无法通过机械化、规模化发展农业；南疆四地州地处西北边陲，位于塔克拉玛干沙漠西南边缘，戈壁沙漠和山地居多，严重缺水，土地荒漠化严重；四川"三州"民族地区处在青藏高原生态屏障和川滇生态屏障之间，这里

海拔高、气温低、灾害多,该区域水土流失面积占土地总面积的60%以上,年土壤侵蚀量高达7亿吨,草地75%退化,40%以上缺水,不适宜大规模的经济集聚。另一方面,在我国主体功能区划分中"三区三州"绝大部分地区属于禁止开发区和限制开发区,承担国家生态安全屏障的重要历史使命,决定了"三区三州"经济发展比其他地区要付出更大的代价。如西藏和四省藏区面对日益严重的水土流失和草场退化,现有草场已无法承受现有的牲畜养殖规模,使本就缺少生产就业技能的农牧民,无法利用自然资源或生态产品获得更多的生计来源和收入。此外,在严守生态红线的情况下,"三区三州"还缺乏发展方式转变和产业结构转型升级的基础和能力,使其在执行国家主体功能区规划时,缺乏突破发展的思路,经济发展受到制约,导致了特殊的发展贫困。

二、特色产业扶贫模式分析

(一)产业扶贫在我国扶贫攻坚战略中的重要作用

习近平总书记多次强调,发展产业是实现脱贫的根本之策,要因地制宜,把培育产业作为推动脱贫攻坚的根本出路。没有产业发展,就没有收入保障,扶贫就会成为"无本之木"。"三区三州"部分县村住址偏远,环境恶劣,属于"一方水土养不了一方人"的地区,所以这些地区多以易地扶贫搬迁为主。搬迁下来的人群远离了土地、放弃原有生产资料、改变了之前熟悉的生产生活方式,需要给予相关政策和措施让他们养活自己和家庭,即维持搬迁农户的可持续生计。虽然政策要求易地扶贫搬迁的贫困户至少有一个劳动力,并通过公益岗位、政府帮助就业、临时务工等措施确保其搬迁之后的生计问题,但长期来看仍然需要产业扶贫的带动。因此,在深度贫困地区产业扶贫有着更为重要的地位,且产业扶贫在深度贫困地区实施时,与易地搬迁和生态循环的结合配套更加密切,产业扶贫需要依赖深度贫困地区基本公共服务的构建。

产业扶贫是一种坚持市场主导、政府引导,以促进贫困人口增收和贫困地区发展为目标,立足贫困地区资源禀赋、贫困状况,科学规划、选择、培育扶贫产业,建立相应的收益分配机制,并以产业扶贫支持政策作为支撑的一种扶贫方式。产业扶贫不仅包括扶贫产业本身,而且囊括产业体系内具体的运营机制、利益分配、支持政策等多项内容;时间上,还是一个动态持续的概念,即在不同时期产业扶贫的产业内容、涉及主体、推进模式等都可能不尽相同。当前,产业扶贫表现业态非常广泛,最有影响力的业态主要包括特色种养业扶贫、旅游扶贫、光伏扶贫、电商扶贫等。需要说明的是，自2015年开始，资产收益扶贫作为精准扶贫机制的重大创新，尽管最终目标往往借助产业扶贫得以实现，但更加强调通过资产实现增益的路径和机制的创新。总体来看，推动产业扶贫是一项极为系统复杂的工程，并非一个地区、一个部门就能仓促完成的，而需要各级政府、各个部门、各类主体长期的通力合作。

近年来，围绕发展扶贫产业，中央和地方有关部门相继出台了一系列行之有效的综合措施，打出政策组合拳，整个产业扶贫政策体系框架更加完善，持续加大资金投入、强化科技支撑、开展产品促销等，培育了一批特色鲜明的扶贫产业，特色种养业扶贫、旅游扶贫、电商扶贫、光伏扶贫、资产收益扶贫实践模式不断创新，形成了产业发展支撑脱贫增收的良好态势，涉及的产业扶贫举措更实、投入更大。2013年12月，中共中央办公厅、国务院办公厅印发《关于创新机制扎实推进农村扶贫开发工作的意见》，该意见将"特色产业增收"工作列为重点解决的10个突出问题之一。2014年5月，农业部、国务院扶贫办等7部门联合制定了《特色产业增收工作实施方案》，为我国14个连片特困地区明确了区域性的主导产业及建设重点。2015年11月，中共中央、国务院印发的《关于打赢脱贫攻坚战的决定》进一步提出分类施策确保按时脱贫的"五个一批"工程，其中"发展生产脱贫一批"重点要解决3 000万贫困人口脱贫。2016年5月，农业部、国家发展改革委、国务院扶贫办等9部门联合印发《贫困地区发展特色产业促进精准脱贫指导意见》，将"科学确定特色产业"作为产业扶贫的首要任务。《中华人民共和国国民经济和社会发展第十三个五年规划纲要》把特色产业扶贫列为脱贫攻坚八大重点工程之首，2016年11月印发的《"十三五"脱贫攻坚规划》对产业扶贫的具体路径和举措进行了详细的阐述。2018年6月，《关于打赢脱贫攻坚战三年行动的指导意见》提出要"积极培育和推广有市场、有品牌、有效益的特色产品"。

（二）特色产业扶贫理论基础

1. 遵循五大发展理念

五大发展理念的首次提出是在中共十八届五中全会上，在《中共中央关于制定国民经济和社会发展第十三个五年规划的建议》里面提到，"完成'十三五'时期经济发展的指标，必须发展自身优势，破解难题，树立创新、协调、绿色、开放、共享的发展理念"。五大发展理念为产业的扶贫脱贫工作提供了科学性的理论依据。通过五大发展理念为指导的基础，引领扶贫改革的新方向、新思路，对打造多元化社会帮扶脱贫体系，对从"漫灌式"到"滴灌式"扶贫方式的转变有着重要影响作用。五大发展理念对新时期的扶贫攻坚工作有着划时代的指导意义，是我们在这个特殊时期的精准扶贫价值导向。

特色产业扶贫的实施离不开五大发展理念的指导，在平时的扶贫工作当中，首先，我们更需要用创新的观点去思考问题，多对现有的扶贫模式和产业进行因地制宜的创新。其次，通过协调加强各个政府、行业、部门间的联系，处理好与社会各方面扶贫力量的关系，营造扶贫新格局。最后，坚持以节能环保的绿色方针，走可持续发展的脱贫道路，在扶贫开发过程中保护好原有的生态环境和自然资源，才能把"绿水青山"真正转变成"金山银山"。发散开放性思维，打造开放式特色产业扶贫，能使社会各个层面的资源都融入进来，创造新的扶贫局面。

2. 资源禀赋理论

资源禀赋理论指一个国家拥有的生产要素，包括了土地、劳动力、科技、政策等一系列重要的影响生产发展的因素。资源禀赋的概念是在某个国家的某种生产要素供给大于其他国家，而价格却相对较低，则说明该国家的此种生产要素的相对储备和运用更为充分充足；反之，价格高于其他国家则说明此种生产要素在该国处于稀缺状态。

通过资源禀赋理论，找出当地的产业和资源上的优势，推动劳动生产规模扩大化，带动贫困人口就业。另外，通过优势资源，降低劳动所需的生产成本，扩大劳动力的利润，带动贫困人口脱贫增收。产业规模和效益的扩展，也会使当地的财政税收有所增长，把当地的交通环境和基础设施建设完善起来，促进当地社会发展水平的稳步提高。

3. 技术创新理论

技术创新理论是由熊彼特在《经济发展论》中提出的，技术创新理论的重点在于"创新"，实现生产要素和生产条件的创新，引导生产体系的改变。同时，该理论涵盖了以下5个内容：一是新的产品；二是新的生产方式；三是新的市场；四是新的资源配置；五是新的组织形式。

经济发展的更迭离不开创新，新事物逐渐淘汰旧事物是事物发展规律的客观反映，在产业的扶贫开发工作当中，也需要在产品、生产方式、市场等方面开展创新的局面，切合实际，打造属于自身特色并符合现阶段发展规律的价值产品和发展模式。把技术创新理论运用到产业扶贫的攻坚工作当中，是做好特色产业扶贫的必要途径。

4. 比较优势理论

比较优势理论最早是由亚当·斯密在《国富论》中提出的,其意义概括为每个地区都存在着某些农产品发展的绝对优势条件,而对这些条件充分加以利用,随着商品市场上进行的买卖交换,则会让贸易双方实现共赢。随后,大卫·李嘉图发展了绝对优势理论,创立了比较优势理论。其在《政治经济学及赋税原理》中提到,在国际贸易当中,每个国家都存在着自身的优势产品和劣势产品,通过多进口自身劣势产品,多出口优势产品,那么在同其他地区和国家的商品贸易流通中,就能起到相互互利的作用。由于每个地区在发展的各个时期都会具有某些资源上的相对优势,在特色产业的发展中,应当充分利用此类资源重点发展这些具有比较优势的产业,并以此为中心加强推动关联产业的协同发展,最终形成以区域优势产业为中心的产业结构。

5. 产业关联理论

经济学家阿尔伯特·赫希曼在其著作《经济发展战略》一书中提出了产业关联理论(丰志培等,2006),赫希曼认为任何一种产业部门不能独立存在于一个国家或区域,且全部需要通过市场或部门的供需关系形成关联,与相关部门相互连接形成产业链。产业之间关联程度的高或低将直接表现出该产业在国民经济中的位置与经济增长过程中的价值。因此这类具有高关联度、在经济中能够有效渗透的主导产业,在促进各产业乃至整个区域经济的发展过程中将起到重要作用。

(三)深度贫困地区特色产业选择着力点

新时代"高质量发展"代替"高速增长"成为我国经济的发展指南。由于受到特殊地域空间结构和社会经济结构的制约,产业结构层次低且产业结构推进演变缓慢。为此,"三区三州"地区只有坚持从县域经济欠发达、地区发展不平衡的客观实际出发,在"创新、协调、绿色、开放、共享"发展理念的指引下,进一步深化供给侧结构性改革,着力打造特色优势产业体系,才能实现地区的跨越式发展。培育和发展高品质、生态化的特色产业就是把"三区三州"地区特色稀缺资源、沿边地理区位、原生态自然环境以及传统民族文化等差异化资源优势转化为经济和市场优势,这是实现"三区三州"地区包容性增长、精准脱贫的良性选择。特色产业选择要体现资源禀赋性、生态脆弱性、民族性等特点,发展生态、民族、优势、现代、有市场的特色产业,构建"人无我有、人有我优、人优我特"的产业发展格局。

1. 紧抓特色,延伸产业链,助力"全产业链脱贫"

长期以来,我国"三区三州"地区依托地域特色资源形成了地域性优势产业,如新疆棉花、石油产业，内蒙古煤炭产业，西藏民俗旅游产业，贵州中药产业等，但受地域交通、发展理念等因素影响，产业主要为低端的农牧品、原材料生产加工，呈现低效率、低效益、低就业、规模小等特点，若产业链延伸至高端工业品生产制造，则会产生高效率、高效益、高就业且规模大、能够吸纳较多的劳动力。因此，"三区三州"地区要跨出"资源诅咒"的困境，实现由传统的"资源低端、产品粗放、不可再生型"增长向"价值高端、创新精细、循环再生型"增长转变，提升产业增值能力和吸纳劳动力就业能力，实现特色产业全产业链脱贫。如甘孜州通过积极发展蔬菜、粮油、林果、食用菌、牦牛、藏羊等特色农牧产业来打造高原绿色有机品牌；阿坝州积极培育优质蔬菜、特色水果、优质羊肉、生态猪肉等特色优势产业；凉山州积极打造苦荞、马铃薯、石榴、脐橙、香蕉、花椒等产业品牌；广西百色市常年形成特色杧果产业，近年来以全产业链发展理念，推动杧果产业"接二连三"，力促百色杧果溢价增值：一是引进加工企业发展杧果精深加工业，逐步改变以往只看卖相、只卖初级产品、没有精深加工产品的局面；二是以现代特色农业示范区创建为抓手，以发展休闲度假、旅游观光等三次产业高度融合的新业态为目标，带动贫困群众增收；三是依托百色市电商推广"店商"与"电商"相结合的营销模式。

2.转变发展方式，注重环境保护，实现生态化绿色脱贫

我国主体生态功能区大多位于"三区三州"地区，生态环境脆弱，这些地区的第一要务是生态环境保护，必须践行"包容性"绿色发展理念。因此，"三区三州"地区特色产业在高品质发展的同时，还应实现规模有度、环境友好和社会包容的绿色发展，应引导广大农牧区以高品质发展驱动种植结构升级，努力培育"绿色、生态、高效"特色产业，同步实现生态建设与产业脱贫。

四川"三州"地区作为我国西部的水矿资源宝库，长期以来形成了独具优势的电力工业和高耗能工业，成为部分县域工业经济发展的主要支柱和财政收入的主要来源。然而，四川"三州"地区大多处于国家和省级限制或者禁止开发的重点生态功能区，传统的掠夺式开发模式和粗放型经济增长方式，已经对我国构建资源节约型、环境友好型社会产生了巨大威胁。近年来，四川"三州"地区一方面积极鼓励水电产业开发与生态环境建设、生态旅游项目配套进行，带动更多沿江沿河县域经济发展；另一方面积极引进风电、光伏等清洁能源项目，带动新型能源产业发展。贵州是我国生态大省，土地稀缺、贫瘠、石漠化严重。2018年贵州采取超常规对策推进农村种植产业结构高端化升级，同时有利于生态文明建设。按照"高坡度退耕还林、中坡度经果

林、低坡度药材蔬菜"的思路大力调减玉米种植,推广高效、生态化的山地果林、茶园、中药材,努力实现高效产业生态化脱贫。

3. 深挖民俗文化,通过农旅融合,助推乡村旅游产业脱贫

国务院扶贫办将乡村旅游扶贫工程作为精准扶贫十大工程之一,给予重要地位和高度重视,目的就是将旅游扶贫培训成新的扶贫主导产业,将贫困地区的绿水青山变成脱贫致富的金山银山。

经历几十年的经济高速增长,人们主要需求层次由"生存、安全"需求上升为"归属、自我实现"需求,即由单一的"生产、生存"型向高品质的"休闲、康养"型转变。旅游的本质和动力就是感知差异、康养身心、求知探奇,"三区三州"地区既有承载浓郁宗教信仰的布达拉宫、塔尔寺,也有浓郁民族风情、多样文化的云南红河哈尼族梯田文化、蒙古族的马背文化等,这些自然及民族特色资源正是"三区三州"地区旅游业发展的基本驱动力。

旅游产业链长,具有较高收入弹性和较强整合、牵动力,可使当地贫困户深深"嵌入"产业链体系中,鼓励农户通过提供劳务、参与经营、提供特色农产品等获得劳动报酬。同时,旅游产业还可以刺激周边地区产生间接、联动商业效应,能够推进城镇与乡村交流融合、农业与市场融合、绿色产业与生态融合,促进了"三区三州"地区农业增效、农民增收、农村美丽,有效地把"三区三州"地区绿水青山转化为金山银山。

构建"景区+小镇+特色村+贫困户"是"三区三州"地区乡村旅游脱贫的有效路径。云南省自2017年起推进精准旅游扶贫工程,即1个全域旅游示范州、20个旅游扶贫示范县、30个旅游扶贫示范镇、500个旅游扶贫村,带动80万贫困人口脱贫。2017年9月云南省乡村旅游接待游客13 589.43万人次,岗位从业人员45.34万人,累计带动15.4万贫困人口实现脱贫。

凉山州特色旅游资源丰富,如自然生态型旅游资源螺髻山、灵山;文化节庆型文化旅游资源火把节;特色各异高半山村寨民居等。通过"景区+特色村寨+贫困户"型、"景区+特色工艺加工+贫困户"型等,将特色大型景区旅游和周边特色村寨文化、特色工艺生产体验售卖、农牧业体验观光、高山户外旅游等结合,可形成高半山地区集度假、康养、休闲、观光、户外于一体的大型旅游区,形成农牧民脱贫的有效模式。

百美村宿项目推动贫困乡村融合发展。总结借鉴参与地震灾后重建和推动贫困地区产业发展经验,以"百美村宿"项目为切入点,探索乡村发展模式——"乡村旅游

扶贫+"，搭建乡村和外部联结平台，发掘贫困村自然景观、特定产业、绿色产品、人文传统等特有价值。以村两委、新型合作社为依托，协助引入社会资金、信息和人才等要素，推动乡村可持续发展。截至2018年底，项目累计支出5 934.71万元，涉及河北、河南、甘肃、陕西、贵州、湖南、四川7省18县（区）19村，惠及5.9万人次。

4.发挥地域优势，开展"边贸脱贫"

比较优势理论认为"两利相权取其重、两弊相权取其轻"，一国或地区可通过生产出口具有"比较优势"的产品、进口具有"比较劣势"的产品而获益。我国"一带一路"新开放战略将"三区三州"地区从以往对外开放的大后方、边陲末梢推向了前沿、重要节点，加之拥有众多对外开放口岸，境内外民族风俗文化相似，边境"三区三州"地区在发展口岸经济、边贸脱贫方面具有独特地理、文化优势。

（四）深度贫困地区特色产业扶贫组织运行模式

深度贫困地区特色产业发展必须实施产业化经营模式，在经营组织方式上，要摆脱传统一家一户模式，形成现代的规模经营模式。习近平总书记提出，"发展现代农业、推广良种良法、开发特色产业，需要一定经营规模，也需要农民合作社、家庭农场等新型经营主体引领，不是随便一家一户就能干得了的"。因此，经营主体的发展是推行农业产业扶贫的前提，既要找准扶贫对象，也要找准扶贫主体。在农业产业化扶贫过程中，要充分发挥政府的引导作用，把龙头企业、发展大户、贫困户、扶贫资金四者进行有机的结合，引导贫困对象加入产业发展中来。

1.龙头企业带动型

龙头企业带动型是指通过政府管制与政府监督形成具有规制约束力的龙头企业与农户合作经营共同体。贫困户通过对价折股、雇用或者产销一体化的方式形成与龙头企业的利益联结体，从而实现对贫困户的产业覆盖与产业吸纳，最终实现贫困户社会再生产的启动。

该模式主要依靠龙头企业先进的科学技术和管理水平，通过分析最新的市场动态，利用充足的资金生产出科技含量高、附加值大、销售量多的产品。龙头企业一般在当地有了一定的基础，具有市场开拓、规模生产、精深加工和提供后续服务的能力，一经确定了扶贫项目后，企业通过托管代养、吸纳入股等方式促进特色产业的进一步发展，在贫困户流转土地的基础上，对其土地进行农业基地的建设，从而形成产业的集约化，龙头企业能够延伸特色优势产业链，不仅能够调整农业产业结构，而且可以提高农产品的附加值,增加贫困农户的收入。可见,龙头企业在扶贫过程中既能发挥自身的优势,同时也可以把贫困农户的小生产与大市场进行连接,使得龙头企业成为除政府之外带动贫困农户脱贫致富的中坚力量。所以,要鼓励企业从事农业产业化经营,发挥龙头企业带头作用,促进贫困农户稳步增收。

2. 合作社互助型

合作社互助型是指以农户自发组织的农村合作社或者扶贫互助资金合作社等组织作为主要载体,实现扶贫资源与贫困户对接的产业扶贫模式。在这一模式中,合作社这种松散的生产一体化组织在将贫困户再生产纳入统一的产业范畴同时,通过协同一致、规模化的产销模式提升贫困户的市场议价与经营能力,从而实现贫困户的利益增长。在"合作社+农户"模式中,一方面,扶贫资源与金融资源的瞄准失靶问题与精英捕获问题能够得到适度修正。合作社作为一种高度信息共享的村民联合体,存在一种普遍性的道德约束与组织共识。这种约束与共识,特别是贫困人群间的组织协同性,既能够保证扶贫资源为最贫困人口所接收,也能够在一定程度上降低扶贫资源被农村精英阶层俘获的可能。此时,合作社成为正确引导资金流向特定目标的载体,实现了对扶贫金融资源错配的矫正与贫困人口扶贫资本获取权的锁定。另一方面,合作社内部存在较强的声誉机制限制,特别是考虑到我国农村社会关系网络的亲缘化与泛亲缘化特征,这种声誉邀约将显著地降低合作社参与者违背道德的可能性,从而形成一种具有软约束特征的行为规范模式,而这一行为规范的存在,能够保证贫困人口在接受扶贫金融资源后不进行消费挪用与机会主义行为,从而有助于扶贫资本精准作用于贫困人口社会再生产,进而降低贫困人口因为"懒惰""消费饥渴"等原因导致的扶贫资源滥用与持续贫困。

此外,合作社虽然本质上属于一种自发的、松散联合的产业化组织,但规模合力一直是合作社之所以存在的逻辑基础,这种规模合力即可以通过产销一体提升参与农户在技术服务、市场信息购买、物质资本采购等方面的议价能力以实现成本控制,也能够通过生产过程的标准化、规范化实现集约化生产,从而提升资本增值能力与市场竞争能力,这都有助于参与其中的贫困户更为便利地跨越再生产门槛,提升扶贫资源对贫困户农业经营的撬动作用。

3. 政府引导型

政府引导型模式是利用财政资金作为帮扶农业产业化扶贫的动力,用政府的力量去吸引有实力的农业龙头企业,并让龙头企业带动有劳动能力的建档立卡户,从而促进龙头企业或者相关主体的发展。政府引导型的主要模式是"政府+农户""政府+龙头企业+合作社+贫困户"。各地政府能够充分把扶贫产业连接到大市场环境中去，并能很好地调节政府和市场的关系，从而保障农业龙头企业、农业合作社和贫困农户三者之间的利益。因此，政府在农业产业化扶贫过程中起到了关键引导的作用，有效地增强了龙头企业和贫困农户抵抗市场风险的能力，是调节农业产业化多元主体之间利益的中坚力量。

对一些特定地区与特定贫困户而言，由于分布零散、交通不便，使得金融机构受限于成本往往难以提供有效的金融服务，抑或由于农户机会主义行为的不可验证性使得金融机构不愿或者无法提供信贷服务，此时政府如村集体或者村委会作为参与者介入其中，能够借助现有的行政管理框架降低贫困人口与金融机构的对接成本，也有助于金融机构提升这些人群的信贷甄别能力与可贷性评估，从而使得这些地区的贫困人口能够享受金融扶贫资源的帮扶。另外，以村委会等基层政府组织强信用主体为金融中介，能够增强金融机构的信贷配给意愿，从而保证极端贫困人口的金融资源稳定供给。

此外，对这部分贫困人口而言，由于生产异质性导致合作社等自发组织难以出现，龙头企业或者缺乏或者由于交通不便利难以实现利益输送，此时基层政府组织作为产业主体进行贫困户的集体性生产组织，能够借助较强的基层政府管理能力强化贫困户经营的协同性与一体性，同时政府也便于通过农机办、良种办、土地所、扶贫办等基础组织机构对贫困户经营进行技术指导与服务、农资统购以及组织市场销售，这种技术与市场服务的提供，也能够降低贫困户参与社会再生产的难度，从而通过再生产实现贫困摆脱与增收。

三、特色产业在深度贫困地区扶贫成效及问题

（一）特色产业在深度贫困地区扶贫成效

2019年7月，按照农业农村部脱贫攻坚工作总体安排，对"三区三州"部分深度贫困地区的特色农产品情况进行了摸底调查，总的看呈现以下三大特点：一是贫困地区特色农产品发展亮点纷呈。各地因地制宜，初步培育形成了一批亮点突出、特色明显的农业优势产业；二是特色农产品发展带动脱贫攻坚成效明显，凡是特色农业产业发展越好的地区，农民脱贫致富能力越强、效果越好；三是贫困地区发展特色农产品，在产业、销售、物流、市场信息和人才等方面，仍面临不少制约瓶颈，亟待解决。

四川省凉山彝族自治州是全国集中连片深度贫困地区之一。习近平总书记2018年2月赴凉山州考察时指出,要大力发展种养业,发展特色产业。凉山州贯彻落实习总书记指示,充分发挥土地林地草场丰富、光热条件优越等优势,大力发展以核桃为主的"1+X"生态林业、"果薯蔬草药"农牧业+电商、乡村旅游等产业,加快成都·大凉山农特产品加工贸易园区、佛山·凉山智慧农业及现代花卉产业园等园区建设,推行"一村一品"、以购代捐精准脱贫模式。目前全州已建成生态林业产业基地2 364万亩(1亩≈667平方米,全书同)、水果143万亩、马铃薯240万亩、蔬菜142万亩、中药材9万亩,户均有经果林5亩以上。2019年农民人均可支配收入13 908元,比2018年增长10.84%,增加额1 360元,产业扶贫成效显著。

凉山州盐源县不断推进盐源苹果产业"提质增效",擦亮"盐源苹果"金字招牌,截至2019年,全县苹果种植规模已达41.3万亩,实现产量5亿千克、产值22亿元,"西南地区最大苹果生产基地"的地位得到进一步巩固,成为脱贫奔康、富民强县的支柱产业;普格县巩固提升"烟桑畜薯"四大传统产业,同时积极推进苦荞等药食同源产品的种植与开发,2019年全县马铃薯年种植面积近14万亩,总产值达2.16亿元,苦荞种植面积近5万亩,总产值达0.37亿元,马铃薯和苦荞已成为全县精准扶贫和产业扶贫的支柱产业与新兴产业。

高原藏区是脱贫攻坚的主战场,各地藏区积极找准症结、整合资源、因地制宜、创新措施,开展产业扶贫工作,取得了可喜的成绩。四川甘孜州结合产业结构调整,以100万亩特色农业产业基地和100万亩特色林业产业基地建设为抓手,努力推进产业扶贫。通过各项措施的落地、落实,2019年全州281个脱贫摘帽村中依靠产业脱贫的有14 322人。农村居民人均可支配收入12 808元,比2018年增长10.8%,增加额为1 268元。阿坝州致力于壮大"净土阿坝·康养汶川"区域品牌,打造川西最大的"山地秋淡蔬菜区",大力发展甜樱桃、脆李子、香杏子为主的"汶川三宝",深受城市消费者青睐,特别是汶川的甜樱桃丝毫不逊色于进口的樱桃,带动6 000余农户户均增收5 000元以上。

云南迪庆州德钦县位于云南、四川、西藏3省(区)交界处,全县平均海拔4 270米,立足本地资源优势发展高原葡萄、野生蜂蜜、油橄榄、松茸、中药材、核桃六大特色产业,影响力日益扩大。德钦县吸引葡萄酒企业入驻,带动葡萄种植户每亩增收4 600元。

特色优势产业不仅是南疆四地州的宣传名片,也是脱贫攻坚的重要平台,不少贫困户在产业扶贫带动下实现脱贫。喀什地区实施"一县一品"战略，打响"叶城核桃""莎车巴旦木"等一批各具优势的农业品牌，助力扶贫攻坚。叶城县是新疆县域中核桃种植面积最大的县，被称为"中国核桃之乡"，2019年全县核桃种植面积达到58万亩，产值15亿元，核桃收入占农民总收入的41%，共吸纳农村富余劳动力3 000余人实现家门口就业，人均实现每月增收1 500元；莎车县是全国最大的巴旦木生产基地，目前有巴旦木种植面积90万亩，2019年总产量7.2万吨，有特色林果业助力，贫困户实现户均增收500元。和田地区不断拓宽特色产业发展的"主渠道"。在"优果"方面，核桃、红枣、葡萄产业均有明确的增产目标；在"强畜"方面，皮山县要建1.6万头规模种驴场，墨玉县、于田县共建两个5万~10万只规模种羊场，墨玉县、洛浦县、和田县、策勒县共建5个10万~30万羽规模种鸽场，为和田地区发展100万只多胎肉羊、6万头驴、350万羽鸽子、1 000万只和田黑鸡奠定基础。

2020年4月，在农业农村部和国务院扶贫办召开的"三区三州"和52个未摘帽县产业扶贫工作视频会上，农业农村部部长韩长赋表示，目前"三区三州"产业发展取得了明显成效，每个县（区）都形成了扶贫主导产业，培育了凉山花椒、怒江草果、临夏牛羊等一批特色品牌。"三区三州"贫困县已引进和培育1 200多家龙头企业、5.6万家农民合作社。52个未摘帽县已发展主导产业122个，带动300多万贫困群众，人均增收1 700多元，2/3的贫困人口有新型经营主体带动。

（二）深度贫困地区产业扶贫存在问题

尽管深度贫困地区产业扶贫在各地均取得了显著成果，但同时产业发展也存在品牌优势不明显、基础设施薄弱、产业发展"小散弱"以及缺乏风险担保机制等问题。

其一，虽然"三区三州"特色农产品资源丰富，生产环境优越，可满足消费者对绿色健康的要求，但是由于缺乏系统性开发，加上品牌宣传不足，导致品牌运用效果不明显，有"优"无"势"，有"特"不"强"，有"名"不"响"。同时，特色产业组织化程度低、加工转化增值能力不强、远离内地市场运输成本高、销售渠道不畅等都是影响"三区三州"特色农产品增值发展的阻碍。

其二，虽然在一系列强农惠农政策的刺激下，农业生产得以稳步发展，但因农业基础设施薄弱，加上气候因素不确定性，抵御自然灾害的能力不强，没有从根本上摆脱"靠天吃饭"的被动局面，在一定程度上制约了农业生产的发展，农业可持续发展的难度加大。同时，深度贫困地区基础设施建设薄弱，导致与其相配套的服务体系薄弱，公共服务吸引和培育产业的支撑不足，与其他地区差距仍较大。

其三，政府、企业、贫困户之间利益联结机制尚待完善。目前，产业扶贫模式可分为3种：政府包揽的产业扶贫模式、企业主导的产业扶贫模式以及政府和农户共同参与的混合模式。在政府包揽的模式中，派驻干部在其中发挥着主导作用，通过政府扶贫资源与贫困地区进行对接，发展当地适宜产业，并为当地的贫困户提供了一些就业岗位。此种模式可能会出现某些政府干部以权谋私、利益截留的现象，占用了公共资源，可能损害老百姓的正当利益，引起当地农民的不满。在企业主导的模式中，一方面是由于深度贫困地区产业发展的底子薄，加之农产品生产和销售的不稳定性，企业很容易出现效益低下的情况，对贫困户带动力不强。另一方面是由于青壮年劳动力的大量外出，企业面临招工难的问题，导致企业发展缓慢甚至陷入停滞；产业发展起步晚、链条短、碎片化，加之村级集体经济基础薄弱、形式单一，缺乏能人带动和有实力的经营主体，产业化经营体系和利益联结机制还不完善，这些因素都制约了企业进入深度贫困地区。在政府和农户共同参与模式中，双方各自进行分工，农户发展产业，而政府负责提供相应的配套措施。对于新兴生产方式，政府会配专人帮扶小组和技术人才进行科学的指导，但这种模式问题在于3个方面：一是表现在农户的实践经验与技术人员指导方式之间的冲突；二是政府的资源如何在大户和散户之间合理分配；三是在政府资金有限的条件下如何提高散户的风险承受能力。

其四，深度贫困地区产业投资风险大，缺乏风险担保机制，但企业在进入深度贫困地区发挥脱贫带动过程中，存在政府重视企业承担扶贫任务，但对企业发展面临的诸如贷款难、风险大等困难支持不足，导致企业发展受限，带动贫困户脱贫和地方经济发展的能力不足。同时，各地对小规模但具有地方特色的"利贫性"产业开发不足，这类产业主要指农民与市场直接对接、农民可以直接受益的产业，这类产业需要社会企业的介入，通过社会企业带动和培养穷人企业家，帮助深度贫困地区发掘和打造自己的地方特色资源，并带动贫困农户受益。易地扶贫搬迁农户的可持续生计方面，虽然目前通过公益岗位、政府帮助就业、临时务工等措施帮助了部分贫困户的劳动力解决了临时性就业，但对高寒地区放弃了原有生产资料、改变了原有生产生活方式的农户而言，相当一部分农户的劳动就业技能很难在竞争性就业市场上获得持续性工作岗位，其拥有的资源也很难带来长期的稳定性收益，这部分人群的可持续生计问题需要关注。

总之，以"三州三区"为代表的深度贫困地区发展特色产业仍需在财政、税收、金融、保险等多方面加大政策支持，鼓励加大招商引资力度，支持建设农产品分级分拣设施及冷链仓储等物流链路，扩大绿色通道政策覆盖范围，发展劳动密集型产业，在推进电商扶贫、旅游扶贫等新业态上下功夫，通过政策引导、加大投入，建立完善的新型经营主体与贫困户联动发展的利益联结机制，推广股份合作、订单帮扶、生产托管等有效做法，带动贫困户增收脱贫。

第三章　规划引领四川"三州"地区脱贫攻坚

本章在分析农业规划在扶贫攻坚战略地位的基础上，对四川的"三州"扶贫情况进行了分析，特别是对四川泸州对口援彝援藏扶贫举措与规划成果进行了阐述，规划与扶贫有机结合，规划与实践密切连接。

一、农业规划在扶贫攻坚中起到积极作用

（一）农业规划内涵及分类

规划是对一个地区（单位）面向未来发展的总目标、总目标的调整与变动、实现总目标的资源和资源配置作出决策的过程。农业规划是全面的、长期的农业计划和部署，是根据国家和地区在一定时期内国民经济发展的需要，充分考虑现有生产基础以及自然、经济、技术条件和进一步利用改造的潜力与可能性，拟定具有一定年限的、有科学根据的农业发展设想、轮廓指标、投资安排及主要实施措施等。农业规划属于指导性计划，具有综合性、战略性、长远性、前瞻性的特点。

农业规划是面向未来发展的中长期规划，也是行业面向未来发展的中长期规划。当前，我国农业行业的发展规划类型很多，概括起来主要有总体规划、专项规划、区域规划。具体而言，有现代农业、都市型现代农业、生态农业、休闲观光农业、农业科技园区等规划。

1. 农业总体规划

农业总体规划指涵盖了农、林、牧、渔业，带有综合性的发展规划，如农业部编制的《全国农产品加工业与农村一二三产业融合发展规划（2016—2020年）》、国务院印发的《全国农业现代化规划（2016—2020年）》等，均属于全国性的农业总体规划。有地方性和区域性的农业总体规划，如《黑龙江省现代化大农业发展规划（2011—2015年）》《郑州市都市型现代农业发展规划》《石家庄市都市型现代农业发展规划》《北京通州区都市农业发展规划》等。农业总体规划要求在《国民经济与社会发展中长期规划》的指导下，国家和地方发改委、农业等部门认真做好农业和农村经济发展总体规划，以推动不同时期各地农业和农村经济持续稳定发展。

2. 农业专项规划

农业专项规划指以农业产业、产品为主体的规划，如国务院发布的《国家粮食安全中长期规划纲要（2008—2020年）》，科技部、农业部、水利部等16个部委共同编制的《"十三五"农业农村科技创新专项规划》，农业部编制的《特色农产品区域布局规划（2006—2015年）》等。也有地方性和区域性的农业专项规划，如《西藏自治区农牧业特色产业发展规划》《三亚市热带特色现代农业发展规划》等。农业专项规划，要贯彻落实科学发展观，以农业增效、农民增收为目标，从当地自然资源及经济社会发展基础条件出发，设计农业主导产业、优势产业、特色产业，研究产业链条，并从空间和时间两个方面，对专项规划发展作出科学、合理、可操作性强的产业发展规划。

3. 农业园区规划

农业园区就是在特定条件下，在科技力量较雄厚、具有一定产业、产品优势、经济相对较发达的城郊和农村，划出一定区域，建设以农业生产、农产品加工为基本功能，兼顾试验示范、休闲观光、教育培训、产品展示，辐射带动等综合性、多功能的试验示范区。目前，农业园区种类较多，有的称农业科技园区，有的称农业高新技术开发区等。尽管名称不同，但所有的农业园区都是现代农业科技成果的载体和孵化器，在现代农业和社会主义新农村建设中发挥了重要作用。

（二）农业规划在我国农业农村经济发展中的作用

作为一个农业大国，我国"三农"问题与经济发展、社会稳定、国家富强、民族复兴密切相关。中国农业智库对农业农村发展起着规划和引领作用，农业智库的研究成果对党和国家制定和颁布决策有着重要的参考价值和借鉴意义。党的十八大以来，以习近平同志为核心的党中央十分重视发挥智库的作用，习近平总书记在众多会议中均提出要加强建设国家高质量智库，强调高水平的智库是我们国家软实力的重要组成部分，需要积极探索、高度重视具有中国特色的新型智库的组织结构形式和管理机制方式。2015年1月中共中央办公厅、国务院办公厅出台的《关于加强中国特色新型智库建设的意见》指出，中国特色新型智库要以服务党和政府决策为宗旨，以政策研究咨询为主攻方向，以完善组织形式和管理方式为重点，以改革创新为动力，努力建设面向现代化、面向世界、面向未来的中国特色新型智库体系，更好地服务党和国家工作大局，为实现中华民族伟大复兴的中国梦提供智力支撑。2015年6月，农业部召开会议强调，当前，农业农村经济发展内外环境正在发生深刻变化，加快转变农业发展方式、推进农业现代化的任务十分艰巨。加强农业农村经济发展新型智库建设，是提高"三农"工作战略性、前瞻性和科学性的重要支撑，是推进农业农村经济持续健康发展的迫切要求。农业工程咨询行业智库是中国特色新型智库体系中的一员，但又有别于政策理论型智库，主要致力于农业应用领域的理论和方法的研究，更侧重为农业农村发展实践提供智力服务。

在我国行业分类中，以规划咨询为代表的前期咨询服务划分在工程咨询行业。农业工程咨询是融合农业工程技术、经济管理和法律法规等多学科为一体，为政府和各类企业投资的农业工程项目提供决策和咨询服务，包含农业规划咨询、项目咨询、项目评估咨询及全过程工程咨询。农业工程咨询在现代农业发展和农业投资体制的改革下快速发展，农业工程项目咨询的兴起，又促进着农业投资决策水平、项目质量和效益的提高，促使我国农村和农业经济健康快速发展。《关于加强中国特色新型智库建设的意见》明确要求各级党委、政府支持国有及国有控股企业兴办产学研用紧密结合的新型智库，重点面向行业产业，围绕国有企业改革、产业结构调整、产业发展规划、产业技术方向、产业政策制定、重大工程项目等开展决策咨询研究。

农业规划的作用主要体现在，一是描绘未来农业，就是根据现在的认识，在科学分析的基础上，对未来农业目标和发展状态进行构想；二是规范行为，即明确实现未来农业目标或达到发展状态的行为顺序和步骤；三是科学决策，运用科学方法，信息技术，采取民主和规范程序，对未来农业重大建设空间布局进行集体决策。通过编制农业规划，可为农业和农村经济发展提供一个具有宏观性、方向性、指导性的决策依据，有利于深化农业结构调整，促进农业结构战略性调整向纵深方向发展，提高农业整体水平和效益；有利于充分发挥比较优势，促进资源优势最大化；有利于提升农业产业的层次，促进集约经营、生产、加工、销售一体化；有利于提高产品产量和质量，树立农产品新品牌，形成优势品牌；有利于优化农产品区域布局，指导农民按要求组织生产销售，提高农产品商品率和附加值，增加农民收入；有利于保护和合理利用资源，促进农业和农村经济健康、稳定、高效和可持续发展，具有重要的现实意义和深远影响。

近年来，随着乡村振兴、农业供给侧结构性改革、绿色发展、脱贫攻坚战等一系列重大战略的部署实施，我国农业农村正面临重大变革，我国农业领域投资向优质品牌农业偏斜，现代农业产业园、农业科技园、田园综合体等一二三产业融合发展载体成为扶持重点和投资热点（表3-1）。同时，随着"一带一路"倡议的深入实施，农业领域国际合作正逐渐增多，这为农业规划领域发展带来了新的机遇和挑战。建立以规划、可行性研究等为代表的农业工程咨询行业智库是顺应工程咨询行业总体变化的客观需要，也是应对国内外农业农村内外部环境深刻变化的客观需要。

表3-1 近年我国农业农村领域政策扶持重点

产业类别	项目名称	责任部门	推进进度
综合发展	现代农业产业园	农业农村部乡村产业发展司	2017年至今
	农村一二三产业融合发展先导区项目	农业农村部乡村产业发展司	2018年至今
	农村产业融合发展示范园项目	国家发改委农经司	2019年
	农业产业强镇项目	农业农村部乡村产业发展司	2018年至今
信息化	数字农业建设试点项目	农业农村部发展规划司	
绿色农业	绿色循环优质高效特色农业促进项目	农业农村部乡村产业发展司	2018—2019年
	国家农业绿色发展先行区项目	农业农村部发展规划司	2017年、2019年
特色产业	中国特色农产品优势区项目	农业农村部市场与信息化司 国家林业局农村林业改革发展司	2018年至今
	特色产业集群	农业农村部计划财务司	2020年
	"一村一品"示范村镇项目	农业农村部乡村产业发展司 特色产业处	2014年至今
科技示范	现代农业科技示范展示基地项目	农业农村部科技教育司	2019年
休闲农业	休闲农业和乡村旅游精品工程项目	农业农村部乡村产业发展司 休闲农业处	2019年
	中国美丽休闲乡村	农业农村部乡村产业发展司	2019年
种业	区域性良种繁育基地	农业农村部种业管理司	2016年、2019年
畜牧业	畜禽粪污资源化利用项目	农业农村部畜牧业司	
	畜禽养殖标准化	农业农村部畜牧兽医局	

（三）农业规划引领我国扶贫攻坚战行动方向

近年来，我国紧紧围绕习近平总书记提出的"坚持大扶贫格局，注重扶贫同扶志、扶智相结合"和"重点攻克深度贫困地区脱贫任务"的要求，动员全党全国全社会的力量，鼓励支持民营企业、社会组织、个人参与扶贫开发，实现社会帮扶资源和精准扶贫有效对接。农业规划在我国扶贫开发中起到重要作用，对于特色扶贫产业识别、精准帮扶模式建立、产业发展载体建设、脱贫总体目标实施等方面具有重要意义，是我国智力帮扶、实施精准扶贫的重要载体。

1. 坚持规划引领，做好智力帮扶的重要举措

扶贫开发涉及我国农业农村的方方面面，事关全面建成小康社会，事关人民福祉，事关巩固党的执政基础，事关国家长治久安，事关我国国际形象。因此，要想打赢脱贫攻坚战，必须严格按照党中央的要求，坚持高点定位、规划先行、科学论证。积极推进农业农村和扶贫开发规划编制和规范性政策文件的研究制定，为国家和地方脱贫攻坚工程的有序推进绘制远景蓝图，确定明确路线，提供保障措施，是精准扶贫、精准脱贫基本方略的顶层设计和政策保障，是如期打赢脱贫攻坚战、全面建成小康社会的纲领性文件。

2. 助力精准脱贫，做好特色产业扶贫的首要指引

做好精准扶贫，要重点实施"五个一批"工程，其中重点提出"发展产业、易地扶贫搬迁、生态补偿"。产业扶贫是指通过发展特色产业，带动农户发展，促进农户增收，是精准扶贫中的重要方面。农业规划通常是通过当地政府协调，与相关咨询机构，根据本地的经济情况、社会背景与市场供需来选择适宜的方式，确定发展产业类型和方式，并根据乡村产业发展的空间进行安排和部署。目前，大多数贫困地区乡村都是以第一产业为主，产业结构单一，产业基础薄弱。在落实产业扶贫政策中，乡村不断补足基础设施和配套设施，在促进第一产业发展的同时，辅助乡村统筹考虑第二三产业发展，并提前配置相应的产业设施。产业帮扶关键在精准定位谋发展，难点也在精准定位助推发展，如何挖掘当地特色产业优势，扬长避短谋篇布局至关重要。乡村产业扶贫要坚持规划引领，补齐脱贫攻坚短板，强化产业选择、生态补偿、转移培训等相关工程，着力破解发展瓶颈。同时，以规划为基础，做好项目可行性研究、初步设计等前期工作，为实施好项目奠定坚实基础，确保脱贫攻坚产业扶贫工程的精准实施。

3. 优化土地利用布局，做好项目实施土地保障的有效补充

合理确定村庄功能布局、优化土地利用布局是促进农村资源合理利用的关键所在。农业规划根据项目地自然条件、人口规模、产业增长速度情况，确定产业发展重点工程的实施计划，配合土地利用、村庄等相关规划形成功能完善、布局合理、配套齐全、环境优美的城乡和谐建设格局；还可以进行资源环境承载力和国土空间开发适宜性评价，合理确定用地规模和方式，通过科学精准调研，确定适度规模的涉农建设用地，通过土地综合整治、生态修复地类认定等盘活存量建设用地，有效保障乡村振兴建设用地；并可以充分考虑群众意愿、产业发展需要、投入水平和资源约束等因素，科学合理的安排建设时序，避免浪费资源。

4. 盘活乡村生态资源，做好乡村宜居环境建设的筹划者

生态资源是农村最有价值、最具吸引力的资源，绿水青山是农村必须永久保留的底色。农业规划可以依据林地、基本农田、水资源、国土开发适宜性评价，以及水源保护区、自然保护区、重点资源保护区等建设要求，科学划定生产、生活、生态空间，以及生态保护红线、永久基本农田、村庄开发边界，统筹考虑生态修复方案及污染防治措施，保护好农村山清水秀、天蓝地绿的优美环境。提供最为适宜发展的模式，避免农村生态资源遭到污染破坏，为整治农村环境出谋划策，解决农村环境实质性问题，让绿色成为农村最亮丽的底色。

5. 合理利用扶贫资金，做好乡村投融资渠道建设的建议者

财政是打好脱贫攻坚战的基础和支撑。以农业规划为代表的前期规划可以根据当地的实际情况，为多渠道资金、项目、人才等资源投入和体制机制建设提供咨询服务，为工程项目投资方提出融资渠道的建议，解读财政政策的普惠性与结构性，通过深入解读，构建韧性、可控的利益协调和稳定机制，最终形成多元化主体参与的框架，为项目投资方提供融资渠道，推进农业农村脱贫攻坚战实施。

二、四川省"三州"地区省内对口扶贫概况

（一）四川省"三州"地区省内扶贫工作举措

四川省被誉为"天府之国"，但是其地形地貌却呈西高东低，主要由东部的盆地和西部的高原、山地等构成。其中，地处川西北高原与川西南山地的"三州"（特指位于四川省西北高原的甘孜藏族自治州、阿坝藏族羌族自治州以及四川省西南山地的凉山彝族自治州）民族地区的平均海拔达到了3 000～5 000米，境内的地形地貌复杂多样，多为深山区、荒漠区、石山区和高寒区，山高坡陡，气候恶劣，交通不畅，信息闭塞，基本上属于我国生态环境脆弱与生存环境恶劣区域。然而，千百年来这里却居住着藏、彝、回、苗、羌、蒙古、傈僳、纳西、布依等14个世居少数民族，是我国第二大藏区、最大的彝族聚居区和唯一的羌族聚居区。由于长期受到气候、环境、历史、区位、交通、人口等各方面因素的制约，四川省"三州"民族地区县域经济发展水平与其他区域的差距进一步扩大，已经成为四川省脱贫攻坚的重点和难点区域。

2013年5月，中共四川省委十届三次全会作出《关于深入贯彻落实党的十八大精神为与全国同步全面建成小康社会而奋斗的决定》，部署启动秦巴山区、乌蒙山区、大小凉山彝区、高原藏区四大片区扶贫攻坚行动。2013年11月，四川省全面落

实"六个精准"要求，高标准完成全省88个贫困县、11 504个贫困村、625万贫困人口建档立卡工作。2015年7月，中共四川省委发布《关于集中力量打赢扶贫开发攻坚战确保同步全面建成小康社会的决定》，与《四川省农村扶贫开发纲要（2011—2020年）》、《四川省农村扶贫开发条例》和配套出台的产业扶贫、教育医疗等10个专项方案，以及之后每年制定的若干实施方案，形成"3+10+N"政策组合拳。2016年8月，中共四川省委办公厅、省政府办公厅印发《四川省贫困县贫困村贫困户退出实施方案》，对实现"两不愁、三保障"和"四个好"目标的贫困县贫困村贫困户的退出标准和退出程序进行了明确。2017年8月，中共四川省委、省政府印发《关于进一步加快推进深度贫困县脱贫攻坚的意见》，明确提出到2020年，高原藏区、大小凉山彝区45个深度贫困县全部摘帽，3 993个贫困村全部退出，73.9万贫困人口全部脱贫的目标。2018年6月，中共四川省委十一届三次全会作出《关于深入学习贯彻习近平总书记对四川工作系列重要指示精神的决定》《关于全面推动高质量发展的决定》，将"高质量打好精准脱贫攻坚战"作为重中之重进行了部署安排。2018年11月，组建四川省扶贫开发局，进一步强化开发式扶贫的既定扶贫方针。党的十八大以来，四川把藏区彝区作为脱贫攻坚的重中之重，构建了深度贫困脱贫攻坚政策体系，大力补基础设施、教育医疗、产业发展等短板，引导各方力量共同参与脱贫攻坚，深度引导深度贫困县脱贫攻坚总体谋划、工作安排、力量摆布、时序进度等方面措施。通过努力，彝区藏区45个深度贫困县农村贫困人口从2013年底的116万人减少到2018年底的36.4万人，贫困发生率下降至8%。

省内对口帮扶深度贫困地区工作是四川省脱贫攻坚战的重要举措之一。从2012年开始，四川省就对藏区推出对口帮扶。2016年，四川省将这一举措推广到全部藏区彝区贫困县，即在原有对口援藏总体不变的基础上，确定一批经济基础较好、财政实力较强的县（市、区），开展省内对口支援藏区贫困县、扶贫协作彝区贫困县工作。根据对口帮扶方案，由7个地级市和35个县（市、区），结对帮扶藏区彝区所有45个贫困县（市、区）。省内扶贫协作彝区贫困县的帮扶地，分别定点帮扶受扶地的3～4个极度贫困村。目标是要通过对口帮扶双方共同努力，到2020年助推受扶地45个贫困县、3 993个贫困村、70.8万贫困人口全部摘帽退出。2018年，为进一步深化省内对口帮扶藏区彝区贫困县工作，坚决打赢藏区彝区深度贫困县脱贫攻坚战，四川省出台《省内对口帮扶藏区彝区贫困县全域结对帮扶工作实施方案》。该方案明确提出区域内统筹结对、点对点全面结对、重点带动精准结对3种形式和"产业发展、智力支援、社会帮扶、劳务协作、支部共建、群众工作"6项重点任务。中共四川省委、省政府制定32条政策举措、16条工作措施综合帮扶凉山打赢脱贫攻坚战,明确未来3年新增财政投入不少于200亿元用于凉山脱贫攻坚;进一步加强州、县、乡、村四级党组织建设,加大对党员、基层干部和本土人才的培养力度;同时,从全省各地选派5 700多名干部组成综合帮扶工作队,分赴凉山11个深度贫困县开展为期3年的脱贫攻坚和综合帮扶工作。

(二)泸州对口援彝援藏扶贫工作举措

泸州市作为甘孜藏区稻城县、乡城县对口帮扶单位和凉山彝区普格县、盐源县的协作扶贫单位,高度重视扶贫工作。多年来泸州市、江阳区、龙马潭区投入大量援助资金和人员,实施援建项目,涉及基础建设、产业援建、教育扶持、医疗保障、就业帮扶、人才帮扶等多个领域。在对口帮扶过程中,泸州市始终把"产业扶贫帮扶"作为助力藏区彝区脱贫攻坚的着力点,把产业发展作为促进贫困群众增收致富的根本点,按照"产业精准定位、项目精准建设、产品精准营销"思路,打通产业发展链条关节,推动产业转型升级,有效破解了产业发展面临的资金、资源、技术、人才、市场等系列难点、痛点问题,为受援助区域脱贫摘帽作出了积极贡献。

1. 健全完善对口帮扶组织领导机制

泸州市一直把对口帮扶工作作为光荣的政治使命,把助推受援县脱贫攻坚作为帮扶工作的"头等大事"。根据省帮扶专办要求,经市委批准出台了《泸州市对口帮扶藏区彝区贫困县协调运行机制工作方案》,调整充实了书记和市长任组长、6名市领导任副组长、35个市级部门为成员单位的领导机构。市委常委会、市政府常务会、领导小组会等4次专题研究部署对口帮扶工作。

建立了对口帮扶藏区工作考核体系,《泸州市〈四川省省内对口帮扶藏区彝区贫困县工作年度考核办法〉实施细则》(简称《考核办法》)将每一项工作任务都明确到牵头部门和责任部门,把目标任务和考核压力传导到帮受双方各责任单位和责任人,压紧压实了对口帮扶工作责任,引领帮扶工作按《考核办法》要求常态化推进。

建立完善对口帮扶"三大机制"。一是落实对口帮扶沟通协调机制,推动帮受双方党政主要领导及有关部门定期互访;二是落实对口帮扶联席会议制度,定期召开帮受双方工作联席会议,每半年召开一次对口帮扶工作会,研究解决存在的困难和问题;三是落实专项任务对接机制,对口帮扶重点任务责任部门与受援县定期就规划执行、项目推进、干部人才交流学习等进行面对面沟通对接。

2. 高质量推进援藏援彝项目建设

严格按照年度《四川省省内对口帮扶藏区彝区贫困县工作方案》要求,严格建设程序、进度、安全、质量管理，督促指导帮扶项目高质量推进。根据《泸州市对口帮扶甘孜藏族自治州乡城县规划（2017—2021年）》《泸州市对口帮扶甘孜藏族自治州稻城县规划（2017—2021年）》，泸州市对口帮扶藏区项目涉及住房保障和新村建设、产业帮扶、义务教育与智力帮扶、基本医疗、基础设施建设5个方面，帮扶项目45个，资金3.11亿元。在具体实施中，2017年完成对口帮扶资金年度投资1.62亿元，划拨项目进度款6 001万元；2018年完成年度投资计划1.222 9亿元，计划外增量援助资金1 655万元，市本级投入援助资金7 300万元；2019年实际完成投资8 096万元，市本级投入帮扶财政资金7 500万元全部到位，并提前预拨付了2020年度帮扶资金2 000万元，全力保障项目建设需要。泸州市对口帮扶彝区（普格县、盐源县）通过龙马潭区、江阳区实施。根据《四川省省内对口帮扶藏区彝区贫困县工作方案》要求，龙马潭区、江阳区每年对口援助普格县、盐源县的资金总量为地方公共财政预算收入的0.3%以上，以现金方式投入。自2016年以来，江阳区共落实对口帮扶资金5 255.6万元，其中，投入财政帮扶资金3 310万元，实施帮扶项目78个，帮助盐源县退出贫困村105个，减少贫困人口56 708人，盐源县贫困发生率从19.1%下降至3.3%，脱贫攻坚工作取得明显阶段性成效。

3.对口人才引育支撑产业发展

长期以来缺少专业技术人才是藏区彝区产业发展的掣肘，泸州市与受帮扶县共同制定全域结对人才智力帮扶方案，通过外聘人才顾问、交流互动学习、协助打造品牌等方式，整合省内定点扶贫单位特长优势，多措并举引育专业技术人才，支撑乡城县产业发展。一是人才引进支撑产业发展。近年来，泸州市先后选派农林牧、旅游管理、项目规划等专业技术人才到乡城县和稻城县农牧部门、文旅部门、住建部门开展挂职，积极发挥人才作用支撑产业发展。二是人才交流支撑产业发展。全域结对以来，双方部门交流形成常态，每年泸州市农业农村和文化旅游等部门均要组织2批次以上专家人才集中赴藏区开展技术指导，为稻城县和乡城县农牧、旅游等产业出谋划策、护航把关；稻城县和乡城县农牧和科技局、发改局、科协等部门也多次组织业务骨干到泸州市开展市场营销、技术技能等方面交流。三是人才培育支撑产业发展。泸州援藏专业技术人才面向贫困群众开办种植、养殖技术培训班；通过"1+1""1+N"等"传帮带"等方式，培育本土农牧、旅游等专业技术人才。

4.统筹整合各类资源深化结对帮扶工作

积极拓展社会帮扶力量，扎实推进"千企帮千村""全域结对"工作，整合泸州市基层单位、企业、社会组织帮扶资源，打造一批脱贫效果突出、社会反响良好、值得推广借鉴的示范点和亮点，适时召开"千企帮千村"年度总结暨评选表扬会。继续做好教育医疗帮扶力量下沉基层工作，及时研究出台管理办法，对年度到岗天数、"三个明显"要求进行指标量化管理，有效提升受援县乡镇卫生院、中心校管理能力与业务能力。

三、四川省内对口援彝援藏扶贫规划成果

（一）规划背景

2016年12月，为贯彻落实习近平总书记关于攻坚扶贫系列重要讲话精神，依照泸州市委、市政府对口扶贫工作要求，中共泸州市委、市政府，中国农业科学院农业资源与农业区划研究所和稻城县、乡城县、普格县、盐源县分别达成三方战略合作协议，助力受扶助县产业发展和脱贫攻坚。中国农业科学院农业资源与农业区划研究所作为以农业资源利用和区域发展为主导的国家级公益性、综合性科研机构，多年来积极贯彻落实习近平总书记提出的"三个面向""两个一流"要求（面向世界农业科技前沿、面向国家重大需求、面向现代农业建设主战场，加快建设世界一流学科和一流科研院所），积极响应并谋划实施乡村振兴科技支撑行动和脱贫攻坚智力帮扶工作。针对泸州市对口扶贫工作，组建由泸州市委市政府、受援助县政府、中国农业科学院农业资源与农业区划研究所主要领导的规划领导协调小组和以中国农业科学院农业资源与农业区划研究所为骨干，联合中国农业科学院相关院所、中国农学会等相关单位从事现代农业研究、农业区域发展、农业资源环境、农产品加工、农业信息、设施农业、畜牧产业等高层次专家的规划团队。所承担的扶贫工作任务包括泸州对口援藏项目——《稻城县生态特色农业发展规划》《乡城县特色农牧业发展规划》、援彝项目——《普格县特色优势农牧产业发展规划》，为3个区域农牧产业勾勒发展路径。其间，与泸州农业局相关领导密切配合，两次赴藏区彝区实地考察，并协调相关方开展中期交流和项目规划评审，于2017年9月通过专家评审。

随着对口帮扶成效逐渐显现，项目帮扶更有针对性和建设指导落地性。2019年5月，中国农业科学院农业资源与农业区划研究所进一步承接泸州江阳区对口援彝项目——《盐源县现代农业产业园规划》。该项目是壮大盐源苹果特色产业、促进三产深度融合发展、推进盐源县决战决胜脱贫攻坚战的有力抓手。规划组以中国农业科学院农业资源与农业区划研究所为骨干，联合中国农业科学院蔬菜花卉研究所、中国

农业科学院郑州果树研究所相关专家共同组成。经过近6个月时间，在两次征求泸州市、盐源县相关部门意见后，于2019年11月通过专家评审。

（二）成果特点与特色分析

规划遵循生态优先、市场导向、因地制宜、梯次推进原则，从自然资源、经济社会发展基础条件出发，挖掘和培育当地优势特色产业，为县域农牧产业结构调整提供方向；从产业链条发展角度，完善和提升当地优势特色产业加工物流、服务商贸、文化旅游功能，实现特色农牧产品增值和业态融合；并从空间和时间两个方面，策划支撑规划发展的科学、合理、可操作性强的重点建设项目，使规划的落地实施更具针对性。

《稻城县生态特色农业发展规划》提出"一带拓展、两核引领、三区支撑"总体产业布局和"国际知名的农旅融合的旅游胜地、国家高原特色农业可持续发展的示范区、四川藏区农旅融合脱贫致富的先进区"战略定位。规划在关注青稞、油菜、果蔬、藏香猪等高原特色产业发展的同时，着眼于转变区域经济发展方式，在项目策划、农业体系建设、保障措施等环节更为突出其绿色生态原则，对加快推进其高原生态特色农业建设具有重要指导意义。

《乡城县特色农牧业发展规划》提出依托三条河流的"川"字总体布局，打造乡城现代农牧业"三张名片"，即具有藏乡田园风光特色的国际旅游区、四川省农牧旅游融合的脱贫攻坚示范区和四川藏区现代农牧业领先区。规划重点关注种植业、畜牧业、果业、中藏药材、休闲农业五大特色农牧产业体系的构建。

《普格县特色优势农牧产业发展规划》遵循因地制宜、突出重点原则，着力推进特色粳稻、高山旱作、高效林果药材、绿色蔬菜、高山牧业、休闲农业六大优势特色产业基地建设，使其形成"两带、两园、多基地"空间布局。规划着眼于普格县农牧业产业结构调整，在全面分析现有产业结构、特色品种市场优势、产业政策限制及生态环境阈值等各方面条件，选取出六大特色优势产业，并通过具体项目策划和支撑体系构建，指导普格县通过特色优势产业发展为精准扶贫、精准脱贫和全面建成小康社会奠定坚实基础。

《盐源县现代农业产业园规划》聚焦于脱贫攻坚和乡村振兴的重要载体——现代农业产业园的建设，开辟精准扶贫新路径。该规划的主要特点：首先，在优势产业选择上，聚焦苹果、蔬菜两个重点领域和"一核·三区·一体·一基地"六个关键环节，集中发力建设，避免大而全；其次，在策划具体建设项目时，更为关注实施和操作经营主体的引进和培育，对于拟承担项目建设的龙头企业进行了重点论述，并以列表形式推荐招商引资重点企业，使园区建设和实施更具指导性；再次，针对六个关键环节的水、电、路、环境保护等基础设施建设作出具体论述，为项目的后期落地提供前期指导方案；最后，更为关注项目的建设时序和进度，根据工作基础条件和已有产业主体的发展情况，合理安排建设时间序列，优先打造基础设施、核心区域和龙头项目，逐步拓展到其他功能板块，同步建设、同步吸引各方投资。项目规模策划时既要避免项目建设面积太小无影响力，也要防止撒胡椒面而起不到示范引领作用。

第四章　推动结构调整　助力特色产业扶贫
——普格县特色优势农牧产业发展规划

本章在分析四川省普格县特色产业扶贫背景的基础上，对普格县特色产业发展条件进行了分析，提出了普格县发展特色产业的思路与目标，选择了特色农牧业产业并进行了总体布局，设计了重点建设项目和支撑体系，对投资进行了概算并进行了效益分析，提出了保障措施。

一、普格县特色产业扶贫背景

随着"一带一路"倡议、长江经济带建设、新一轮西部大开发、《乌蒙山片区区域发展与扶贫攻坚规划（2011—2020年）》和国家发展改革委、国家民委《关于支持四川省凉山彝族自治州云南省怒江傈僳族自治州甘肃省临夏回族自治州加快建设小康社会进程的若干意见》的深入实施，精准扶贫、精准脱贫上升为国家战略，更加注重农牧区的基础设施、生态建设和环境保护、结构调整、特色产业发展。中央财政扶持资金和国家重大项目向西部尤其是贫困地区重点倾斜，社会保障和基本公共服务加快向贫困地区、贫困人口延伸覆盖，对民族地区采取特殊支持政策等，为普格县农牧业发展提供了良好的政策环境。

中共四川省委、省政府高度重视脱贫攻坚工作，中共四川省委十届六次全会上通过了《中共四川省委关于集中力量打赢扶贫开发攻坚战，确保同步全面建成小康社会的决定》，以全会形式对四川省脱贫攻坚工作作出战略部署，先后出台了《四川省农村扶贫开发条例》《四川省农村扶贫开发纲要（2011—2020年）》《贯彻〈关于创新机制扎实推进农村扶贫开发工作的意见〉实施方案》等，对综合扶贫开发、教育发展、交通建设等特殊政策给予支持。

与此同时，凉山州也制定了"十二项专项扶贫实施方案"，为全县健全扶贫工作机制、加快基础设施建设、提升产业发展、改善贫困地区居民生活水平、提升贫困人口素质、加大财政及社会支持提供了重要的发展思路和实施路径。中共泸州市委、市政府加大了对口定点扶贫工作力度，从人才、资金、科技等方面予以普格县全方位的帮扶，重点解决道路、水电气等基础设施，以及医疗、卫生、教育等公益设施建设问题，并通过产业扶持实现贫困人口稳定增收，推进脱贫攻坚由"输血式"向"造血式"转变，有利于激发全县贫困地区自我发展的内生动力。

普格县作为国家扶贫开发工作重点县和国务院批准的对外开放县，贫困面大，贫困程度深，扶贫攻坚任务艰巨，脱贫攻坚任务也十分艰巨。面对脱贫攻坚进入啃"硬骨头"的实际情况，中共普格县委、县政府全面贯彻中央、省、州扶贫工作会议精神和决策部署，准确把握全县新阶段脱贫攻坚的总体要求和主攻方向，全面制定了《普格县"十三五"脱贫攻坚规划》来引领和指导全县脱贫攻坚工作，制定相关产业优惠政策加快推进精准扶贫、精准脱贫。这不仅为普格县各族人民脱贫致富奔小康提供了信心，也为普格县特色扶贫产业提供了优越的发展机遇。

中共普格县委、县政府坚定地践行"绿水青山就是金山银山"生态发展理念，立足资源禀赋，根据不断变化的市场需求及时作出了发展特色农牧业的重大决策。而普格县资源优势突出，完全具备发展产出高效、产品安全、资源节约、环境友好的高质量特色产业市场基础和独特优势。一是得天独厚的气候、水、土等资源条件，孕育了高山粳稻、螺髻山黑猪、红羽乌骨鸡等特色鲜明、市场潜力巨大的高原农畜产品。二是文化底蕴深厚，是彝民族之宗、彝文化之源。三是旅游资源丰富，品位极高，富有特色，县境内拥有山地、冰川、洞穴、峡谷、湖泊、瀑布等自然旅游资源，这些得天独厚的资源禀赋为普格县发展特色农牧业和休闲观光产业，推进产业融合发展，延伸产业链条，实现农业提质增效和农民增收提供了重要条件。

二、普格县特色产业发展条件

（一）自然资源条件

1. 地理位置

普格县位于四川省西南部河谷地带，凉山彝族自治州东部，滇北高原北部，西藏高原东南边缘的横断山脉南部，地跨东经102°26′~102°46′，北纬27°13′~27°31′，东、南、西、西北和北面分别与布拖县、宁南县、德昌县、西昌市、昭觉县接壤，全县南北长68千米，东西宽46千米，全县幅员面积1 918平方千米。

2. 地形地貌

普格县境是横断山脉南段高山峡谷的一部分，属高山、中山深切割地貌。地貌轮廓是三山两谷，峡谷相间，南北走向，南低北高。沿走向溪沟纵横，东西交错成网。

县境内乌科梁子与螺髻山东、西对峙,中梁子纵贯其间。在中梁子两侧,东有西洛河、西有则木河由北向南流至中梁子南段汇合而成黑水河。最低处是黑水河南流出县境处,海拔1 040米,最高点为西部螺髻山中段主峰也俄额哈,海拔4 359米,相对高差3 319米。

3. 气候条件

普格县位于四川省低纬度地区,气候受西南季风和印度北部干燥大陆性气团交替控制,干雨季分明,年温差较小,日差较大,年平均气温变幅仅13℃,是省内全年气温变化最小的地区之一。普格县年平均气温为16.8℃,1月为9.4℃,7月为22.7℃,极端最高气温33.3℃,极端最低气温-1.9℃,年总日照时数2 120.5小时,年均降水量1 164.4毫米,年无霜期306天左右,可以满足多种作物种植要求(图4-1、图4-2)。

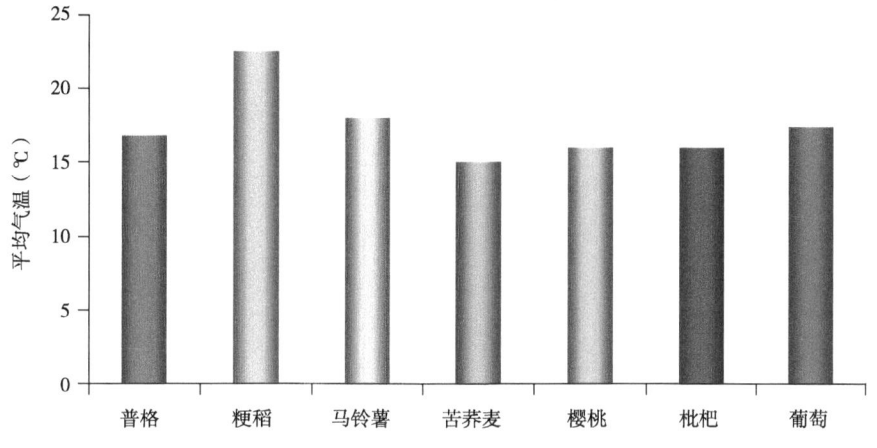

图4-1 普格县年平均气温与作物生长最适温度对比

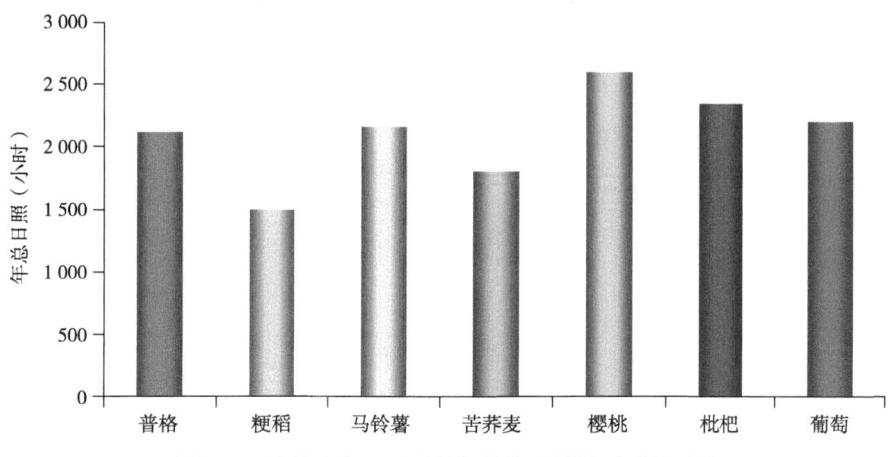

图4-2 普格县年日照时数与作物生长最适时数对比

4. 土壤条件

普格县土壤质地以中壤土和重壤土分布面积最大，分别占耕地的55.16%和22.75%；轻黏土和沙壤土面积次之，分别占耕地总面积的13.85%和5.68%；中黏土的面积较少，仅占耕地总面积的1.53%；而轻壤土的面积极小，仅占耕地总面积的0.18%。

土壤富硒（Se≥0.4毫克/千克）的土地14.32万亩，其中，富硒农用地面积6 000亩，主要分布在黎安乡马农塘村、李子坪村，文坪乡麻窝凼村，永安乡洛乌村，荞窝镇大坪村，螺髻山镇洛博村、马厂坪村、子热村、波洛坪村等地。

5. 水资源条件

普格县水资源总量丰富，人均水资源量为全国平均的8倍，但分布不均，形成区域性缺水和季节性缺水；水能资源可利用量1.2亿立方米，已开发量0.591亿立方米，占总量的3.92%，占可利用的49.3%；水能理论蕴藏量为42.13万千瓦，可开发量20.12万千瓦，已开发1.87万千瓦，占理论量的4.44%，占可开发量的9.29%（表4-1）。

表4-1 普格县人均水资源量与全国人均水平比较情况

名称	水资源总量（亿万立方米）	人均水资源量（立方米）
普格县	19.57	16 756
凉山州	437.39	8 546
四川省	3 489.7	4 254
全国	27 266.9	2 100

6. 森林植被条件

普格县林业用地面积132万亩，其中，森林面积46.9万亩，灌木林地39.62万亩，疏林地1.2万亩，未成林造林地14.46万亩，宜林荒山26万亩，森林覆盖率35%。普格县由于受地形和立体气温的强烈制约，直接影响到光、热、水、气的再分配，产生了多种植被类型。河谷地带主要是稀疏草丛；半山地带以云南松为主，林木中有国家保护的连香树、长苞冷杉和四川省首次发现并以"普格杜鹃"命名的乳黄色杜鹃花；海拔2 000米以上地区，红、白、黄、紫诸色杜鹃花分布广，品种多达72个，林中有雪上一枝蒿、贝母、天麻、党参等名贵中药材。

全县的树种有67科，259种。主要的树木种类有云南松、高山栎、其他栎类、冷杉、桦木、枸树、杨树、桤木树、楠木、华山松、铁杉、槭树、云杉和柏树14个树种为优势品种。

（二）社会经济概况

普格县辖34个乡镇，153个行政村，8个居民委员会，754个村民小组，户籍人口20.04万人，其中，农业人口18.59万人，彝族占总人口的83.7%，汉族及其他少数民族占总人口的16.3%，是以彝族为主体，汉、回、苗、布依等20个民族共同生息的少数民族聚居国家贫困县，也是凉山州首批经国务院批准的对外开放少数民族县。

2016年，普格县完成地区生产总值24.19亿元，三次产业比重为33.85：30.69：35.46；农业贡献率高于凉山州的平均水平，城镇居民、农村居民可支配收入仅相当于凉山州平均水平的79.48%、87.23%（表4-2）。

表4-2 2016年普格县社会经济发展比较

名称	GDP（亿元）	一产贡献率（%）	二产贡献率（%）	三产贡献率（%）	城镇居民可支配收入（元）	农村居民可支配收入（元）
全国	744 127	8.6	39.8	51.6	33 616	12 363
四川省	32 680.5	6.0	42.5	51.5	28 335	11 203
凉山州	1 403.92	14.0	54.6	31.4	25 963	10 368
普格县	24.19	42.6	6.0	51.4	22 649	8 241

（三）农业与农村经济发展

普格全县总面积1 918平方千米，拥有耕地40.21万亩，农田有效灌溉面积7.71万亩。近年来，普格县农牧业发展以"抓基地、建园区、育产业、创品牌、促增收"为工作思路，加快推进农业经济发展方式转变，调整农牧业结构主线，着力夯实农牧业发展基础，不断强化农牧业综合保障措施，全面提升农牧业产业化发展水平，使全县农牧事业保持稳步增长的发展态势。

普格县种植产业以水稻、玉米、马铃薯、燕麦、荞麦等粮食作物和烤烟、蚕桑、花椒、核桃、鲜果等经济产业为主。粮食果蔬生产坚持复种扩面，通过实施良种优化，专业化统防统治，绿色防控示范，水稻地膜育秧、两段育秧、开厢填心和玉米地膜覆盖栽培、带状种植等增产措施，实现稳步发展。2016年粮食作物播种面积完成28.95万亩，粮食总产7.39万吨，人均占有粮食保持在400千克左右。枇杷、早熟桃、樱桃、草莓、葡萄等各类水果总面积1.46万亩，全年实现水果总产量0.35万吨，实现水果总产值2 239万元。全县种植各类蔬菜2.64万亩，主要以根菜类、茄果类、瓜类、白菜类、甘蓝类、绿叶类、葱蒜类、豆类等类型的早熟蔬菜为主。马铃薯种植面积12.5万亩，总产量达到20.75万吨，平均亩产1 659.8千克，预计总产值达2.04亿元（图4-3）。

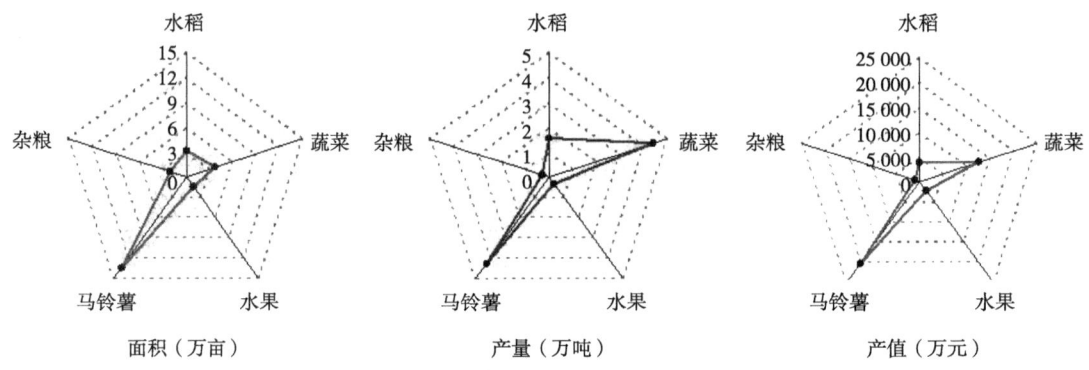

图4-3 2016年普格县5种主要作物生产能力对比

注：本图马铃薯产量为折合原粮后产量

近年来，普格县的畜牧业在农业经济中占有重要的地位。2016年肉类总产量11 582吨，畜牧业总产值50 234万元，占农业总产值的37%，分别比2014年（畜牧产值45 074万元，占农业总产值36.9%）增长11.4%和3.1个百分点。普格县畜牧业以生猪、肉羊、肉牛、生态鸡、肉兔养殖五大产业为主，近年重点发展高山地区凉山半细毛羊产业基地，二半山地区肉牛和山羊产业基地，河谷地区的生猪、禽兔产业基地，积极推行园区化、规模化、家庭牧场的建设（图4-4）。

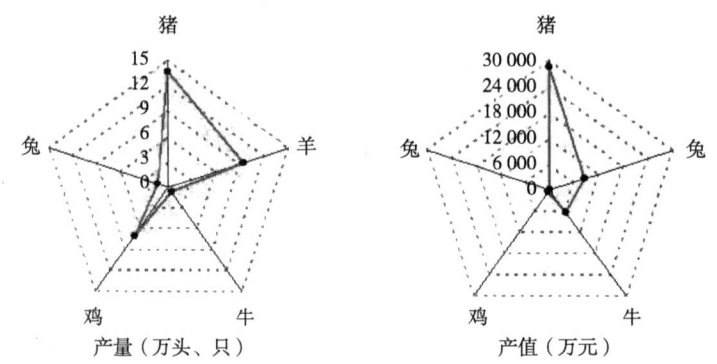

图4-4 2016年普格县5种牲畜生产能力对比

（四）发展优势与制约因素

1. 发展优势

（1）气候条件得天独厚。普格县气候呈现立方体变化，光热土资源富集，为普格县特色农牧业发展提供了极其有利的条件。普格县不仅农作物高产、优质，而且空气清新，水质洁净，人为污染小，是发展绿色食品的理想地区，农业开发潜力巨大。

（2）原生态品种资源多样。烤烟、蚕桑、马铃薯、畜牧等绿色优质农产品一直是普格县特色优势产品，目前，普格县拥有螺髻山黑猪、螺髻山乌骨鸡两个农业部农产品地理标志产品，普格红米、普格珍珠米、普格高山乌洋芋3个绿色食品标志产品，普格月吾红米有机转换产品。

（3）自然旅游资源丰富。普格县旅游资源富集，得天独厚，品位极高，县境内拥有山地、冰川、洞穴、峡谷、湖泊、瀑布等富有特色的自然旅游资源，也有大槽河温泉、海口牧草等富有特色的旅游项目。

（4）民族文化底蕴深厚。普格县作为一个以彝族为主体的少数民族聚居县，拥有彝族火把节、彝族年、彝家婚俗、葬礼和安魂仪式等富有浓郁民族特色的人文旅游资源，成为普格县发展休闲农业的重要因素。

2. 发展劣势

（1）农业基础设施仍然薄弱，土地开发整理难度大。近年来，全县农业投入虽然逐年增加，但从总体上看现有的投入远远不能满足现代农业发展需要。交通运输不便、抗御自然灾害能力不强、机械化水平低成为制约现代农业发展的最大瓶颈；农田水利设施条件差、管理技术不到位、灌溉水利用率低，农业生产有机肥投入不足、土壤贫瘠、营养失衡，农作物产量质量难以有效提高。此外，普格县人均耕地面积仅0.93亩，仅相当于全国平均水平的63.54%，且存在空间分布不均、生态移民搬迁区域大面积闲置、不利于集中连片开发和机械化操作等问题，土地整理开发成本较高。

（2）特色农牧业产业规模小、产业化经营层次低。近年来，普格县农产品的品牌建设取得了一定成效，但是，螺髻山黑猪、螺髻山乌骨鸡、普格红米、普格珍珠米、普格高山乌洋芋等已认证产品未经过系统性开发，加上企业品牌宣传不足，致使品牌运用效果不明显。全县农产品加工企业数量少，规模相对较小、实力较弱，特色农产品加工转化增值能力不强，加工率和增值率较低，精深加工更是缺乏，大多为初加工产品，这种情况直接导致了企业利润空间狭小，二三产带动受到制约。

（3）支撑保障能力不足。农技队伍老化，专业技术人员匮乏，农业社会化服务的机制有待健全和完善，社会化服务体系对农业支撑和保护基础比较薄弱，不能完全满足农民和经营主体需要。全县缺乏固定的农业科技试验、示范场所，新技术、新品种、新设备推广难度较大。农业产业融资难，农业生产融资受各种风险限制，融资难的状况未根本改变。

（4）人力资源结构不合理、农民组织化程度低。全县农村大量青壮年劳力外出打工，务农人员绝大多数老龄化、文化素质偏低，传统观念和农民习惯很难改变，缺乏创业能力和动力，不仅农业技术难以迅速推广和普及，而且"空心村"的问题很大程度上影响了当地农业经济的发展。同时，全县种植业、养殖业经营普遍各自为战，以个体经营为主，虽然注册登记的农民专业合作社数量已达到目前的52家，但大多数合作社规模小、实力弱、运作不规范、利益联结少、竞争力不强，与集约化、产业化、专业化生产经营组织标准仍存在差距。

3. 发展机遇

（1）现代农业发展政策环境更加优越。中央始终坚持把解决好"三农"问题作为全党工作的重中之重，近期各部委及四川省相继出台现代农业园区、田园综合体等相关支农政策，为普格县发展特色农牧业提供了强大支撑。全社会关注现代农业建设的氛围更加浓厚，金融资本、工商资本和其他社会资本参与农业现代化进程的积极性高涨，为现代农业建设开辟了新的支持途径、创造了良好的外部环境。"十三五"时期，国家及地方各级政府将进一步加大对农业的支持力度，加快培育新型职业农民和新型农业经营主体，推动规模化种养及加工业的发展，财政支持重点继续向"三农"领域投入。

（2）扶贫攻坚战促生农村发展新动力。普格县是国家扶贫开发工作重点县，全县贫困村103个，贫困人口11 369户47 513人。截至2016年底，已退出贫困村19个，已脱贫3 311户13 034人，还有未退出贫困村84个，未脱贫人口8 058户34 479人。国家、省、自治州向来重视脱贫攻坚工作，中共四川省委十届六次全会上通过了《中共四川省委关于集中力量打赢扶贫开发攻坚战 确保同步全面建成小康社会的决定》，对全省脱贫攻坚作出战略部署。按照省委、省政府开展省内扶贫协作藏区彝区贫困县工作的部署，泸州市江阳区和龙马潭区分别对口帮扶凉山州盐源县和普格县。扶贫攻坚战内容涵盖基础设施扶贫、产业扶贫、新村新寨扶贫、教育扶贫等多项内容，有效提升产业发展，对于全面贯彻精准扶贫、精准脱贫战略，打赢扶贫开发攻坚战具有决定性意义。

（3）消费市场空间将逐步扩大。从我国主体市场看，城市居民对主要农产品特别是绿色、无公害安全食品的消费总量呈增长趋势，消费结构向多元化方向发展。随着全国城镇化进程不断加快，未来人口将进一步向大中城市集聚，对农产品的需求和要求会更多更高，农产品的生产和服务的社会化分工会更加细化。同时，我国城乡经济的持续发展，极大地改善了城镇居民的物质生活条件，带动和促进了对观光旅游的多样化需求和选择。"2.5天小长假"的试行可有效刺激旅游消费市场，特别是以休闲农业为代表的短线旅游路线的发展。

4.面临挑战

（1）2020年全面脱贫形势严峻。"十三五"时期是我国全面建成小康社会的决战期和攻坚期，普格县作为国家级贫困县，贫困地区主要分布在远离交通干线及城镇的高海拔地区，区域生态脆弱，基础设施建设滞后，建设成本与维护成本高，产业扶贫开发形势依然十分严峻。

（2）农牧业产业投资回报周期较长。农业投资以农产品自然生长过程为基础，难以根据市场行情立即调整生产，无法像二三产业一样紧跟市场形势变化。加上农产品本身需求弹性较小，导致农产品价格波动剧烈。农业投资回报期比较长，在很长一段时间内几乎是负收益，这与资本追求短期收益的倾向恰好相反。

（3）本土化特色产品市场竞争激烈。目前我国农产品的买方市场已经形成，农产品市场的竞争日趋激烈，农产品的优势正在由以前的数量型向质量型转变。普格县特色农牧产品螺髻山黑猪、乌骨鸡、红米等均处于市场开拓阶段，产品市场接受度和品牌知名度不足，市场竞争能力不强。

（4）新型经营主体建设及招商引资难度较大。随着农村青壮年劳动力大规模向城镇和非农产业转移，农业劳动力供求结构进入总量过剩与结构性、区域性短缺并存新阶段，农户兼业化，农业人口老龄化，农村空心化现象在一些地方比较严重，关键农时缺人手、现代农业缺人才、新农村建设缺人力问题日显普遍。加之具有"恋农恋土情结"的老一代农民将逐步退出，新生代农民工不愿务农、不会种地，致使劳动力质量下降，在掌握农业新科技、新技术，操作农业机械等方面存在一定困难，加速培养新型经营主体和发展社会化服务事关长远，任务艰巨。同时，发展现代农业、改善农业生产条件，需要大量的资金投入，而信息传递不通畅、融资渠道狭窄、服务体系滞后等不完善的农业支持保护制度无法满足农业和农民市场化需要，制约了普格县特色农牧业的升级发展。

三、发展思路与目标

（一）指导思想

全面贯彻落实党的十八大，十八届四中、五中、六中全会和习近平总书记系列重要讲话精神，按照中央"四个全面"战略布局和脱贫攻坚总体部署，牢固树立创新、协调、绿色、开放、共享五大发展理念，践行"绿水青山就是金山银山"的生态观念，以特色产业扶贫为抓手，推进农业供给侧结构性改革，加快转变农业发展方式，创新体制机制。立足生态资源优势，大力发展山地高效特色农牧业，以特色农产品基地建设为重点，着力推进特色粳稻、高山旱作、高效林果药材、绿色蔬菜、高山牧业、休闲农业六大优势产业，构建农旅结合、农游合一新模式，推进一二三产业融合发展，促进农业提质增效和农民持续增收，为实现普格县精准扶贫、精准脱贫和全面建成小康社会奠定坚实基础。

（二）基本原则

——生态优先，绿色发展。牢固树立"绿水青山就是金山银山"的生态理念，以生态保护为前提，注重经济效益、社会效益和生态效益相结合，坚持抓好农牧区生态建设和环境保护，全面推进依法治农，实行最严格的生态环境保护制度。推行绿色农业生产模式，走现代农业可持续发展道路。

——重点突破、梯次推进。根据特色农牧业发展定位、资源禀赋、产业基础等，做好顶层设计，形成科学合理的产业分工和空间布局，明确六大产业发展目标和建设重点，高标准、高起点规划建设，有计划、分步骤稳步推进，重点扶持市场前景好、有竞争优势的特色粳稻、高山旱作、高效林果药材、绿色蔬菜、高山牧业、休闲农业等特色主导产业体系先行建设。

——创新驱动，品牌引领。全面深化农村改革，创新统筹城乡发展机制，激活各类生产要素向农业集聚。依法推进农村土地承包经营权有序流转，鼓励、引导和规范农村土地依法流转。以农产品地理标志认定为抓手，培育一批区域性公共品牌。壮大新型农业经营主体，大力发展"两品一标"，培育一批特色产品品牌。推进供给侧结构性改革，以高品质产品提升品牌的影响力。

——政府主导，多元投入。发挥政府的主导作用，统筹各方（行业、部门）资源，形成合力。积极做好宣传发动、组织协调和服务指导工作，强化政府支持与引导作用，加大强农惠农富农力度，大力推进机制创新和体制创新，通过政策引导、市场驱动、信息服务等途径，引导和鼓励社会资本投入农业，凝聚各方力量，激发内生动力，为特色农业的发展注入新的活力。

——统筹兼顾，融合发展。根据河谷地带、低山区、高寒山区等自然条件和经济社会发展水平，因地制宜，分类指导，突出重点，体现特色，探索行之有效的发展模式和途径。坚持资源优化配置和整合利用，统筹兼顾农牧业各领域、各环节以及各群体的利益关系，统筹城乡规划，统筹基础设施、人居环境、产业发展、社会事业和农牧民长远生计。积极拓展农业功能，延长产业链、打造供应链，形成全产业链。发展农产品加工业，发展休闲农业，把特色农业融入二三产业同步发展。

（三）发展目标

到2025年，特色农牧业建设取得明显成效，产业体系、生产体系和经营体系不断完善，农业基础设施显著改善，产业结构逐步优化，产业发展有机融合，资源利用和生态环境保护水平不断提高，农业质量、效益和竞争力明显提升，农民收入持续增加，实现贫困人口脱贫不返贫，全面建成小康社会的发展目标。

1. 近期目标（2018—2020年）

到2020年，全县农业总产值14亿元，年均递增2.75%，粮食总产7.72万吨，年均递增1.5%，肉类总产量1.45万吨，年均递增5.74%，畜牧业总产值6.02亿元，年均递增4.65%，农村常住居民人均可支配收入达13 700元左右，年均递增12.93%。围绕特色种植业、特色养殖业和休闲旅游业等优势产业，倾力打造高原红米、珍珠米，旱作马铃薯、苦荞麦，绿色蔬菜等高效种植产业基地；建立螺髻山黑猪、高山细毛羊、螺髻山红羽乌骨鸡、麻鸭、桑蚕、土蜂标准化养殖基地；搭建农产品物流中心和则木河生态旅游观光带。通过产业基地的示范作用向周边区域扩展，辐射带动县域协同发展。

——水稻播种面积稳定在3.5万亩，重点发展普格红米2 000亩，珍珠米2 000亩，实现亩增产1.5%。

——马铃薯播种面积稳定在15万亩，其中，脱毒薯种植面积11万亩，建设高山焙烤型马铃薯产业示范基地5万亩。申请绿色产品基地认证2万亩，创建普格焙烤型马铃薯品牌1个；培育专业合作社或新型农业企业2~3家，企业加工率达到40%。

——生猪、肉羊、家禽出栏量分别达到15万头、12万只、35万只，年均递增2.69%、6.15%、7.10%。

——畜牧养殖加工龙头企业不断发展壮大，年产值500万元以上畜牧业龙头企业达到20家，其中，争取发展国家级龙头企业1家、发展省级龙头企业2家。

——农民专业合作社发展到80家，其中，争取发展国家级示范社1家，省级示范社10家。

——畜牧业标准化水平和物质装备水平不断提升，标准化畜禽圈舍达到50%以上，畜禽标准化养殖场（小区）达200个，新增部级畜禽标准化养殖小区（场）1个，省级畜禽标准化养殖小区（场）2个，市级畜禽标准化养殖小区（场）5个。

——农业科技支撑服务能力明显提升，农业适用技术推广率达到90%以上，作物良种化率90%以上，测土配方施肥率90%，土地集约化率达到20%，机械化综合作业水平40%。畜禽良种覆盖率85%，动物疫病防控能力得到加强，免疫密度达到90%。全县农作物秸秆综合利用率达到70%以上，畜禽粪污处理和综合转化利用率达到85%以上。

——农畜产品质量合格率达到98%。初步构建起生态、高产、优质、高效、安全、品牌和循环型的现代畜牧业生产体系。

——打造则木河生态旅游观光带，到2020年，普格县休闲观光产业完成接待游客突破200万人次，休闲农业年收入达到3.3亿元，旅游总收入达到5.5亿元。

2. 中远期目标（2021—2025年）

到2025年，全县农业总产值17亿元，年均递增3.96%，粮食总产8.32万吨，年均递增1.5%，肉类总产量1.81万吨，年均递增4.54%，畜牧业总产值7.32亿元，年均递增3.99%，农村常住居民人均可支配收入达11 600元左右。

——水稻播种面积稳定在4万亩，重点再发展普格红米1 000亩，珍珠米8 000亩，良种化率达到98%。

——马铃薯种植面积稳定在20万亩，其中，增加高山焙烤专用型马铃薯基地1万亩，申请绿色产品基地认证3万亩。

——生猪、肉羊、家禽出栏量分别达到19万头、17万只、50万只，年均递增4.83%、7.21%、7.39%。

——建成标准化养殖小区（场）300个以上，年产值500万元以上畜牧业农业龙头企业达到25家，其中，争取发展国家级龙头企业1家、省级龙头企业3家。

——农民专业合作社发展到100家，其中，争取发展国家级示范社2家、省级示范社由10家发展到15家。累计完成无公害畜产品产地认定20家以上。

——乡村旅游接待游客数量力争达到300万人次，乡村旅游总收入达到4.5亿元。

其主要指标见表4-3。

表4-3 普格县特色优势农牧业发展主要指标

	主要指标	2016年	2020年	年均递增（%）	2025年	年均递增（%）
农业综合生产能力	农业总产值（亿元）	12.56	14.00	2.75	17.00	3.96
	畜牧业产值（亿元）	5.02	6.02	4.65	7.32	3.99

（续表）

主要指标		2016年	2020年	年均递增（%）	2025年	年均递增（%）
农业综合生产能力	粮食总产（万吨）	7.39	7.72	1.5	8.32	1.5
	粳稻播种面积（万亩）	—	3.50	—	4.00	2.71
	马铃薯产量（万吨）	20.75	23.00	2.08	25.00	1.68
	肉类产量（万吨）	1.16	1.45	5.74	1.81	4.54
	出栏生猪（万头）	13.54	15.00	2.69	19.00	4.83
	出栏肉牛（万头）	0.72	0.9	5.74	1.20	5.92
	出栏肉羊（万只）	9.45	12.00	6.15	17.00	7.21
	出栏家禽（万只）	26.60	35.00	7.10	50.00	7.39
农民生活	农民人均纯收入（元）	8 423	13 700	11.46	21 000	10.07
	乡村旅游总收入（亿元）	4.21	5.50	12.93	6.50	14.52
农业现代化水平	农业科技推广率（%）		90		95	
	种植业良种化率（%）		90		95	
	土地集约化率（%）		20		35	
	养殖业良种化率（%）		85		90	
	畜禽标准化养殖比重（%）		50		70	
	机械化综合作业水平（%）	28.5	40		55	
	测土配方施肥覆盖率（%）		90		95	
农业产业化水平	农业产业化龙头企业（个）		20		25	
	农民专业合作社（个）	52	80		100	
	畜禽标准化养殖场（小区）（个）		200		300	
	农畜产品质量合格率（%）		98		99	
生态环境	农作物秸秆综合利用率（%）		70		80	
	畜禽粪污处理和综合转化利用率（%）		85		90	
	农村生活垃圾无害化处理率（%）		70		85	
	森林覆盖率（%）	35	39		49	

(四)主要任务

1.加快特色农产品基地建设,促进三产融合发展

立足县域内绿色生态的自然环境,强化产业基地建设,积极挖掘和培育壮大本土特色优势产品,重点打造以高山红米、珍珠米、高山乌洋芋、苦荞麦、螺髻山黑猪、高山细毛羊、螺髻山红羽乌骨鸡、桑蚕等为主的特色优势农牧产品。同时,通过产业深度融合开发,以农兴游,以游带农,构建农游合一、文旅合一的则木河生态旅游观光带。

依托国家"一事一议"项目资金和工作,结合基本农田建设、中低产田改造等措施,加大山、水、田、林、路、园、沼综合治理,完善农田基础配套设施,全面提高农田质量和土地集约化利用水平,提高抵御自然灾害的能力,改善贫困山区农业农村生产生活设施条件。同时,进一步落实好省市相关农业基础设施建设和农业综合开发、扶贫攻坚、环境保护等项目建设资金,整合利用好各类资金,积极实施项目与科技有效对接,立足重点区域,突出重点品种,加快推动标准化生产基地建设,着力提高农业综合生产能力,满足高品质农产品生产的需要。

2.壮大县域特色优势品牌,提升农产品附加值

积极发展无公害农产品、绿色食品和有机农产品。以农产品基地建设为重点,强化绿色食品、有机食品、农产品地理标志的申请与认证工作,倾力打造和创建农特产品"螺髻山"品牌。建立新型农业经营体系,严格按照有机、绿色、无公害农产品生产规范,合理安排特色、优质农产品的生产,满足人们对优质农产品差异化的需求。加快形成关联度高、带动力强、影响远的普格县高山特色农牧产业和品牌,提高农产品附加值,显著提升农业产业的竞争力和整体效益。重视特色农牧产品品牌的线上线下推广,提高品牌在国内、国际市场上的竞争力。

3.加大招商引资,积极培育新型经营主体

制定优惠政策,加大招商引资力度,积极支持优势企业和行业协会,依托特色产品打造区域特色品牌,引入现代要素改造提升传统品牌。积极发展适度规模经营,大力培育新型农业经营主体和服务主体,通过经营权流转、股份合作、代耕代种、土地托管等多种方式,加快发展土地流转型、服务带动型等多种形式规模经营。完善家庭农场认定办法,扶持规模适度的家庭农场。加强农民合作社规范化建设,积极发展生产、供销、信用"三位一体"综合合作。建立以"适度规模经营"为载体的新型农业经营体系引领农业供给侧改革,按照"培育一批、规范一批、提升一批"的要求,以土地确权登记颁证工作为抓手,着力培育职业农民、种养大户、家庭农场、农民合作社、农业企业等主体,以提高组织化程度,提高资源利用率和合理规划布局的能力。从根本上改变贫困地区缺乏新型经营主体,农户过于分散,生产规模小,难以进行专业化生产和形成适度市场规模的状况。

4.强化农业技术支撑,完善社会化服务体系

加大科技投入,主动适应经济发展新常态,把科技创新作为稳增长、调结构、促转型的重要抓手,加大优良新品种引进、推广和应用力度,加大科技人才的引进与培养,不断提高农业产业的科技支撑能力。建立健全农产品标准化生产技术规程,积极开展蔬菜标准园、畜禽养殖标准示范场创建活动,支持龙头企业、农民专业合作组织和种养大户率先实行标准化生产,指导农民切实按照生产技术规程进行生产,科学经营管理。加快农产品安全质量检测体系建设,对产地环境、投入品使用、生产过程、生产质量实行全程监控,倾力打造"两品一标"特色农产品。加强农产品质量安全监管体系建设,围绕农产品生产基地建设,重点抓好产地环境监控、投入品监管、技术规范制定、市场准入等关键环节的监管。对绿色标志和地理标志农产品,实行严格的农产品质量安全可追溯制度、市场准入和退回制度。进一步整合资源,建立健全乡镇检测站和乡镇监管机构,完善检测手段,提高农产品质量检测和监管能力。建立健全农产品市场流通体系,以农产品品牌市场体系建设为中心,重点通过普格县农产品网络交易平台、大型农产品批发市场等基础设施建设,搭建农户与企业、农户与市场的桥梁,构建智慧化的市场流通体系,积极打造"互联网+农业"农业物联网工程,推进农产品电商发展,实现农村商业网点"线上线下"全覆盖,成为助推农业信息化的引擎,开拓市场空间,提高普格县特色农产品市场占有率。

5.加强新型农民培训,强化科技推广应用

建设农业技术培训中心、农业科技示范园区,以培训中心和示范园区为培训平台,依托特色农业发展,开展农村种养业生产和农产品经营性人才培养,使其成为有知识、有能力、懂技术、会经营、致富快的新型农民。建立健全区、乡(镇)、村三级农民田间学校,培训农作物高产高效栽培、农业机械化、无公害安全生产、重大病虫草害防治、高效集约化设施种植、畜禽良种繁育及饲养管理、畜禽重大疫病防控、农畜产品加工等先进实用技术,切实提高新品种、新技术的推广率和应用效果。开展"科技入户"活动,实现新模式、新品种、新技术、新方法等技术服务全覆盖。

四、产业选择与总体布局

（一）产业选择

特色农牧业重点产业选择依据：一是功能作用最大化，充分发挥自身比较优势，进行资源综合开发和高效利用，努力实现农业的多功能性；二是带动能力最大化，结合产业发展战略目标，选择科技含量高、对县域经济带动性强的农业产业；三是效益最大化，重点产业纵向与横向比较，具有良好的经济效益、社会效益和生态效益，综合考虑投资性价比高。

基于上述因素考虑，普格县特色农牧业本着因地制宜、突出重点的原则，分层次有重点地培育最具发展潜力和比较优势的产业，引进并培育本地龙头企业，打造普格县特色主打产品。首先选择已初步形成一定传统品牌的特色产品，产业效益明显的传统特色产品；其次选择生态资源优势明显、市场潜力巨大的特色产品；最后选择满足未来城市生态旅游发展需求的绿色生态休闲农业产品。

1. 高山特色种植业

（1）高山生态绿色粳稻产业。普格县为长江水源地，独特的天然优势、生态条件为发展生态绿色稻米产业提供了基础条件。全县稻米以粳稻为主、籼稻为辅，2016年普格水稻种植面积3.14万亩，远不能满足社会对高端优质大米的需求。四川省以"稻香杯"优质稻米评选会推动了稻米优质率明显增加。普格红米和珍珠米获得绿色食品认证，其中，月吾乡红米获得"有机转换产品"证书。本规划以企业为龙头，重点打造普格红米和珍珠米绿色生产区。

（2）高山生态优质旱地作物产业。马铃薯和苦荞麦是适合山区粗放耕作管理的主要旱地作物，也是普格县高寒山区和高二半山区彝族同胞的主食。2016年普格县马铃薯种植面积为12.5万亩，产量为20.75万吨，成为高山农民增收的优势产业，其中，普格县高山乌洋芋已获得绿色食品认证。近年劳动力成本剧增、市场产品需求分化，导致马铃薯产业比较效益下降，但是普格县马铃薯品质优，非常适合作为焙烤专用型产品。苦荞麦在凉山州产量达到14万吨，占全国产量的46.7%，已形成苦荞米、面等系列化产品，但在普格县种植规模相对较小。规划重点建设普格县高山焙烤专用型马铃薯产品绿色生产区和优质苦荞麦产品发展先行区。

（3）高山生态绿色蔬菜产业。蔬菜产业是中共四川省委、省政府确定的十大特色优势种植业之一，而普格县蔬菜种植特点为小而散、农户种植多为自种自足、城市居民蔬菜供给主要依赖外部供应。随着普格县城市发展和交通改善，为打造高山生态绿色蔬菜基地提供了前提。规划以普格县菜篮子工程建设为主线，重点打造普格县高山生态绿色设施大棚蔬菜基地4 000亩，露地蔬菜基地1万亩。

（4）高山特色林果药产业。2016年普格县拥有134万亩森林，水果产量为0.35万吨，总产值2 239万元，中草药刚刚起步。林果药在繁荣山区经济中的潜力尚未充分发挥，"大资源小产业"的状况仍未根本改变。打造高山特色林果药产业成为普格县林业经济平稳发展，建设绿色"生态普格"的重要内容，其中，以早熟的枇杷、樱桃、葡萄，优质的泡桐，发展林下中药材基地为重点。

2. 高山特色养殖业

（1）螺髻山黑猪产业。生猪生产是农民收入的主要组成部分，2016年末全县生猪存栏11.21万头、出栏13.54万头。近年来已投入资金200万元，完成国家生猪标准化养殖场（重点户）8户，有一定产业基础。特别是被当地叫做猪肉界的"神户牛肉"的螺髻山黑猪是四川省凉山州普格县优良的地方猪种，于2015年7月22日取得了农业部农产品地理标志产品审核认证，具有肉质鲜嫩、口感好等特点，受到当地人们的喜爱，作为地方生态资源优势明显、市场潜力巨大的特色产业重点发展。

（2）肉羊产业。肉羊是普格县传统养殖产业，2016年末羊存栏22.48万只、出栏9.45万只。普格县作为半细毛羊主产县之一，具有发展肉羊产业得天独厚的资源条件，发展潜力巨大。首先，气候环境非常适宜，生态环境优良，养殖产品完全符合有机、绿色食品的要求，是地处二半山半农半牧区和高山牧区群众经济收入的重要来源。其次，饲草资源极为丰富，普格县可利用草地面积为114万亩，占草地总面积的84.1%，全县合理载畜量为53万个羊单位。2016年6月国家绒毛用羊产业技术组一行到普格县五道箐乡开展半细毛羊养殖生产调研时指出，要进一步加强半细毛羊的品种改良工作，强化技术支撑，扩大养殖规模，提高养殖效益，以建设科技示范园区带动半细毛羊生产向纵深推进。

（3）生态禽类产业。2016年出栏家禽26.59万只，其中，生态鸡25万多只，麻鸭1万只。螺髻山红羽乌骨鸡于2015年7月22日取得了农业部农产品地理标志产品审核认证，初步形成了具有一定传统特色的产品品牌；随着西洛河流域万亩绿色珍珠米种植基地的建成，本地麻鸭也将以"稻鸭共生"模式发展，重点打造普格县"稻鸭珍珠米"品牌，特色产业效益越加明显。

（4）桑蚕产业。现有桑园0.63万亩，2016年蚕茧产量1.2万担（1担=50千克，全书同），同比增长14.5%，总产值1 527.29万元，同比提高8.25%，占畜牧业总产值的3.0%，经济效益好，比较优势明显。需巩固提升蚕桑产业，优化桑园，加强桑园管理、良桑嫁接、鼓励零星桑园向养蚕大户流转等工作，加大政策扶持规模养蚕力度，取得更大的经济效益。

（5）蜜蜂产业。普格县高山地区、二半山地区蜜源植物种类繁多，多年来，这里的人们有丰富养殖蜜蜂的经验和良好的习惯，为进一步发展中华土蜂提供了良好的养殖基础。

3. 休闲观光农业

积极开发农业和农村蕴藏的自然生态、生产生活、民族风情等休闲旅游资源，发展休闲农业与乡村旅游，有利于促进城乡交流，满足人们多层次、多元化的消费需求，对于统筹城乡经济社会发展、建设和谐社会、推进农村一二三产业融合发展具有重要的现实意义。

"十三五"期间，凉山州全力实施"全域旅游"发展战略，着力构建"一核、两翼、四圈、四带、多点"全域旅游格局，以建成西部最佳阳光休闲度假旅游目的地和国际康养胜地、国际旅游度假区。普格县作为凉山州南部旅游经济圈的重要组成，多年来，通过"两节、三线、一走廊"（火把节、彝历年；螺髻山、大槽河、海口牧场；九连河坝生态观光走廊）的打造，构建"自然风光、民族风情、休闲度假、生态观光、红色文化"五位一体的文化旅游发展格局。同时结合新农村建设，打造了五道箐乡沙合莫村、螺髻山镇洛博村、普基镇九连河坝、红军树村等乡村旅游点，已成为州内外旅游的热点线路之一。2016年，普格县接待游客180万人次，较2011年增加45万人次，年均增长8.4%，实现旅游综合收入4.21亿元，较2011年增加0.82亿元，年均增长4.4%。同时，普格县旅游产业发展也存在以下问题。

（1）彝族文化元素挖掘不足。普格县未形成彝族文化整体旅游氛围，从景区景点到民居建筑，凸显彝族文化元素不足；从日常生活到重大节庆，着装彝族服饰的人越来越少；从婚丧嫁娶到民俗文化活动，民族文化传承人逐渐濒临绝境。

（2）旅游产品商业化不足。特色商品是旅游项目的重要吸引力和盈利点之一，普格县现有特色餐饮、特色农产品、传统手工艺品等未经系统性开发，全县没有一家旅游品生产企业，旅游纪念品也就无以谈起，"旅游购物"的概念似乎令人淡漠。

（3）生态观光亮点不突出。普格县现有常规旅游项目与农业、教育、养生、养老、运动等产业结合较少，导致游客娱乐参与性较差。

考虑到凉山州全域旅游发展战略辐射带动效应，普格县自然风光和独特民俗的资源优势，本规划充分挖掘农业多功能性，积极打造则木河生态旅游观光带，努力将休闲观光农业打造成为区域特色优势产业。

（二）总体布局

立足自然资源基础，开发和构建现代农牧业生产体系，紧密结合现代消费取向，构建普格县特色优势农牧业发展空间布局（图4-5）。选择资源基础深厚、区位优势明显、有一定农业基础的特色产业作为重点突破；选择生态环境好、区位优势明显、农业产业基础条件好的区域作为重点，进行特色农牧业种植、养殖及其农产品生产加工和休闲旅游，形成现代多功能农业发展集中展示平台。

根据普格县地理位置、自然资源特点、农业产业现状及发展潜力与主导产业选择依据和布局原则，将全县特色优势农牧业布局为"两带、两园、多基地"。"两带"即构建则木河生态旅游观光带、西洛河综合扶贫攻坚示范带；"两园"即重点打造以螺髻山镇、黎安乡为核心的两大田园综合体；"多基地"即通过打造特色优势农牧产业标准化基地，推动各乡镇特色优势农牧产业的发展。

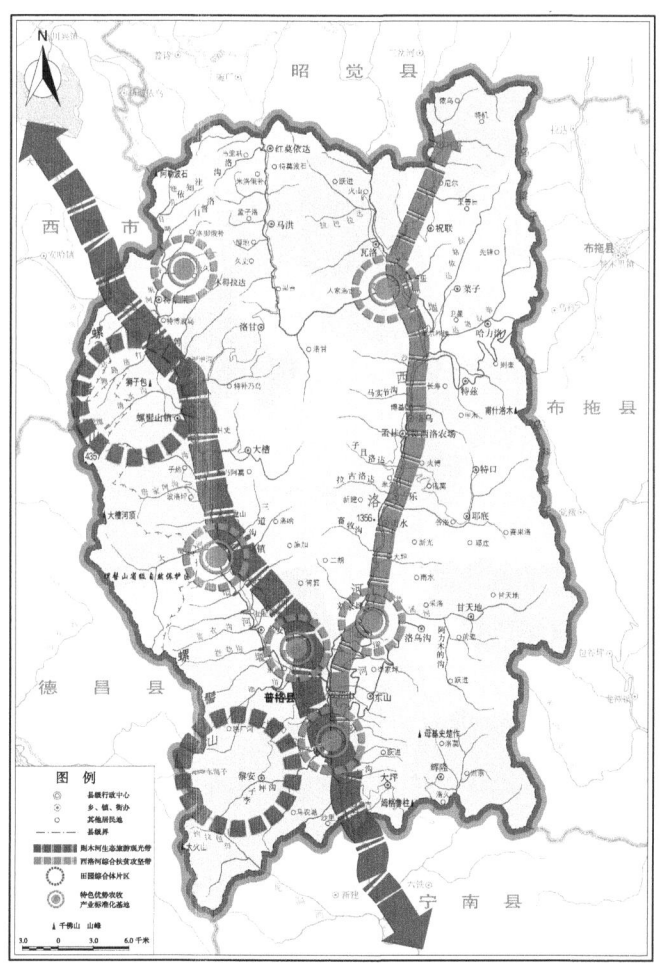

图4-5 普格县特色优势农牧产业空间布局

1. 两带

（1）则木河生态旅游观光带。

区域范围： 区域涉及沿国道G248线的13个乡镇（即五道箐乡、特尔果乡、特补乡、螺髻山镇、大槽乡、荞窝镇、向阳乡、永安乡、普基镇、花山乡、文坪乡、黎安乡、大坪乡等）。本区域植被良好、交通条件优良、旅游资源丰富，秉承一二三产业融合发展理念，打造农旅康养结合的生态旅游观光带。

区域建设重点：

①深度挖掘特尔果乡、五道箐乡和螺髻山镇等区域土壤富硒特色，打造千亩富硒优质稻米种植基地。

②依托普基镇、永安乡设施蔬菜、食用菌生产基础，提升产品生产标准，打造500亩绿色有机蔬菜种植基地，4 000亩设施蔬菜种植基地。

③以普基镇九连河坝为中心发展6 000亩地方特色小水果种植基地，以枇杷、甜樱桃、葡萄为主。

④以特尔果乡、黎安乡、永安乡等区域为中心发展林下中药材产业，以"三七""重楼""半夏"为主。

⑤以螺髻山镇、五道箐乡为核心建设螺髻山黑猪、螺髻山红羽乌骨鸡国家级保种基地；以普基镇、花山乡、大坪乡为核心发展养蚕养殖产业；以普基镇大坪乡、花山乡、文坪乡等区域为核心发展冷水鱼养殖产业，为休闲旅游产业提供保障。

⑥在五道箐乡重点建设畜产品屠宰加工项目和农贸市场建设项目，形成普格县特色农牧产品加工物流交易中心。

⑦以特尔果乡为中心，依托则木河流域源头，立足地方品种（红米）资源保护，构建生物多样性，打造特尔果稻田共生体验园。

⑧以螺髻山景区、黎安高山牧场为核心，打造两大各具特色田园综合体。

（2）西洛河综合扶贫攻坚示范带。

区域范围： 区域包含红莫依达乡、马洪乡、瓦洛乡、夹铁乡、菜子乡、特兹乡、洛乌乡、孟甘乡、吉乐乡等21个乡镇。该区域降水量相对较少、植被不丰，交通等基础设施较差，重点结合扶贫攻坚战略培育特色优势农牧产品。

区域建设重点：

①以夹铁乡、瓦洛乡、菜子乡、哈力洛乡、特兹乡、洛乌乡、孟甘乡、吉乐乡8个乡为重点建设万亩绿色珍珠米基地，配合生态放养本地麻鸭，形成普格县"稻鸭珍珠米"品牌。

②以高山地区马洪乡、红莫依达乡发展高山优质苦荞麦、乌洋芋产业核心区；发展养蜂业，形成本地土蜂蜜养殖区。

③高二半山地区重点发展本地黑猪、乌骨鸡、高山细毛羊、小尾寒羊，大力发展特色养殖业，形成规模化，实行深加工，打造品牌。

2. 两园

（1）螺髻山彝寨风情田园综合体。

区域范围：该园区位于螺髻山镇，属于普格县富硒产业带，是特色农牧产品螺髻山黑猪、乌骨鸡的主要产地，且拥有4A级景区螺髻山，具备打造田园综合体的天然条件。依托螺髻山特色农牧业品种资源、自然风光、地热资源和彝寨人文优势，按照农田田园化、产业融合化、城乡一体化的发展路径，打造彝寨风情的田园综合体试点工程。

区域建设重点：

①通过富硒优质稻米、绿色蔬菜、黑猪、乌骨鸡等特色农牧产品标准化种植基地的建设，为休闲农业打造物质基础；建设食用菌基地、沼气工程、有机肥加工厂等工程建设，打造园区循环农业节点工程。

②打造占地50亩的农事主题狂欢乐园，设计中突出农业创意性、体验性和娱乐性，打造普格县休闲农业重要节点。

③以螺髻山镇旅游风景区为中心，对现有彝寨进行升级改造。一方面，深入挖掘彝族服饰饰品、语言文字、饮食习惯、婚丧习俗等文化内涵，通过特色建筑、食品开发、民俗文化展示、民间文艺演出等形式，提升彝族风情展示能力；另一方面，根据现有资源和条件，打造温泉康养型、文化体验型、农事体验型、餐饮会议型、采摘休闲型等不同特色农家乐，提升景区旅游接待功能。

④以螺髻山镇旅游风景区为中心，打造5个彝族风情特色乡村，为景区提升文化氛围的同时，提升当地居民生活水平。

（2）黎安高山牧场田园综合体。

区域范围：该园区位于黎安乡，区域海拔高，拥有野生杜鹃花海和原生态高原牧场，同时也是风电清洁能源生产基地重要选址，拥有发展休闲农业的资源优势。园区建设坚持生态优先战略，践行"绿水青山就是金山银山"理念，做强传统特色优势产业，发展创意休闲农业，打造以高山牧场为特色的田园综合体试点工程。

区域建设重点：

①重点发展优质牧草、苦荞麦、乌洋芋、中药材等高山特色种植业和山羊、柴

鸡、冷水鱼、土蜂等山地特色养殖业。

②在高山牧场野生杜鹃花海沿线，打造3~4个原生态高山特种养殖园，重点养殖牦牛、马、山羊、柴鸡、土蜂等品种，实行全放养；配合高山塞外风情，让游客充分体验亲近自然、回归田园等生活。

③依托黎安乡高山特色中药材种植，打造养生文化体验园。

④提升园区道路等级，打造山地越野赛道，设置房车、野外露营基地项目，将园区打造成全国性越野拓展基地。

3. 多基地

重点建设螺髻山黑猪、螺髻山红羽乌骨鸡、高山粳稻、高山旱作、高山林果药、绿色蔬菜等特色优势农牧业标准化基地，通过创建标准化基地推动全县特色农牧业发展。

五、重点项目建设

（一）高山生态绿色粳稻产业

1. 建设思路与目标

稳定稻米播种面积，优化稻米生产布局和品种结构，引导稻米向优势产区集中，提质增量，确保普格县"米袋子"的充足供应。同时充分发挥本地优越的光、热、水、土资源和县内山区天然的优势生态条件，在适宜地区发展高山特色精品稻米产品，全力推进"一控两减三基本"的实施，打造一批具有区域竞争力的绿色稻米产品。

加大普格县农业新型经营主体的培育，积极稳妥推进农村土地流转和适度规模经营，用新思路、新机制拓宽稻米产业发展道路，构建产业基地、农产品包装加工、特色农产品品牌创建、市场营销的全产业链，满足不同层次市场需求，实现农民稳步增收。

近期目标（2018—2020年）：水稻播种面积稳定在3.5万亩，重点发展普格县红米2 000亩，珍珠米2 000亩，申请绿色食品基地论证面积1万亩，打造1个稻米品牌。推行"4个90%"增产措施：良种化率90%以上，绿色防控率90%以上，测土配方施肥面积占90%，农业适用技术推广率达到90%以上，实现亩产增产1.5%。土地集约化率达到20%，机械化综合作业水平80%以上，秸秆综合利用率70%。

中远期目标（2021—2025年）：水稻播种面积稳定在4万亩，重点再发展普格县红米1 000亩，珍珠米8 000亩，申请绿色食品基地论证面积1万亩，提升品牌影响力。实现良种化率达到98%，土地集约化率达到30%，机械化综合作业水平85%，秸秆综合利用率75%。

2. 建设项目与规模

（1）普格县粳稻绿色高效生产示范区建设。在生态条件优异地区，建成田间基础设施齐备、农业机械配套、服务体系健全的粳稻绿色生产示范基地1个，面积为2 000亩。加强新优特水稻品种的引进，配合生态放养本地麻鸭，形成普格县"稻鸭珍珠米"品牌，分别布局在特尔果乡和夹铁乡。

（2）普格县富硒优质稻米生产基地建设。主要选择富硒地区，配套建设田间基础设施、农业机械设备等，打造普格县富硒优质稻米绿色生产基地，可选择珍珠米、红米及其他优质品种，推广作物病虫害绿色防控技术，建立相关质量标准控制体系。面积规模1 000亩，主要布局在特尔果乡、五道箐乡和螺髻山镇等。

（3）普格县珍珠米绿色生产基地建设。重点选择水源生态条件好，并适合连片发展的乡镇村，打造生态绿色珍珠米生产基地。按照优质高效水稻种植标准，重点推广以作物病虫害绿色防控技术和养鸭技术为主要内容的生态环保型农业生产技术，生育期间尽可能不使用或少使用农药，建立较为严格的产前、产中、产后质量标准控制体系。面积规模1万亩，主要布局在夹铁乡、瓦洛乡、菜子乡、哈力洛乡、特兹乡、洛乌乡、孟甘乡、吉乐乡等。

（4）普格县红米生态基地建设。主要选择高二半山具有水源的地区，结合小型农田水利建设项目，以"公司+农户+基地"种植—加工的订单式农业生产模式，打造普格县红米生态基地，重点推广作物病虫害绿色防控技术，建立相关质量标准控制体系。面积规模3 000亩，主要布局在月吾乡、特尔果乡、菜子乡等。

3. 实施进度

高山特色粳稻产业建设进度安排如表4-4所示。

表4-4 高山特色粳稻产业建设进度安排

序号	项目	2018年	2019年	2020年	2021—2025年
1	普格粳稻绿色高效生产示范区建设	●	●	●	
2	普格富硒优质稻米生产基地建设			●	●
3	普格珍珠米绿色生产基地建设	●	●	●	●
4	普格红米生态基地建设	●	●	●	●

4.投资与效益分析

普格县高山特色粳稻产业项目的投入,2018—2020年需要投资2 440万元,2020年预计效益达到880万元;2021—2025年需要投资3 200万元,2025年预计效益达到2 100万元(表4-5、表4-6)。资金来源以申请国家政策性扶持和企业投资等社会资金为主,农民自筹为辅。

表4-5　高山特色粳稻产业建设投资估算

(单位:万元)

序号	项目	2018年	2019年	2020年	2021—2025年
1	普格粳稻绿色高效生产示范区建设	200	200	200	
2	普格富硒优质稻米生产基地建设			80	1 000
3	普格珍珠米绿色生产基地建设	500	500	500	2 000
4	普格红米生态基地建设	80	80	100	200
	合计	780	780	880	3 200

表4-6　高山特色粳稻产业经济效益估算

(单位:万元/年)

序号	项目	2018年	2019年	2020年	2025年
1	普格粳稻绿色高效生产示范区建设	50	50	100	100
2	普格富硒优质稻米生产基地建设			80	100
3	普格珍珠米绿色生产基地建设	150	300	500	1 500
4	普格红米生态基地建设	50	100	200	400
	合计	250	450	880	2 100

(二)高山生态优质旱地作物产业

1.建设思路与目标

立足绿色生态环境优势,促进"专业合作社(公司)+基地+农户"集聚发展,不断提升马铃薯产业发展的科技创新和实用技术推广应用能力,重点打造普格高山焙烤专用型马铃薯产品,培育品牌,集群发展,做大做强特色优势马铃薯产业。

同时通过优质荞麦标准化生产基地建设,推动苦荞麦向高产、优质方向发展。大力扶持和引进相关龙头企业,改进加工工艺,拉长杂粮产业链,打造优质品牌,使苦荞麦产业成为农民增收、农业转型的特色支柱产业。

近期目标（2018—2020年）：马铃薯播种面积稳定在15万亩，其中，脱毒薯种植面积11万亩，建设高山焙烤型马铃薯产业示范基地5万亩，土地集约化率达到20%，机械化综合作业水平60%。发展普格苦荞麦1万亩，申请马铃薯和苦荞麦绿色产品基地论证分别2万亩和5 000亩，创建普格焙烤型马铃薯品牌1个，申请苦荞麦地理标志1个。培育专业合作社或新型农业企业2～3家，企业加工率达到40%，完善龙头企业与农民利益的联结机制。

中远期目标（2021—2025年）：马铃薯种植面积稳定在20万亩，其中，增加高山焙烤专用型马铃薯基地1万亩，土地集约化率达到40%，机械化综合作业水平达80%。再申请绿色产品基地论证3万亩。增加苦荞麦播种面积1万亩，进行标准化基地建设。培育一批具有生产规模大、生产水平高和产业带动力强的经营主体，走精品、品牌、联合产销一体化道路，成为四川省现代农业建设发展过程中的行业龙头。

2.建设项目与规模

（1）马铃薯和苦荞麦新品种示范区及良繁基地建设。加强与科企合作，与中国农业科学院、西昌学院以及国内外科研院所、企业等建立合作平台，积极引进优质马铃薯和苦荞麦品种，建立新品种示范区。打造普格县马铃薯良种繁育基地1 000亩，主要布局在红莫依达乡、马洪乡和洛甘乡。建立苦荞麦优质专用品种繁育基地200亩，主要布局在洛甘乡。

（2）高山生态优质旱地作物绿色生产示范区建设。在生态条件优异地区建成田间基础设施齐备、农业机械配套、服务体系健全的普格县高山焙烤专用型马铃薯产品绿色生产示范区1个，面积为1万亩，以黑木河流域和高二半山区为主，主要分布在红莫依达乡、马洪乡、洛甘乡等。通过机械化种植采收等现代发展模式建设苦荞麦绿色生产示范基地1个，面积为2 000亩，布局在洛甘乡。

（3）高山生态绿色马铃薯标准化生产基地建设。推广农业低碳技术及小型机械化，减少农业面源污染，其中，沟坝乡镇以种植小春马铃薯为主，高山乡以种植大春马铃薯为主，创建普格县高山绿色马铃薯标准化生产基地10万亩，主要布局在红莫依达乡、马洪乡、洛甘乡、特尔果乡、螺髻山镇、五道箐乡、黎安乡、文坪乡、甘天地乡、洛乌沟乡、耶底乡、辉隆乡、哈力洛乡、月吾乡、祝联乡、东山乡、大坪乡17个乡（镇）。

（4）高山生态绿色苦荞麦标准化生产基地建设。推广农业低碳技术及小型机械化，在干旱地区推广荞麦标准化生产基地2万亩，主要布局在红莫依达乡、特尔果乡、马洪乡、洛甘乡、耶底乡、甘天地乡等。

3. 实施进度

高山优质旱地作物产业建设进度安排如表4-7所示。

表4-7 高山优质旱地作物产业建设进度安排

序号	项目	2018年	2019年	2020年	2021—2025年
1	马铃薯和苦荞麦新品种示范区及良繁基地建设	●	●	●	●
2	高山生态优质旱地作物绿色生产示范区建设	●	●	●	●
3	高山生态绿色马铃薯标准化生产基地建设	●	●	●	●
4	高山生态绿色苦荞麦标准化生产基地建设	●	●	●	●

4. 投资与效益分析

普格县高山旱地作物产业项目的投入，2018—2020年需要投资3 400万元，2020年预计效益达到3.51亿元；2021—2025年需要投资3 400万元，2025年预计效益达到3.66亿元（表4-8、表4-9）。资金来源以申请国家政策性扶持和企业投资等社会资金为主，农民自筹为辅。

表4-8 高山优质旱地作物产业建设投资估算

（单位：万元）

序号	项目	2018年	2019年	2020年	2021—2025年
1	马铃薯和苦荞麦新品种示范区及良繁基地建设	200	200	200	200
2	高山生态优质旱地作物绿色生产示范区建设	300	300	400	1 000
3	高山生态绿色马铃薯标准化生产基地建设	500	500	500	2 000
4	高山生态绿色苦荞麦标准化生产基地建设	100	100	100	200
	合计	1 100	1 100	1 200	3 400

表4-9 高山优质旱地作物产业经济效益估算

（单位：万元/年）

序号	项目	2018年	2019年	2020年	2025年
1	马铃薯和苦荞麦新品种示范区及良繁基地建设	30	50	100	200
2	高山生态优质旱地作物绿色生产示范区建设	1 000	2 000	3 000	3 400

（续表）

序号	项目	2018年	2019年	2020年	2025年
3	高山生态绿色马铃薯标准化生产基地建设	15 000	20 000	30 000	30 000
4	高山生态绿色苦荞麦标准化生产基地建设	1 000	1 600	2 000	3 000
	合计	17 030	23 650	35 100	36 600

（三）高山绿色生态蔬菜产业

1. 建设思路与目标

着力优势地区，按照环境友好型、资源节约型、生态安全型发展理念，发展高山绿色设施蔬菜基地和露地蔬菜基地，重点打造绿色"普格蔬菜"品牌，丰富市民蔬菜产品种类，提升普格县菜篮子自足率，成为美丽乡村建设和农旅融合发展的重要支撑。

近期目标（2018—2020年）：打造普格县高山绿色生态蔬菜及食用菌生态示范园500亩，发展早春和秋延大棚蔬菜面积1 000亩，发展高山冷凉露地蔬菜3 000亩。建设家庭农场生产点50个，申请绿色蔬菜生产基地品牌认证1个，建立绿色蔬菜生产和销售追溯体系。

中远期目标（2021—2025年）：扩增早春和秋延大棚蔬菜面积3 000亩，发展高山冷凉露地蔬菜7 000亩。再建设家庭农场生产点100个，申请绿色蔬菜生产基地品牌认证2个。

2. 建设项目与规模

（1）高山绿色蔬菜生态示范园建设。主要分为高山绿色蔬菜及食用菌生产示范区、早春和秋延大棚绿色瓜果豆生产区和露地绿色蔬菜生产区，总面积为500亩，布局在普基镇。

①绿色蔬菜及食用菌生产示范区。集成品种资源、农业机械、植保监测、综合防治、采后处理、废料循环、综合管理于一体的绿色蔬菜及食用菌生产体系，为发展普格县高山绿色生产基地奠定基础，占地面积约100亩。

②绿色高山露地蔬菜生产区。依据绿色蔬菜种植要求，尽量选择适合规模化、机械化种植的蔬菜，实现轮作和休耕种植制度，采用节水灌溉设施（如自动喷灌机、微喷设施、膜下滴灌等）、病虫害综合防治技术（如杀虫灯、性激素诱杀盒、防虫网相结合），采用绿色生产专用的有机肥和农药，发展露地蔬菜面积300亩。

③早春和秋延后大棚绿色瓜果豆生产区。本区主要与露地生产相结合，均衡发展整个蔬菜产业结构需求，适度发展连栋大棚和单栋大棚设施蔬菜，适当提早和延长绿色蔬菜的供应期。早春和秋延后以种植国内优质品种为主，国外品种为辅，发展规模达100亩。

（2）高山绿色设施蔬菜基地建设。在生产、交通运输、水源等条件较好的乡镇建设设施大棚蔬菜4 000亩，包括田形调整、设施大棚、机耕道、水沟、蓄水（储肥）池、滴灌等附属设施。主要布局在普基镇（顺河村、新农村、田坝村和文倡村）、永安乡（扯扯街村）、花山乡等地。

（3）高山绿色生态露地蔬菜基地建设。在海拔2 100米以下地区建设1万亩绿色露地生产蔬菜基地，建设内容包括平整土地，增厚土层，增施有机肥，新建维修田间人行道、机耕道，沟渠硬化，新建蓄水粪池农田工程附属设施等。主要布局在普基镇、花山乡、永安乡、荞窝镇、特补乡、螺髻山镇、五道箐乡等地。

（4）家庭农场绿色蔬菜生产点建设。配合全县生态旅游总体发展格局，重点打造主干公路沿线的村组，融合当地景区文化，建立150个有代表性的家庭农场绿色蔬菜生产点，满足农家乐餐饮、住宿接待点以及候鸟式养老需求。

3. 实施进度

高山绿色生态蔬菜产业建设进度安排如表4-10所示。

表4-10　高山绿色生态蔬菜产业建设进度安排

序号	项目	2018年	2019年	2020年	2021—2025年
1	高山绿色蔬菜生态示范园建设	●	●	●	●
2	高山绿色设施蔬菜基地建设	●	●	●	●
3	高山绿色生态露地蔬菜基地建设	●	●	●	●
4	家庭农场绿色蔬菜生产点建设	●	●		

4. 投资与效益分析

普格县高山绿色生态蔬菜产业项目的投入，2018—2020年需要投资5 990万元，2020年预计效益达到5 100万元；2021—2025年需要投资7 200万元，2025年预计效益达到2.52亿元（表4-11、表4-12）。资金来源以申请国家政策性扶持和企业投资等社会资金为主，农民自筹为辅。

表4-11 高山绿色生态蔬菜产业建设投资估算

(单位：万元)

序号	项目	2018年	2019年	2020年	2021—2025年
1	高山绿色蔬菜生态示范园建设	1 000	1 000	1 000	1 000
2	高山绿色设施蔬菜基地建设	500	500	1 000	5 000
3	高山绿色生态露地蔬菜基地建设	300	300	300	1 000
4	家庭农场绿色蔬菜生产点建设	20	20	50	200
	合计	1 820	1 820	2 350	7 200

表4-12 高山绿色生态蔬菜产业经济效益估算

(单位：万元/年)

序号	项目	2018年	2019年	2020年	2025年
1	高山绿色蔬菜生态示范园建设	100	200	500	5 000
2	高山绿色设施蔬菜基地建设	1 000	2 000	3 000	10 000
3	高山绿色生态露地蔬菜基地建设	500	1 000	1 500	10 000
4	家庭农场绿色蔬菜生产点建设	30	50	100	200
	合计	1 630	3 250	5 100	25 200

（四）高山特色林果药产业

1. 建设思路与目标

在中国农业科学院、四川省农业科学院、四川农业大学、江南大学等有关科研院校的支持下，立足普格县气候优势和本地优异林果药资源，以绿色发展为导向，重点发展早熟枇杷、甜樱桃、葡萄等，引进优质泡桐产品，满足普格县观光休闲农业发展需求，提升林果产品附加值，保障农民的收益。同时整合多部门项目资金推进中药材产业的发展，实行专业公司、合作社为龙头，推行生产、加工、销售一条龙的生产方式，采取农户的林地入股、社会资金入股，效益分红、风险共担，建设多种中药材复合种植模式，提高种植收益，改变当前"大资源小产业"的状况。

近期目标（2018—2020年）：建设林果资源圃200亩，完成2 000亩本地枇杷，3 000亩甜樱桃，1 000亩葡萄和3 000亩泡桐示范工程，有机认证达到10%，绿色认证达到20%，申请地理标志1个。

建设普格县中药材资源圃，打造普格县绿色高山优质中药材基地2 000亩，引进培育专业合作社2~3家，推进GAP种植基地认证1~2个。

中远期目标（2021—2025年）：完成林果资源圃建设300亩，成为普格县特色景点之一，实现6 000亩有机林果种植示范工程，有机认证达到20%，绿色认证达到50%。

扩增普格县绿色高山优质中药材基地3 000亩，再培育专业合作社3家，推进企业GAP、ISO 9001等相关体系认证。

2.建设项目与规模

（1）优异林果药种质资源圃建设。收集保存普格县及周边地区特异地方林果药品种资源，如本地枇杷、樱桃、葡萄等水果品种；三七、半夏、赶黄草、石斛、黄姜、黄栀子、重楼、黄精等野生中药材。采用自动喷灌、轻型基质无纺布容器育苗、基质自动装填，育苗场地和道路全部用混凝土硬化，苗木生产工艺采用嫁接、扦插及组织培养方式进行。基地包括组培楼、育苗圃、采穗圃、工作棚、遮阴棚、自动恒温棚、炼苗场。建设规模500亩，其中，引进展示圃450亩，其他辅助设施占地50亩，包括组培楼800平方米、工作棚2 000平方米、遮阴棚1万平方米、炼苗场1万平方米。主要布局在特尔果乡、大坪乡、花山乡、普基镇等。

（2）高山生态绿色林果示范工程建设。

①苗木引进。与企业合作，拟引进甜樱桃和泡桐品种以及配套矮化砧木。

②改良土壤。通过增施有机肥、高碳肥、有机物料、氨基酸矿质肥进行土壤改良。

③灌溉节水工程。新建输水管道、灌溉系统及滴灌设施。

④果园生产机械设备。拖拉机、运输车、小型旋耕机、开沟施肥机、机动弥雾喷药机、割草机、秸秆粉碎机等。

⑤生产用房。每100亩配套建设50平方米的田间管护、仓库等生产管理用房。分别发展枇杷2 000亩，葡萄1 000亩，主要以普基镇九连河坝为中心；甜樱桃3 000亩，主要布局在则木河、西洛河流域的螺髻山镇、五道箐乡、特尔果乡、特补乡、大槽乡、黎安乡、雨水乡、瓦洛乡、夹铁乡等；泡桐3 000亩，主要布局在特补乡、大槽乡、荞窝镇等。

（3）高山绿色中药材种植基地建设。依托四川众鼎、锦云堂等中医药龙头企业，以中药材种植专业合作社、科技示范户、贫困建卡户为主，计划建设5 000亩林下中药材基地，包括当归、党参、三七、重楼、半夏等，主要布局在螺髻山镇、五道箐乡、黎安乡、特补乡、大槽乡、雨水乡、瓦洛乡、夹铁乡、荞窝镇、花山乡、普基镇等。

3.实施进度

高山特色林果药产业建设进度安排如表4-13所示。

表4-13 高山特色林果药产业建设进度安排

序号	项目	2018年	2019年	2020年	2021—2025年
1	优异林果药种质资源圃建设	●	●	●	●
2	高山生态绿色林果示范工程建设		●	●	●
3	高山绿色中药材种植基地建设	●	●	●	●

4.投资与效益分析

普格县高山林果药产业项目的投入，2018—2020年需要投资2 900万元，2020年预计效益达到2 450万元；2021—2025年需要投资6 000万元，2025年预计效益达到4 600万元（表4-14、表4-15）。资金来源以申请国家政策性扶持和企业投资等社会资金为主，农民自筹为辅。

表4-14 高山特色林果药产业建设投资估算

（单位：万元）

序号	项目	2018年	2019年	2020年	2021—2025年
1	优异林果药种质资源圃建设	250	250	500	500
2	高山生态绿色林果示范工程建设		500	1 000	5 000
3	高山绿色中药材种植基地建设	100	100	200	500
	合计	350	850	1 700	6 000

表4-15 高山特色林果药产业经济效益估算

（单位：万元/年）

序号	项目	2018年	2019年	2020年	2025年
1	优异林果药种质资源圃建设	20	30	200	300
2	高山生态绿色林果示范工程建设		900	2 100	4 000
3	高山绿色中药材种植基地建设	50	80	150	300
	合计	70	1 010	2 450	4 600

(五)高山特色养殖产业

1. 建设思路与目标

立足全县资源优势,以优化结构、转变方式、保护环境为重点,以做好产业精准扶贫来推动农业供给侧结构性改革为思路,稳步推进以生猪、高山细毛羊、家禽、桑蚕养殖为重点的高山特色养殖产业建设,实现畜牧业提质增效。加大畜禽品种改良与引进推广,狠抓养殖基地建设,加快现有养殖小区的改造提升,积极培育新型经营主体,加强健全技术服务与监管。走"党支部+专业合作社+贫困户"或"龙头企业+专业合作社+适度规模+贫困户"的养殖发展模式。通过标准化养殖基地建设,推进标准化生产、组织化管理、健康化养殖,示范带动全县特色畜牧业进一步由粗放经营向集约经营机制转变,不断提高畜产品标准化生产和畜牧规范化经营水平,提高畜牧业整体生产水平和效益。

近期目标(2018—2020年):到2020年,初步确立畜牧产业在农业农村经济中的支柱产业地位。主要畜产品生产能力显著增强,生猪、肉羊、家禽饲养量分别达到13万头、28万只、35万只;出栏分别达到15万头、12万只、35万只,出栏量年均增长分别为2.69%、6.15%、7.10%。肉类总产量14 477吨,年均增长5.96%,畜牧业总产值6亿元,年均增长4.65%。

畜牧养殖加工龙头企业不断发展壮大,年产值500万元以上畜牧业龙头企业达到20家,其中,争取发展国家级龙头企业1家、发展省级龙头企业2家。畜牧业农民专业合作社发展到50家,其中,争取发展国家级示范社1家,省级示范社10家。畜牧业标准化水平和物质装备水平不断提升,标准化畜禽圈舍达到50%以上,畜禽标准化养殖场(小区)达200个,新增部级畜禽标准化养殖小区(场)1个,省级畜禽标准化养殖小区(场)2个,市级畜禽标准化养殖小区(场)5个。畜牧业科技支撑服务能力明显提升,猪、羊、禽良种覆盖率均85%,动物疫病防控能力得到加强,免疫密度达到90%。畜牧业资源利用水平不断提高,全县畜禽粪污处理和综合转化利用率达到85%以上。建立安全高效的农产品质量安全检验检测体系,农畜产品质量合格率达到100%。初步构建起生态、高产、优质、高效、安全、品牌和循环型的现代畜牧业生产体系。

中远期目标(2021—2025年):到2025年,巩固畜牧业在农业农村经济中的支柱产业地位,成为农业增效、农民增收的主导产业之一。生猪、肉羊、家禽饲养量分别达到17万头、35万只、50万只;出栏分别达到19万头、17万只、50万只,出栏量年均增长分别为4.83%、7.21%、7.39%。肉类总产量18 096.3吨,年均增长4.54%,畜牧业总产值7.3亿元，年均增长3.99%。

建成标准化养殖小区（场）300个以上，年产值500万元以上畜牧业农业龙头企业达到25家，其中，争取发展国家级龙头企业1家、省级龙头企业3家。畜牧业农民专业合作社发展到60家，其中，争取发展国家级示范社2家、省级示范社由10家发展到15家。累计完成无公害畜产品产地认定20家以上。畜禽粪污处理和综合转化利用率达到90%以上。构建完善的重大动物疫病防控和畜产品质量安全监管体系。

2.建设项目与规模

（1）畜禽良种繁育建设项目。总投资1 270万元。

①螺髻山黑猪保种场建设。

建设内容及规模：建设螺髻山黑猪保种场1个，占地面积8 000平方米。新建猪舍面积5 000平方米，辅助设施1 000平方米。购买生产、质检、医疗设备50台（套），并配套畜禽资源化利用等设备；使普格县螺髻山黑猪基础母猪核心群达到300头以上，年可提供优良种猪2 000多头。计划投资800万元。

项目布局：螺髻山镇。

资金来源：申请农业农村部畜禽种质资源保护项目资金。

②螺髻山红羽乌骨鸡良种场建设。

建设内容及规模：建设螺髻山红羽乌骨鸡良种（兼保种）场1个，新建标准化鸡舍1 500平方米，配备孵化和育雏设施，年孵化雏鸡50万羽，饲养螺髻山乌骨鸡5 000羽。计划投资470万元。

项目布局：五道箐乡。

资金来源：申请农业农村部畜禽种质资源保护项目资金。

（2）畜禽标准规模化养殖基地建设项目。总投资1.77亿元。

①螺髻山黑猪养殖基地建设。

建设内容及规模：发展螺髻山黑猪养殖户2 400户，每户改扩建标准化猪舍30平方米，改扩建标准化猪舍7.2万平方米，500元/平方米。合计投资3 600万元。

项目布局：螺髻山镇、五道箐乡、特补乡、特尔果乡、大槽乡、红莫依达乡、马洪乡、洛甘乡、黎安乡、文坪乡、荞窝镇、月吾乡、祝联乡、夹铁乡。

资金来源：申请国家项目资金2 000万元，规模养殖户自筹1 600万元。

②生猪标准化养殖场建设。

建设内容及规模：改扩建标准化生猪养殖场30个（每年3个）。根据优先安排粪污处理设施建设并达到环保部门相关要求，适当安排圈舍标准化改造以及水、电、路、防疫等配套设施建设的要求，改扩建标准化猪舍3万平方米。建成后每个养殖场年出栏达1 000头以上。合计投资1 500万元。

项目布局：螺髻山镇、五道箐乡、特补乡、特尔果乡、文坪乡、荞窝镇、普基镇、花山乡、洛乌乡。

资金来源：申请农业农村部标准化养殖专项资金500万元，规模养殖户自筹1 000万元。

③高二半山半细毛羊养殖基地建设。

建设内容及规模：建立优质绵羊生产和繁育改良基地，大力推广普格县半细毛羊养殖和优质牧草种植，辐射带动全县绵羊改良。改扩建适度规模绵羊养殖户500户，建设标准羊舍500间、1.5万平方米，采购种羊3 000只，硬化运动场1.5万平方米。按每户投资4.8万元，合计投资2 400万元。

项目布局：螺髻山镇、五道箐乡、特尔果乡、大槽乡、红莫依达乡、马洪乡、洛甘乡、黎安乡、洛乌沟乡、甘天地乡、耶底乡、月吾乡12个乡镇建立普格半细毛羊良繁户500户。

资金来源：申请国家扶贫专项资金2 000万元，养殖户自筹400万元。

预期效益：到2025年达到普格县优质半细毛羊4万只，实现产值4 000万元。

④生态鸡养殖基地建设。

建设内容及规模：针对全县贫困户新建适度规模"螺髻山红羽乌骨鸡"养殖户5 500户，投资1 650万元；新建年提供育雏鸡苗40万只以上的商品鸡苗场1个，投资1 000万元；建立土鸡养殖户20 000户，每户投资0.15万元。计划总投资5 650万元。

项目布局：在螺髻山镇、荞窝镇、普基镇、花山乡等34个乡镇。

资金来源：申请国家扶贫专项资金3 600万元，养殖户自筹2 050万元。

⑤生态麻鸭养殖基地建设

建设内容及规模：结合西洛河流域10 000亩绿色珍珠米种植基地建设，建成50万羽生态麻鸭养殖基地，涉及农户5 000户，重点发展本地麻鸭生态放养，发展"稻鸭共生"养殖模式，打造普格县"稻鸭珍珠米"品牌。计划投资750万元。

项目布局：瓦洛乡、夹铁乡、菜子乡、特兹乡、洛乌乡、孟甘乡、吉乐乡7个乡。

资金来源：申请省扶贫专项资金500万元，养殖户自筹250万元。

⑥蜜蜂养殖基地建设。

建设内容及规模：新建蜂场100个，计60万元；改扩建蜂场300个，计90万元。多数养蜂场主要用来引诱中华野生蜂，辅之以购买部分蜂群。合计投资150万元。

项目布局：以马洪乡、红莫依达乡、黎安乡等高山地区为中心。

资金来源：申请省财政资金150万元。

⑦桑蚕养殖基地建设。

建设内容及规模：优化桑园结构，把海拔1 600米以下区域打造成为以蚕桑为重点的经济带。优化桑园0.63万亩，每年利用项目发展桑树1 000亩，发展蚕桑家庭农场15个，养蚕农户3 000户，小蚕共育室350户，标准大蚕房3 000间，养蚕大棚200个4万平方米，省力化蚕台3 500套，新增新型循环式热风烘茧机5台，日处理鲜茧能力达3万千克。配备标准化专用蚕种催青室，配备自动化电脑智能催青设备。合计投资3 600万元。

项目布局：花山乡、大坪乡、普基镇、永安乡、荞窝镇共10个村。

资金来源：申请国家财政资金2 600万元，养殖户自筹1 000万元。

（3）畜禽加工建设项目。总投资8 000万元。

①生猪屠宰加工建设。

建设内容及规模：屠宰加工生猪10万头生产线，建设加工车间、屠宰车间、包装车间、冷库、污水处理设施等基础设施。投资5 000万元。

项目布局：五道箐乡。

资金来源：申请国家财政资金2 500万元，企业自筹2 500万元。

②禽类屠宰加工建设。

建设内容及规模：屠宰加工禽类100万羽生产线，建设加工车间、屠宰车间、包装车间、冷库、污水处理设施等基础设施。投资2 000万元。

项目布局：五道箐乡。

资金来源：申请省财政资金1 500万元，企业自筹500万元。

③饲料加工建设。

建设内容及规模：新建年加工能力1万吨饲料加工生产线2条，建设加工车间、包装车间、仓库等。计划投资1 000万元。

项目布局：五道箐乡。

资金来源：企业自筹1 000万元。

（4）重大动物疫病防控与监测体系建设项目。总投资1 000万元。

①重大动物疫病防控体系建设。构建和完善市、乡（镇）、村三级动物疫病防控网络，包括生物制品供应系统、动物强制免疫系统、动物疫病监测系统、动物卫生监督系统和应急准备系统，增强重大动物疫病综合防控能力。投资500万元。

建设内容及规模：建设动物疫病预防控制中心，建1个县级动物预防控制中心及设备购置,建34个乡镇兽医站及设备购置,建153个村级兽医室及设备购置。

②动物卫生监督信息网络系统建设。以畜禽标志及动物疫病可追溯体系为依托,建立县、乡(镇)两级动物卫生监督信息网络系统,实现动物卫生监督全覆盖、可追溯监管,强化动物卫生监督执法。投资500万元。

(5)规模养殖场的环保工程建设项目。总投资1 500万元。

建设内容及规模:对年出栏万头以上的特大型猪场投资100万元建设沼气发电设施,实现猪场粪污资源化利用和安全利用清洁能源;对全县内50个大型规模养殖场,每个场投资20万元配套建立具有相应加工(处理)能力的粪便污水处理设施或处理(置)机制,或进行堆腐发酵处理制成生物有机肥,实现达标排放和资源高效利用。

资金来源:申请中央财政清洁生产专项资金500万元,养殖企业自筹1 000万元。

3.实施进度

2018—2025年重点建设项目实施进度如表4-16所示。

表4-16 2018—2025年重点建设项目实施进度

项目分类	序号	建设内容	实施进度			
			2018年	2019年	2020年	2021—2025年
良种繁育	1	畜禽良种繁育建设项目	●	●	●	●
	1.1	螺髻山黑猪保种场建设	●	●	●	●
	1.2	螺髻山红羽乌骨鸡良种场建设	●	●	●	●
养殖基地	2	畜禽标准规模化养殖基地建设项目	●	●	●	●
	2.1	螺髻山黑猪养殖基地建设	●	●	●	●
	2.2	生猪标准化养殖场建设	●	●	●	●
	2.3	高二半山半细毛羊养殖基地建设	●	●	●	●
	2.4	生态鸡养殖基地建设	●	●	●	●
	2.5	生态麻鸭养殖基地建设	●	●	●	●
	2.6	蜜蜂养殖基地建设	●	●	●	●
	2.7	桑蚕养殖基地建设	●	●	●	●
畜禽饲草加工	3	畜禽加工建设项目	●	●	●	
	3.1	生猪屠宰加工建设	●	●	●	
	3.2	禽类屠宰加工建设	●	●	●	
	3.3	饲料加工建设	●	●	●	

第四章　推动结构调整　助力特色产业扶贫——普格县特色优势农牧产业发展规划

（续表）

项目分类	序号	建设内容	实施进度			
			2018年	2019年	2020年	2021—2025年
防控与监测	4	重大动物疫病防控与监测体系建设项目	●	●	●	●
	4.1	重大动物疫病防控系统建设	●	●	●	●
	4.2	动物卫生监督信息网络系统建设	●	●	●	●
环境保护	5	规模养殖场的环保工程建设项目	●	●	●	●

4. 投资与效益分析

2018—2025年，特色养殖产业计划投资29 420万元，其中，2018—2020年计划投资20 450万元，预计到2020年效益达到6 680万元；2021—2025年计划投资8 970万元，预计到2025年效益达到8 020万元（表4-17、表4-18）。资金来源以申请国家政策性扶持资金和企业投资等社会资金为主，农民自筹为辅。

表4-17　高山特色养殖产业建设投资估算

（单位：万元）

项目类别	序号	建设内容	2018年	2019年	2020年	2021—2025年
良种繁育	1	畜禽良种繁育建设项目	400	300	300	270
	1.1	螺髻山黑猪保种场建设	200	200	200	200
	1.2	螺髻山红羽乌骨鸡良种场建设	200	100	100	70
养殖基地	2	畜禽标准规模化养殖基地建设项目	3 300	3 630	3 120	7 600
	2.1	螺髻山黑猪养殖基地建设	600	700	700	1 600
	2.2	生猪标准化养殖场建设	300	400	300	500
	2.3	高二半山半细毛羊养殖基地建设	500	500	400	1 000
	2.4	生态鸡养殖基地建设	1 000	1 000	1 000	2 650
	2.5	生态麻鸭养殖基地建设	200	200	100	250
	2.6	蜜蜂养殖基地建设	100	30	20	
	2.7	桑蚕养殖基地建设	600	800	600	1 600

（续表）

项目类别	序号	建设内容	2018年	2019年	2020年	2021—2025年
畜禽饲草加工	3	畜禽加工建设项目	3 500	2 800	1 700	
	3.1	生猪屠宰加工建设	2 000	2 000	1 000	—
	3.2	禽类屠宰加工建设	1 000	500	500	—
	3.3	饲料加工建设	500	300	200	—
防控与监测	4	重大动物疫病防控与监测体系建设项目	150	130	120	600
	4.1	重大动物疫病防控系统建设	70	70	60	300
	4.2	动物卫生监督信息网络系统建设	80	60	60	300
环境保护	5	规模养殖场的环保工程建设项目	400	300	300	500
		合计	7 750	7 160	5 540	8 970

表4-18 高山特色养殖产业效益分析

（单位：万元/年）

项目分类	序号	建设内容	2018年	2019年	2020年	2025年
良种繁育	1	畜禽良种繁育建设项目	50	210	900	1 100
	1.1	螺髻山黑猪保种场建设		60	600	700
	1.2	螺髻山红羽乌骨鸡良种场建设	50	150	300	400
养殖基地	2	畜禽标准规模化养殖基地建设项目	710	4 180	4 180	5 000
	2.1	螺髻山黑猪养殖基地建设	50	2 100	2 100	2 500
	2.2	生猪标准化养殖场建设	60	600	600	700
	2.3	高二半山半细毛羊养殖基地建设	40	400	400	500
	2.4	生态鸡养殖基地建设	200	280	280	300
	2.5	生态麻鸭养殖基地建设	10	100	100	100
	2.6	蜜蜂养殖基地建设	50	100	100	100
	2.7	桑蚕养殖基地建设	300	600	600	800
畜禽饲草加工	3	畜禽加工建设项目	50	1 100	1 100	1 420
	3.1	生猪屠宰加工建设		800	800	1 000
	3.2	禽类屠宰加工建设		200	200	300
	3.3	饲料加工建设	50	100	100	120

（续表）

项目分类	序号	建设内容	2018年	2019年	2020年	2025年
防控与监测体系	4	重大动物疫病防控与监测体系建设项目			—	
	4.1	重大动物疫病防控系统建设	—	—		
	4.2	动物卫生监督信息网络系统建设	—	—		
环境保护	5	规模养殖场的环保工程建设项目	100	500	500	500
		合计	910	5 990	6 680	8 020

（六）休闲观光产业

1. 建设思路与目标

依托普格县优势旅游资源条件，借助凉山州打造全域旅游战略机遇，深度发掘普格县彝族民俗文化、红色文化、自然生态、特色种养等休闲旅游资源，加强旅游与休闲、观光农业发展相结合，与文化、林业、农牧业发展相结合，突出体验性、观赏性、趣味性和知识性，开发具有地方旅游特色、高品质、高品位、高影响力的休闲农业产品。通过休闲观光农业产业带的实施，拓展区域现代农业的多功能性，实现良好的经济效益、社会效益及生态效益。

结合特色小镇和田园综合体建设工程，全力打造则木河生态旅游观光带，搭建休闲农业发展公共服务平台，开发螺髻山黑猪、乌骨鸡、红米等特色美食和披毡（查尔瓦）、银饰等彝族特色工艺品，创建螺髻山镇、黎安乡两个田园综合体试点工程，打造一批有市场影响力的休闲农业品牌，推进休闲农业产业化发展，促进一二三产业融合发展。到2020年，普格县休闲观光产业完成接待游客突破200万人次、休闲农业年收入达到3.3亿元，带动全县旅游总体收入5.5亿元。到2025年，接待游客数量力争达到300万人次，休闲农业年收入达到4.5亿元，旅游总收入达到6.5亿元。

2. 建设项目与规模

（1）特尔果稻田共生体验园建设。

建设地点：特尔果乡特尔果村，1 000亩。

主要建设内容：通过发展有机红米标准化生产与稻田野生水生资源生态保护，形成以农事活动体验为基础，科普培训为核心，中国传统"悠然见南山"的田园文化为理念，集生产、观光、教育、休闲于一体的农耕文化科普创新基地。

①稻田共生系统恢复。通过"龙头企业+合作社+农户"的方式在红米种植基地推广有机种植，在农业生产生活中杜绝使用有毒有害农药、除草剂等，减少化学肥料的施用，病虫草害的防治以生物防治、物理防治和人工除草为主，保护和繁育生物多样性，反映自然界的原始面貌，涵养水源和净化空气，使它的生态效益、社会效益和经济效益都得到充分发展。

②农事体验活动策划。突出普格红米养生文化主题，通过高科技和循环经济提升农业生产，形成名副其实的红米稻田共生标准化生产区；规划一处认养区域，吸引游客认养、亲自劳作、收获。增加园区特色经营模式，主要配置农田劳作设备、农业生态系统科普教育设施和采摘体验大棚的建设以及相应的基础设施。

③红米养生文化开发。通过创意性的手法拓展和延伸红米养生文化，将红米养生文化通过符号化和景观化的手法融入设施和景观环境中，稻米捆景观、稻米秆艺术品的装饰、稻香饭器皿的艺术造型等，都通过艺术化的创意设计，并通过稻米文化艺术创作大赛等活动增强稻米文化的市场感知度。主要依托现有民居改造艺术车间、艺术茶吧、艺术餐饮以及相应的基础设施等。

（2）螺髻山彝族风情园改建升级。

建设地点：螺髻山镇。

主要建设内容：依托螺髻山彝寨现有建筑风貌，深入挖掘彝族服饰饰品、语言文字、饮食习惯、婚丧习俗等文化内涵，加大文化宣传及旅游产品开发力度，激发彝寨传统火把节、民族文化艺术节"两节"外内生动力，把螺髻山景区建成国内外知名的5A级生态旅游景区。

①彝族风情园升级改造。依托现有古彝寨，结合全县旅游"五个一"工程（一首歌、一本画册、一张音乐光盘、一本故事书、一台戏）进行彝族民族文化展示。挖掘彝族语言、文字内涵，为游客提供学彝语、起彝名、唱彝歌的文化氛围。举办民俗文化展示，农副产品、旅游商品展销，民间文艺演出，千人观赏团一日游，驴友自驾游，影友摄影采风等一系列活动。游客在古寨内，除可了解彝族建筑风格外，还可以欣赏和参与彝族的歌舞表演、民族工艺品制作，品尝民族风味食品，观赏民族艺术展示、歌舞晚会、民俗陈列馆、民间喜爱节目等各种场景。可根据现有资源和条件，分别打造特色餐饮型、体验农事型、餐饮会议型、采摘休闲型、田园风格型、特殊风格建筑型等类型场景。

②农事主题狂欢乐园。规划面积50亩。乐园突出"农味农趣"和"童年记忆"

两条主线,设计充满参与性、趣味性、体验性、互动性和娱乐性的游艺活动,包括农家赛车、果蔬连连看、木桶挑菜、植物大战僵尸、手搓玉米棒、小白兔拔萝卜、土里刨食的"农趣农乐"农事体验项目,以"耕犁滑梯、拖拉机攀爬、踏水车、踩太阳、跷跷板、藤蔓秋千、旋转木马"等娱乐设施吸引亲子活动。还可在体验区里体验石磨面粉、石碾脱粒、石臼舂米、风车挑米、手工脱粒、石磨豆浆等农产品加工工程,以及参与五谷贴画、DIY草编、崩崩爆米花、农家剪纸等游戏体验。

(3)海口高山牧场观光园建设。

建设地点:黎安乡。

主要建设内容:依托海口高山牧场野生杜鹃花海、风电站等塞外牧歌情调自然风光,打造山地越野营地;发展牦牛、山羊、柴鸡等高山特种养殖,使游客在享受高原风光的同时,体验原生态烤肉美食,把海口牧场景区建成州内外高原风光旅游热点。

① 高山特种养殖园。打造原生态高山特种养殖园,重点养殖牦牛、马、山羊、柴鸡、土蜂等品种,实行全放养;对池塘养殖水面清淤,建设以鲤鱼、罗非鱼、草鱼、鲢鱼为主的高山特色冷水鱼养殖园;配合高山塞外风情,让游客充分体验亲近自然、回归田园等生活。同时,养殖园可成为普格县特色、优质肉产品生产基地。

② 养生文化体验园。依托黎安高山特色中药材种植,建设集养生文化展示、学习、体验的园区,传播"中医"特色的养生理念,倡导健康的生活方式。重点设置中医药文化馆、中药采摘园、中医药坊、中医药文化展示长廊、养生药膳餐厅、养生理疗中心等项目。

③ 山地越野营地。选择密闭性较好的沟谷区域,为山地越野赛车辆、自驾游客和远足健身乘客,设置房车、野外露营项目。房车营地设置于沟谷平地,建设停车位,饮用水、照明补给,排污及安防设施;帐篷露营地设置于沟谷两侧平缓草地。区域配置野外特色烧烤餐饮服务。

(4)普基镇百果采摘体验园建设。

建设地点:普基镇。

主要建设内容:

① 四季水果农场。占地面积100亩,重点发展以枇杷、葡萄、柿子、板栗等果树;同时建设连栋大棚,主要发展设施草莓、樱桃、大甜杏、树莓、果桑、无花果、石榴等适销对路、适宜采摘的营养价值极高的小型浆果产业。

② 家庭农场。占地面积10亩,主要包含开心菜园、开心果园,游客可在温室内采摘、认养农作物或者是自己动手参与农事活动,体验农事乐趣。同时开辟专门的市

民厨房，游客可以选择自己动手或者由厨师操刀，在农场内就能品尝到自己动手采摘的或者自家种植的新鲜农产品。

③农家乐。开发乡村休闲，营造山水乡村的氛围，创建自然健康的农家乐环境。鼓励附近村民在此开展经营活动，利用传统的农具、生活用品，配以相应的劳动图片来展示新农村的生活方式。村民在布艺、草编、针线活、民俗用品等手工制品方面，可现场制作和就地销售，吸引游客在此住宿、用餐，逐步形成集吃、住、行、参观欣赏、水果采摘采购于一体的艺术乡村环境。

（5）特色乡村建设。

建设地点：特补乡、特尔果乡、花山乡、普基镇、五道箐乡、荞窝镇、螺髻山镇等乡镇村落。

主要建设内容：结合美丽乡村和移民搬迁工程，尊重群众意愿，突出人文历史、特色产业，按照"一村一格局"的要求，坚持改造为主，建新为辅，对已有民居实施改造。做到以点带面、稳步推进，建成生态农业、生态旅游、生态文化特色乡村。重点打造以休闲采摘为主的黄草坪村、顺河村、古木洛村、特尔果村、团结村等，以彝族风情体验为代表的特博波乌村、乃乌村、波洛坪村、子热村等，以风景观光为主的补觉村、干河沟村等，以红色旅游观光的红军树村等，到2020年，打造特色乡村50个。

3. 实施进度

休闲观光产业建设进度安排如表4-19所示。

表4-19　休闲观光产业建设进度安排

序号	项目	2018年	2019年	2020年	2021—2025年
1	特尔果稻田共生体验园建设	●	●	●	
2	螺髻山彝族风情园改建升级	●	●		
3	海口高山牧场观光园建设	●	●		
4	普基镇百果采摘体验园建设	●	●		
5	特色乡村建设	●	●	●	●

4. 投资与效益分析

预计总投资1.25亿元，其中，2018—2020年投资5 500万元，预计效益达到8 600万元；2021—2025年计划投资7 000万元，预计效益达到2.73亿元（表4-20、表4-21）。资金来源以申请国家政策性扶持和企业投资等社会资金为主，农民自筹为辅。

表4-20　休闲观光产业建设投资估算

（单位：万元）

序号	项目	2018年	2019年	2020年	2021—2025年
1	特尔果稻田共生体验园建设	100	100	100	
2	螺髻山彝族风情园改建升级	500	500	500	
3	海口高山牧场观光园建设	300	200		
4	普基镇百果采摘体验园建设	80	120		
5	特色乡村建设	1 000	1 000	1 000	7 000
	合计	1 980	1 920	1 600	7 000

表4-21　休闲观光产业建设效益分析

（单位：万元/年）

序号	项目	2018年	2019年	2020年	2025年
1	特尔果稻田共生体验园建设	20	300	1 500	3 000
2	螺髻山彝族风情园改建升级		900	5 000	20 000
3	海口高山牧场观光园建设	300	800	1 800	3 500
4	普基镇百果采摘体验园建设	20	150	300	800
5	特色乡村建设	—	—	—	—
	合计	340	2 150	8 600	27 300

六、支撑体系

（一）基础设施建设

1.建设思路

在遵循现状体系的基础上，根据未来全县产业发展趋势，充分考虑生产、生活、观光中的人流和货流交通运输快速的增加，升级内部生产运输道路，加强高标准农田建设，提高农业综合生产能力，打造快捷、便利的交通道路系统，并建成一批高标准农田，为发展特色农牧业、建设社会主义新农村奠定坚实的基础。

2.建设目标

到规划期末，形成"贯穿南北、连接东西、通乡通村、出县出境"的路网体系；彻底改变农村公路落后状况，并建设完成一批"排灌设施配套、农田平整肥沃、田间道路畅通、农田林网健全、产出效益较高"的高标准农田,通过水利建设,改善农业生产条件,优化农业种植结构,进一步提高农业综合生产能力和抵御自然灾害能力,保障粮食安全,增加农民收入。通过改造建设全县的农业基础设施,实现田间路网、林网、水网、电网贯通。

3. 重点建设内容

(1) 道路系统建设。规划依托全县现有的交通网络系统和"十三五"期间交通部门的建设重点,对现有的道路进行硬化、扩建和改建。扩建沿西洛河的县道公路、新建夹铁乡到洛甘乡的公路联通东西两条主干道,满足观光旅游和产品运输车辆的通行。新建普格县城至海口牧场景区公路、洛乌沟乡至日都迪萨景区公路、黄草坪乡至螺髻山景区3条旅游公路,主要满足农业发展和观光旅游的需要(表4-22)。村村通硬化道路规划中期达到100%。

表4-22 特色农牧业道路体系重点建设项目

序号	新建项目	规模(千米)
1	普格县城至海口牧场景区公路	28
2	洛乌沟乡至日都迪萨景区公路	26
3	黄草坪乡至螺髻山景区公路	9
4	夹铁乡到洛甘乡的公路	12

(2) 土地整理与质量提升工程。全面整合农业综合开发、农田水利、土地整理等项目资源,对全县现有35万亩耕地进行全面提档升级,到规划期末高标准农田面积达到40万亩,确保新增高标准农田占比超过90%。

(3) 水利设施工程建设。对全县河道、干渠、支渠进行改造,努力改善和恢复灌溉面积。切实加强蓄水工程建设,合理利用汛季雨洪资源,全面推进小型库塘治漏,提高蓄水能力。为有效解决冬季养殖和设施农业用水问题,规划建设一批蓄水池,为新建的阶梯式日光温室提供可靠的灌溉水源,蓄水池注意采取有效的防渗措施,分散布局,规模依据设施农业用水量和地形地貌而建。

(二)农业生态环境保护

1. 建设思路

按照构建资源节约型、环境友好型社会的总体要求,以延伸农业产业链条、促进农业经济提质增效为主线,以保护和改善农业生态环境、保障农产品质量安全、增强农业综合生产能力为目标,以强化农业生态环境监测监管为保障,以防治农业面源污染、发展生态循环农业为重点,建立以资源高效利用和生态环境保护为基础的现代农业发展体系,推进全县农业经济又好又快发展。

2.建设目标

到规划期末,秸秆综合利用率达到80%以上,规模畜禽养殖场粪便综合利用率大于85%以上,农畜产品质量合格率达到100%。农业生态环境动态数据库基本建立,初步建立农业生态环境监测预警体系、无公害农产品全程监管制度以及可追溯制度。

3.重点建设内容

(1)抓好农业面源污染防治。一是源头控制。推广农业废弃物循环综合利用技术,减少废弃物污染;采用配方施肥、施用有机肥等适用技术,减少化肥使用量;选用高效、低毒、低残留农药、生物农药,减少农药使用量和残留量;推进畜牧业健康养殖,实施养殖业废弃物减量化、资源化和无害化处理和污染监管,减少畜禽粪便和水产养殖污染。二是强化监测。建立农业面源污染定位监测点,重点开展则木河、西洛河等重点流域农业面源污染定点监测,掌握农业面源污染变化趋势。三是末端治理。推广秸秆还田、氨化、青贮技术,提高秸秆综合利用率;鼓励农户和企业采用清洁生产、健康生活方式,控制和治理农村生产生活污染。

(2)防治外来生物入侵。建立外来入侵生物风险评估与监测预警网络,强化监测预警,争取做到早发现、早防治,最大限度地减轻危害程度。

(3)保护农产品产地环境。一是开展产地环境监测。加大农产品产地环境安全监测力度,采用大尺度网格布点方式,进行产地环境安全状况调查监测,摸清底数,建立农产品产地环境监测数据档案,对农产品产地实行分级分类管理。二是推进农产品认证和监管。加快推进农产品认证和产地认定,尽快形成政府主导、部门配合、上下联动、共同参与的无公害农产品质量安全监管工作机制,全面提高监管能力和水平。

(4)建立农业生态环境监测预警体系。一是建立监测网络。在全县建立农业面源污染、农产品产地环境等监测网络,定期开展动态监测,及时掌握面源污染及产地环境安全变化动态,建立动态监管机制。二是建立农业生态环境信息网络。运用信息化手段,建立农业生态环境属性数据库和空间数据库,对调查、监测数据实行实时更新、汇总和分析。

（三）农业信息化服务体系建设

1. 建设思路

以全面提高特色农牧业信息服务能力和水平为核心，以电视、电话、电子显屏、现代信息网络等多种信息服务手段为载体，以开发整合农业信息资源为支撑，以加强信息服务队伍建设为保证，整合各种农村信息网络资源，加大农业信息网络基础设施建设力度，建立、完善农业信息中心，逐步形成布局合理、层次分明、实用有效的农业综合信息服务体系，基本建成覆盖全县农村、高效便捷的现代农村科技信息网络，为农业生产经营者提供及时、准确、权威的信息服务，促进特色农牧业和农村经济的全面发展。

2. 建设目标

到规划期末，农业信息服务平台实现100%联网，建设县级农业信息服务平台1个、乡镇农业信息服务平台34个、村级农业信息服务点150个。发展专兼职农村信息员300人，农村电商服务平台150个。

3. 重点建设内容

（1）农业科技服务平台。利用现有科技手段，通过整合农业科技资源和服务方式，建设1个中心、7个综合服务站、50个村级农业科技服务点，由10～15名中高级专家服务队伍、100名科技服务联络员，形成全县34个乡镇50个示范村，县、乡、村三级联合的农业服务体系。充分利用通信运营公司的技术设备和农业部门的科技资源，以现代信息传输设备和现代传播手段，将惠农政策、农业生产实用技术、农作物病虫害防治技术、农产品价格信息等，通过农业科技110服务人员审核后，将信息传递给农民，实现信息共享，及时为农民提供政策、生产技术、销售、气象等信息服务，推动科技信息在广大农村低成本、高效率传播，实现农业科技在农民致富中的快速反应和零距离服务功能。

（2）农村电商服务平台。以"互联网+"的发展模式，搭建集销售、物流、管理于一体的三级农村电商服务平台，解决农村电商"最后一公里"的问题。同时，结合本地农特产品优势和农民需求，通过整合线上信息资源和线下农村专业合作组织、农产品批发市场等实体资源，与已有一定市场影响力的电商全面对接，构建农村淘宝经营体系，形成"村淘"新模式，有效促进全县特色农牧产业与网络经济的互动融合。加大农村电子商务培训力度，开展有目的和有针对性的学习培训，进一步提高涉农企业发展农村电子商务的认识，提升全县农村电子商务发展水平，打通工业品下乡和农产品进城的双向流通渠道。

（四）科技支撑与职业农民培育

1. 建设思路

立足普格县各地方特色种质资源和农产品，由政府主管部门牵头，联合科研单位及基层农业技术团队，建立普格县特色农业咨询专家组，大力引进和推广各种绿色农业新技术、新成果，用现代科技提升土地利用效率和劳动生产率，提高现代农业科技在农业增产、农民增收中的贡献。大力培育新型职业农民，以更有效地组织形式及生产方式发展普格县特色农业。

2. 建设目标

到2025年，申请保护地方特色种质资源100种，建立一支由政府主管部门和科研单位组成的农业咨询专家组（10~15人），每年开展相关专业培训3~5次。培训一支适应普格县特色农业发展的新型职业农民骨干300人。

3. 重点建设内容

（1）建立普格县农业专家咨询组。以普格县农业主管部门牵头，由中国农业科学院、四川省农业科学院、四川农业大学、西昌学院及普格县相关农技单位建立一支咨询专家组，对普格县名特优品种保护、提纯复壮、品种推广、品牌申报等方面建立三位一体的保护体系。每年开展普格县特色农业交流会1~2次，重点围绕产业发展存在的问题、新技术和新成果的引进等。

（2）新型职业农民培训。以普格县特色优势农牧产业布局为基础，面向专业大户、家庭农场、农民合作社、农业企业等新型经营主体中的带头人、骨干农民，围绕重点建设项目，开展从种到收、从生产决策到产品营销的全过程指导培训。培训内容涉及农业生产及日常栽培管理、测土配方施肥、特色农业种养、农产品贮藏保鲜及加工、农机操作及维修等实用技术及农产品市场动态、农产品营销等综合能力培训，造就一支适应普格县特色农牧业发展的高素质新型职业农民队伍。

（五）品牌建设与市场流通

1. 建设思路

加强绿色食品、有机食品、农产品地理标志的申请与认证工作，重视农产品品牌的培育和推广，打造一流产品、一流品牌、一流企业，提高普格县特色农产品品牌在国内、国际市场上的竞争力。以农产品品牌市场体系建设为中心,通过重点建设普格县农产品网络交易平台、大型农产品批发市场等基础设施,打造智慧化的市场流通体系,开拓市场空间,促进普格县现代农业的快速发展。

2. 建设目标

到2020年,普格县通过"两品一标"认证农产品达到10个,创建全国知名农产品品牌1个以上,省级农产品品牌5个以上;培育流通类龙头企业2~3家,同时强化配送能力,建立1个鲜活农产品配送中心,辐射带动本地2 000~3 000个从业农户增收。基本形成以龙头企业为枢纽,鲜活农产品中心为平台的农产品物流配送体系。

3. 重点建设内容

(1)推进农产品品牌认证。在确保主要农产品有效供给的同时,下大力抓好农产品品牌建设,鼓励引导企业、合作社开展基地认定和产品认证工作,不断加大投入及政策引导、招商引资力度,打造特色品牌,鼓励更多的特色农产品争创"驰名商标、著名商标、知名商标",注册农产品地理标志证明商标、集体商标,着力提升农产品竞争力和附加值;同时依法保护品牌,加强品牌和标志使用的管理,严格质量标准和市场准入,加大对冒牌和违规使用标志的打击力度,逐步形成保护品牌的良好氛围,促进品牌农业健康发展。

落实奖励政策,对获得"中国驰名商标""中国名牌产品"等国家级品牌和"四川省著名商标""四川省优质产品""四川省名牌产品"等省级品牌,以及新获得绿色食品、有机食品认证,每件分别给予5万元、3万元、3万元奖励。

(2)五道箐乡农贸交易市场建设项目。农产品具有易腐烂、不易保存等特点,根据普格县畜禽、水产、蔬菜等鲜活农产品资源和流通体系的情况,在五道箐乡建设鲜活农产品产地集散交易市场,实现农产品现代物流的集散、交易、冷链仓储、配送、信息等功能。

建设活畜交易区、蔬菜交易大厅,提高交易效率,提升现代物流水平。发展电子商务、订单配送,建设冷链仓储运输系统,便于普格县特色优势农产品的交易流通,并辐射带动全县34个乡镇及周边县(区)"菜篮子"产品基地的建设发展。

(六)农产品质量安全监管与追溯

把质量安全当作普格县农牧业发展的生命线,建立健全农产品质量标准体系。以普格县特色农牧产品产业布局为基础,充分考虑产前、产中、产后各环节,积极调动农业生产经营主体的积极性，支持生产者申请"两品一标"认证，打造普格县绿色有机无公害农产品品牌，强化品牌保护。推动农业部门、经营主体、社会服务机构等多方参与，建立农产品质量安全追溯体系。抓好产地环境监控、投入品监管、技术规范制定、市场准入等关键环节。拳头产品建立全县统一的农产品追溯管理信息平台、制度规范和技术标准。支持龙头企业、农民专业合作组织和种养大户率先实行标准化生产，指导农民切实按照生产技术规程进行生产管理。强化质量安全意识，加强内部质量控制，提高监管的针对性、有效性。健全追溯管理激励、惩戒机制，建立生产经营主体信用档案和"黑名单"制度。进一步整合资源，充分发挥乡镇检测站和乡镇监管机构的作用，运用信息化手段及技术，整合主体管理、产品流向、监管检测、共享数据等各类数据，推进农产品质量安全监管精准化和可视化，提升农产品质量监管能力。

七、投资概算与效益分析

（一）投资概算

普格县特色优势农牧产业发展规划2018—2025年总投资预计76 450万元。各产业投资概算见表4-23。

表4-23 产业项目总投资

（单位：万元）

序号	项目	2018—2020年	2021—2025年	合计
1	高山生态绿色粳稻产业	2 440	3 200	5 640
2	高山生态优质旱地作物产业	3 400	3 400	6 800
3	高山生态绿色蔬菜产业	5 990	7 200	13 190
4	高山特色林果药产业	2 900	6 000	8 900
5	高山特色养殖产业	20 450	8 970	29 420
6	休闲观光产业	5 500	7 000	12 500
	合计	40 680	35 770	76 450

（二）效益分析

1.经济效益

预计到2020年，普格县特色农牧业经济效益达到5.88亿元，2025年经济效益达到

10.38亿元。各产业项目经济效益估算见表4-24。

表4-24 产业项目经济效益

（单位：万元/年）

序号	项目	2020年	2025年
1	高山生态绿色粳稻产业	880	2 100
2	高山生态优质旱地作物产业	35 100	36 600
3	高山生态绿色蔬菜产业	5 100	25 200
4	高山特色林果药产业	2 450	4 600
5	高山特色养殖产业	6 680	8 020
6	休闲观光产业	8 600	27 300
	合计	58 810	103 820

2. 社会效益

（1）增强特色农牧产品综合竞争力，促进农业可持续发展。规划的实施以"两带、两园、多基地"重点建设项目为依托，推进比较优势突出、生态效益好、科技含量高、带动性强的六大产业发展，引领普格县特色农牧业向优质、高效、生态、安全的现代农业生产方式转变，适应多层次、多元化的市场需求，实现区域资源的优化配置，提高产品产量质量，增加农牧产品比较优势。各项农业基础设施的建设和完善，大幅增加普格县特色农牧业发展后劲。推进土地流转，促进规模化生产和经营，农业效益将不断提升。通过规模化、标准化、产业化的发展，带动龙头企业和农产品加工业的发展，健全农业生产技术和质量体系标准，构建高效畅通、便捷安全的现代农产品物流体系，使得全县现代农业的核心竞争力得到显著加强，实现可持续发展。

（2）拓宽农民增收渠道，有利推进扶贫攻坚战略实施。规划的实施为当地创造了大量的就业机会，有利于解决农村剩余劳动力就业问题。同时，通过重点建设项目的拉动，可带动周边农户发展粳稻、黑猪、乌骨鸡等特色农牧业，有效增加农民收入、拓宽农民就业渠道。此外，通过主导产业带动，畜禽、蔬菜、林果、中药材等农产品市场流通和信息体系建设也都将得到显著加强，将对规划区的农村经济发展带来积极影响，可从宏观上带动农村产业的普遍升级和全面小康社会经济目标的实现。

（3）改善农村生活环境，提升当地居民生活质量。规划的实施加快推进农田水利、道路交通、生态环境的建设，有效提升普格县各自然村落间生产、生活的便利性和美观性；同时，随着休闲农业和美丽乡村工程的建设，对景区内生产和文化景观的建设及维护提出更高要求，将进一步提升村民生活品质，为普格县美丽乡村建设提供新型运营模式，产生巨大的推动力。

3. 生态效益

规划的实施可实现普格县特色农牧业向规模化、产业化、可持续方向发展，农作物秸秆还田和畜禽粪便沼气工程及其无害化处理，生物农药、有机肥料和可降解地膜等高效、低毒、低残留投入品的使用，能全方位地控制农业面源污染，有效地保护生态环境，进一步改善当地大气、水质、土壤质量，实现农业的可持续发展；田间防护林建设、经济林发展和林木覆盖率的增加，有效发挥森林改善农田小气候和生物固碳功能，全面提升城乡居民人居环境，进而实现农业强、农民富、农村美。

八、保障措施

（一）提高思想认识，加强组织领导

要从战略的高度充分认识发展特色优势农牧业产业的重要性、长期性和复杂性，切实增强责任感与使命感。把建设特色优势农牧业纳入重要议事日程，加强组织领导，明确部门分工，采取有力措施，积极主动作为。成立由县、乡有关部门组成的特色优势农牧业建设领导小组，负责宣传发动、规划安排、项目决策、工作协调、考评验收等工作。创建工作联席会议制度，由党委、政府主要领导担任联席会议召集人，农业、发改、财政、国土等部门为成员单位，构建上下贯通、运转高效的组织领导体系，统筹推进各项工作的顺利实施，形成各部门齐抓共管、分工协作配合的良好工作机制。将规划中确定的目标任务逐项分解、层层落实，列入相关单位、部门年度工作计划。建立规划实施考核评价指标体系，突出政府对履行社会管理和公共服务职责方面的评价，确保规划实施不走样、目标任务不偏离。加强规划实施宣传，让更多社会公众通过法定程序或正规渠道积极主动地参与到规划实施过程中，营造共同关注、支持特色优势农牧业建设的良好氛围。

（二）创新联动机制，推进产业扶贫

不断探索创新联动机制，着力发展产业带动贫困人口增收脱贫。在推进产业扶贫管理上，要创新推出县、乡、村"三级联动"机制，强化县组织落实推进、乡（镇）发动、村级配合，发挥各级优势，推进培训，实现转移就业脱贫致富。在推进产业

扶贫实施上,要不断探索创新带动贫困户发展的机制模式。一是"企政银+贫困户"四方联动模式。引进农业产业化龙头企业,由公司带动贫困户,由政府提供增信和周转金,由金融机构发放扶贫小额信用贷款,由地方财政进行全额贴息,形成"四方合作"产业扶贫新模式。二是"党支部+专合社+贫困户"产业发展模式。按照"党支部领导、党员示范带动,群众积极参与"的方式,成立由贫困户构成的种养专业合作社,由村党支部与贫困户共同研究制定专业合作社发展的制度章程和特色产业,选择有发展意愿和发展能力的贫困党员作为产业扶贫的引领者,带动发展产业。将财政专项扶贫资金按贫困户家庭人口数量化为股份,共同出资加入专业合作社,使扶贫资金转变为发展基金,让有劳动力的贫困户在专业合作社务工增收,让因病、因残、无劳动力的贫困户在专业合作社享受产业发展分红。三是"租赁返聘"产业扶贫模式。经营主体实行"土地租赁+返聘务工"产业带贫模式。将土地流转后释放的贫困户劳动力组织起来,返聘到产业基地务工,让贫困户由农民变产业工人,使参与土地流转的贫困户每年获得土地租金和务工收入,探索产业发展带动贫困人口增收脱贫的长效机制。

（三）培育经营主体,加快土地流转

立足产业整体开发,进一步完善提升产业化水平。确定发展重点,培育经营主体。加大对龙头企业基地建设、技术改造、新产品开发、品牌创建、市场开拓等支持力度。扶持壮大一批龙头企业,不断提高农产品加工转化率。依靠科技进步提高企业创新能力,实现由粗加工向精加工、由单一品种向多品种加工转化,着力加强品牌建设和市场营销,实现农产品加工业向园区化、基地化、品牌化方向发展。大力引导、扶持农民专业合作组织和行业协会加快发展,鼓励农民围绕产业链开展多元化、多形式合作,提高农民组织化程度。大力发展"订单农业",鼓励产业化经营组织与农户签订产销合同,为农户提供种养技术、市场信息、生产资料、产品销售等全方位服务。推广"企业+基地+合作组织+农户"等发展模式,引导企业与农民形成紧密的利益共同体。积极探索创新农产品流通方式,加强农业龙头企业、合作社与超市、城市社区的直接对接,建立从田间地头到市场终端的产品物流配送体系,打造特色品牌,增强农产品的市场竞争力。在扶持产业化经营项目的同时,还要积极为企业营造良好的投资环境,加强对企业的服务,保障企业在运行中规范发展、安心生产。一是改进机关作风,提高办事效率。通过机关作风整顿,提高机关干部对服务企业的办事效率,并为企业之间的合作穿针引线,创造条件,构筑"政府搭台、企业唱戏"的良好局面。二是整顿市场秩序，营造良好环境。通过整顿市场经济秩序和社会治安环境，规范市场主体行为，创建适应招商引资和企业发展的社会治安环境，为企业平等竞争创造良好的投资环境，使企业放心投资，安心生产。

创新土地流转制度，坚持依法、自愿、有偿的原则，完善土地流转服务体系，积极推进土地流转和土地确权登记发证，建立土地流转激励机制，鼓励农民开展转包、出租、入股、互换、转让等多种形式的土地使用权流转，促使特色农业适度规模化经营。加强用地支持，特色农牧产业基地建设用地纳入当地土地利用总体规划，支持扶贫开发工作新增建设用地指标向特色农业产业倾斜。积极支持特色农牧产业设施用地，符合国家规定标准的生产设施、附属设施和配套设施用地按农用地管理，不需要办理农用地转用审批手续。

（四）加大招商引资，扩宽融资渠道

第一，要牢牢抓住国家、省、地、市和对口扶贫投资向农牧业和农牧区倾斜的机遇，加强沟通衔接，积极争取国家对口扶贫专项资金、国家农业综合开发项目资金、国家畜禽标准化养殖扶持项目资金、国家集约化畜禽养殖污染专项资金，农业农村部畜禽种质资源保护项目等，以确保对普格县特色优势农牧业建设的投入在绝对数量和相对增长率上均有所突破。改善投资环境，加大招商引资力度，大力扶持招商引资中介机构，广泛吸引企业资本、金融资本、社会资本、国外资本投资普格县特色农牧业，形成"政府引导、市场运作、社会参与"的多元投入机制。整合各类涉农资金，提高资金使用效率和效益。第二，积极推进农牧区金融体制改革，稳步推广小额信贷和农（牧）户联保贷款。第三，要综合运用税收、补助、参股、贴息、担保等手段，拓宽投融资渠道，努力形成财政扶持为引导、企业投资为主体、农民入股为补充的产业投入新格局。第四，要创新财政支农方式，完善财政促进金融支农奖补政策。第五，稳步推进农牧业保险试点工作，加快发展多种形式、多种渠道的农牧业保险，逐步建立农业保险体系。认真落实中央各项惠农强农政策，切实做好种养业政策性保险，提高农业防灾减灾和应对市场变化的能力。

（五）抓好队伍建设，提升人才保障

整合现有科技教育资源，努力建立培养和引进人才的长效机制，尤其要注重高层次管理和专业技术人员的引进和培养。加大农技推广人才的培训力度，加强"三严三实"作风教育和履职能力建设，加强国家相关政策法规和业务知识的学习培训，增强服务本领,为实现规划目标提供人才保证。加强国内外技术交流合作,破解发展难题,研发特色产品,借助外力提高特色农业产业发展的科技含量。

强化农村科技培训。目前,普格县农村大量青壮年劳力外出务工,务农人员绝大多数老龄化、文化素质偏低,传统观念和农民习惯很难改变,缺乏创业能力和动力,不仅农业技术难以迅速推广和普及,而且"空心村"的存在问题更是限制当地农业的发展提升。要加强与四川省农业科学院、西昌学院的联系,组建一支由科研院所、高等院校和农业技术人员组成的技术服务队伍,开展新品种、新技术、新模式、新机制"四新"示范,做好农民培训。继续实施新型农民培训和基层农技推广补助项目,引导项目区农村劳动力特别是青壮年劳力就地就近就业、创业,促进农村劳动力向农业产业延长链转移,推动城乡统筹协调发展和美好乡村建设。

第五章　聚焦生态农业　转变区域经济发展方式
——稻城县生态特色农业发展规划

本章在分析四川省稻城县生态特色产业扶贫背景的基础上，对稻城县生态特色产业发展条件与优势进行了分析，提出了稻城规划指导思想与目标，对稻城县发展进行了定位并进行了总体布局，对稻城县特色种植业、养殖业、林果业、中藏药材、食用菌、休闲农业与农特产品加工物流进行了具体规划，设计了农业体系建设，对投资进行了概算并进行了效益分析，提出了保障措施。该规划为贫困地区如何通过生态特色农业发展致富提供了可参考借鉴的模板。

一、稻城生态特色产业扶贫背景

稻城县地处青藏高原东南部，拥有特殊的地形地貌及气候特征，当地农牧产品多为适应高海拔的特色农牧产品。农业部发布的《特色农产品区域布局规划（2013—2020年）》（农计发〔2014〕1号）明确将稻城县确定为青稞、牦牛、藏香猪等特色农牧产品的优势产区。2016年国务院发布的《全国农业现代化规划（2016—2020年）》（国发〔2016〕58号）特别指出，稻城县所在的青藏区，要严守生态保护红线，加强草原保护建设；稳定青稞、马铃薯、油菜发展规模；推行禁牧、休牧、轮牧和舍饲、半舍饲，发展牦牛、藏系绵羊、绒山羊等特色畜牧业。

《甘孜藏族自治州国民经济和社会发展第十三个五年规划纲要》指出，大力发展产业扶贫专项工程，重点发展特色种植业、特色养殖业、生态林果业、乡村旅游业"四大优势产业"，深入开展旅游扶贫工程。提出加大扶贫财政投入，开展扶贫贴息贷款、小额贷款等扶贫特惠金融服务，深化政策性农业保险，扶持特色农产品加工、民族民间手工业、旅游接待等就业带动能力强的产业和农业、旅游业专业合作组织，为农牧产业发展提供有力支持。加强公路、铁路和航空建设，发展现代物流业；加快农村电子商务等新业态培育，打造"互联网+"；大力发展乡村旅游，带动农土特产资源旅游化；大力推进一二三产业的融合，为特色农牧产品销售创造新契机。

甘孜州全力将特色农业发展与农业转型升级密切结合，为稻城县生态特色农牧产业发展规划提供了指导、支持和政策保障。

中共稻城县委、县政府高度重视特色农业发展工作，结合国家、四川省和甘孜州要求，从稻城县的实际出发，提出了将特色农业发展与脱贫攻坚、一二三产业融合、农业供给侧结构性改革及全域旅游等密切结合的战略。《稻城县国民经济和社会发展第十三个五年规划纲要》提出围绕农旅融合、农牧民增收，以特色化、产业化、绿色化发展为方向，加快转变农业生产方式，积极调整农业结构，全面加快生态农业发展。实施产业扶贫专项工程，重点发展特色种植业、特色养殖业、生态林果业、乡村旅游业"四大优势产业"，坚持全域旅游为核心、生态产业发展为重点的产业发展路径，充分发挥旅游产业引领带动作用，促进旅游产业与农业、加工业和服务业联动发展，构建具有区域特色的生态产业体系。2017年《稻城县"十三五"脱贫攻坚规划》指出，发展特色农牧产业，大力推进农产品加工业，打造乡村旅游；进行交通建设、水利工程建设及电力建设；同时打造物流中心、产业园区等，加强旅游基础设施建设，推进全域旅游。

稻城县将特色农业作为抓手促进脱贫攻坚等工作，为稻城县生态特色农牧产业发展规划提供了坚实的基础。

二、规划基础条件与优势

（一）自然资源条件

1. 地质地貌

稻城县地处横断山脉东侧，青藏高原东南边缘，四川省西南部，甘孜州南部，处于两省四地（州）5县交界之地，属于金沙江上游地区。稻城县跨北纬27°58′~29°30′、东经99°56′~100°36′，南北长174千米，东西宽63千米，东与九龙县相接，西与乡城县相邻，北接理塘县，南与木里藏族自治县接壤，西南与云南迪庆藏族自治州相邻。全县面积7 323平方千米，境内最高海拔6 032米，最低海拔1 900米，平均海拔3 450米，县城海拔3 750米，是甘孜州第四高城。

稻城高原是由横断山系的贡嘎山和海子山组成，两大山脉坐落南北，约占全县面积的1/3。地形复杂，西北高、东南低，群山起伏，重峦叠嶂，拥有高平原、山地、河谷等多种地貌。其中，北部稻坝区大部分属于高平原地带；山地地区按海拔高度不同，稻城县域内包括低中山、中山、高山3种山地地貌，东义区属低中山和中山类型，贡岭区属中山和高山类型，稻坝区属中山和高山类型；省母乡、赤土乡及日瓦乡、蒙自乡等部分地区属河谷地形，呈现平坝地貌。

全县自西北向东南，山原河谷相间，天然划分为3个类型区。

北部稻坝片区（包括邓坡乡、桑堆镇、金珠镇、色拉乡、傍河乡、省母乡、巨龙乡）为高原宽谷区，群山环抱，溪流纵横，丘状起伏，盆地开阔，海拔较高，面积3 775.2平方千米。域内有海子山和稻城河，海拔3 600～5 020米，高差为1 420米，最高点为海子山腹地的果银日则，海拔5 020米，最低点为巨龙乡埃村，海拔2 735米，相对高程2 285米。冰蚀岩盆和断陷盆地遍于地表，草原辽阔，是发展畜牧业的良好基地，属一熟作物区。

中部贡岭片区（包括香格里拉镇、赤土乡、蒙自乡、木拉乡）为高山高原区，面积2 079平方千米。海拔最低点为2 560米的黑龙村，最高为6 032米的亚丁国家级自然保护区北峰仙乃日，相对高差达3 472米。四周群山环峙，溪流纵横，包括波瓦山和赤土河，赤土河蜿蜒全境，注入木里县唐曲河。山原地貌明显，属一熟作物和两熟作物相间区。

南部东义片区（包括俄牙同乡、吉呷乡、各卡乡）为高山峡谷区，地形北高南低，山势陡峭，沟谷深邃，巍峨雄伟。东义河纵贯全境，两岸直峰对峙。海拔高差大，最高点为位于北面的亚丁国家级自然保护区南峰央迈勇，海拔5 958米，最低点为南面俄牙同乡的色空村，海拔1 900米，相对高差4 058米，溪流发达，森林茂密，植物丰富，气候多变，适宜经济林木的发展，属两熟作物区。

2. 气候特征

稻城属青藏高原亚湿润气候区，域内划分为高山寒带、山地寒温带、山地暖温带3种气候带。年平均气温4.4℃，1月平均气温为零下5.3℃，7月平均气温12℃，年降水量630毫米左右，年日照2 600小时。

稻城日照充足，每年平均日照时数为2 597.5小时，日照率达60%以上。就季节来看，冬季最高占84%，夏季最低占16%。境内光热资源丰富，太阳辐射较强，年辐射量135～157.8千卡/平方厘米。

稻城干湿季分明，雨季集中在5—10月，占全年降水量的95%，而11月至翌年4月为旱季，仅占全年降水量的5%，在6—8月，高山地区几乎每天午后都有雨，以小雨为多，降雨时伴有3、4级风，持续时间不长，一般30分钟左右。在海拔5 200米以下地区以液态降水为主，而海拔5 200米以上地区以固态降水（雪或冰雪）为主。全年无霜期92天，属典型的半农半牧区，其气候特征呈现阶梯性气候。

北部稻坝片区，气候寒冷，主要为高山寒带，其次为山地寒温带。年均气温

4.1℃，7月最高气温27.9℃，1月最低气温零下27.6℃。年降水618毫米，6—9月为雨季，10月至翌年5月为旱季。全年相对无霜期为32天，年日照2 622小时。

中部贡岭片区，地形地貌复杂，气候呈垂直分布，部分地区海拔较高，属高山寒带，其他地区海拔相对较低，属高山寒温带。年均气温8℃，7月最高气温31.8℃，1月最低气温为零下17.7℃。年均无霜期105天，降水550毫米，日照时数2 240小时。

南部东义片区，海拔相对较低，气候温润，属山地暖温带，昼夜气温相差较大。年均气温14.9℃，7月最高气温40℃，1月最低气温零下8.8℃。年降水340毫米，无霜期220天，日照2 000小时。

3. 水资源条件

稻城县水资源总量64.9亿立方米，平均年径流量24.9亿立方米，其中，地下水15.9亿立方米。可利用水量1 144万立方米，水能蕴藏量105万千瓦，可开发量22.6万千瓦。

全县有水域面积14 635.19公顷，占土地总面积的2%。主要地表水资源分为河流水面、湖泊水面、坑塘水面、滩涂、沟渠、冰川等。其中，河流水面2 487.32公顷，占水域面积的17%，稻城河、赤土河、东义河、巨龙河、邓坡河及90余条支流遍布境内。湖泊5 434.97公顷，占水域面积的37.1%；坑塘水面3.89公顷，占总水域面积的0.03%；滩涂309.74公顷，占水域面积的2.1%；沟渠32.52公顷，占水域面积的0.2%；冰川及永久积雪面积较大，但分布不均，面积6 366.75公顷，占总水域面积的43.5%。

稻城县境内有三大河流——稻城河、赤土河、东义河。支流有巨龙河、俄初河等均汇入木里县的水洛河，注入金沙江，属金沙江水系。稻城河源于海子山西南麓河汊，发育阶地宽广，河流长度104千米，流域面积1 844平方千米，系水洛河上游，金沙江水系一级支流，为常年河，终注金沙江；赤土河源于波瓦山西北麓，属金沙江水系二级支流，河流长度121千米，赤土河溪流纵横，俄初河于中游汇入；东义河源于俄初山南麓，河流长度111千米，流域面积1 972平方千米，为常年河，汇入水洛河流入金沙江；巨龙河系木里河上段稻城河右岸一级支流，金沙江二级支流，发源于金珠镇南山冈，全长43千米，流域面积588.4平方千米；希曲河全长30千米，流域面积848.3平方千米。

全县境内有大小湖泊1 400余个，规模数量以北部海子山为最。兴伊错，位于桑堆镇西北36千米处的海子山中部，海拔4 420米，为侵蚀堆积型，三湖相连，呈三角形，面积7.5平方千米，是县内最大的常年淡水湖；五色海，介于贡嘎日松贡布雪山北峰仙乃日与南峰央迈勇之间，海拔4 600米，湖面呈圆形，面积0.7公顷，现代冰川谷一直延伸至湖畔；牛奶海，海拔5 200米，面积0.5公顷；卓玛拉错，该湖位于贡嘎日松贡布北峰仙乃日脚下，海拔4 100米，面积0.75公顷；日生湖，位于央迈勇峰西坡，海拔4 600米，面积7公顷，为古冰斗湖，是亚丁国家级自然保护区内面积最大的高原湖泊。

全县湿地面积为159 902.8公顷，具有类型多、分布广、区域差异显著等特点，主要分布在亚丁国家级自然保护区、海子山省级自然保护区和贡巴山县级自然保护区以及赤土以东的广大山区。其中，以森林沼泽化、草甸沼泽化为主的沼泽湿地约1 691.7公顷，湖泊湿地约15.71万公顷，河流湿地931.6公顷，以雪山、冰川为主的其他湿地179.5公顷。

4. 土壤条件

稻城县境内土壤包括红壤土、黄棕壤、山地褐色土、山地棕壤土、暗棕壤、棕色针叶林土和亚高山草甸土7个土类。其中，全县共有红壤土2 164.86公顷，占土地总面积的0.33%，成土母质以残坡积物为主，分布在俄初山以南俄牙同、吉呷两乡的河谷地带，海拔介于1 800~2 200米；县内只有山地黄棕壤一个亚类，共有黄棕壤24 603.14公顷，占土地总面积的3.8%，分布在东义河谷海拔2 200~3 000米河谷地带；全县有山地褐色土10 986.27公顷，占总土地的1.7%，分布在蒙自乡、巨龙乡的河谷地带和半山以下海拔2 500~3 300米的地区；全县有山地棕壤土46 380.2公顷，占总土地的1.16%，在黄棕壤或山地褐色土之上，暗棕壤之下；全县有暗棕壤159 293.84公顷，占总土地的24.58%，分布在俄初山以南海拔3 500~4 300米和俄初山以北海拔3 600~4 200米山体的中上部地区；全县共有棕色针叶林土1 871.37公顷，占总土地的0.29%，分布在海拔3 900~4 300米的俄初山、波瓦山、海子山的山体上部；全县共有亚高山草甸土30 901.58公顷，占总土地的4.77%，通常分布在包括桑堆乡、傍河乡、色拉乡、金珠镇和省母乡在内海拔3 600~4 200米的丘状高原区。

5. 动植物条件

（1）植物。由于受山岭南北走向和北高南低的特殊地理环境影响，亚丁自然保护区内汇集了温带植物区系、亚热带植物区系、中国—日本植物区系和喜马拉雅植物区系。这种南北区系的交流与分布造就了比青藏高原内部和云贵高原腹地更为复杂的植物种属。从现有的资料分析，保护区约有维管束植物121科、430属、1 118种，其中，蕨类植物20科、34属、103种，种子植物101科、396属、1 015种。特有种属长苞冷杉、急尖长苞冷杉、川滇冷苞、黄果冷杉、丽江杉、油麦吊杉、大国红杉、干香柏、滇油杉、旱冬瓜、序鹅掌、扁核木、鞭打绣球、丛菔、滇黄芩、丝瓣芹、豹子花等；属国家二、三级重点保护植物有玉龙、长苞冷杉、丽江铁杉、桃儿七、八角莲、四川牡丹、金铁锁7种。珍稀、濒危植物有长苞冷杉、星叶草、胡桃、桃儿七、棕背杜鹃5种，重点保护的有高寒水韭、油麦吊云杉、长苞冷杉、滇牡丹、胡桃、桃儿七、中国沙棘、丽江山荆子、山莨菪及38种兰科植物。

稻城县植物种类繁多，有木本、藤本、草本和维管束植物若干种。稻城县地形起伏变化极大，相对高差达4 000米以上，影响土壤、水分和湿热条件的规律性改变，从而导致植物类型区系成分和结构的相应变化，物种的多样性、植被多样化和垂直分异规律性明显。植被类型为山地暖温带针阔叶混交林、山地亚寒温带针叶林、山地亚寒带针叶林、高山寒带灌丛草甸和高山流石滩植被。

（2）动物。稻城县地形、地貌复杂多样，植被类型较多，复杂多变的气候、高差悬殊的地势，给野生动物栖息繁衍创造良好条件。全县有鱼纲2目、3科、6属、9种，两栖纲2目、4科、6属、8种，爬行纲1目、4科、6属、6种，鸟纲14目、42科、210种，哺乳纲6目、21科、63种。属国家I级重点保护的野生动物有白唇鹿、豹、雪豹、林麝、马麝、黑颈鹤、中华秋沙鸭、黑鹳、四川雉鹑、斑尾榛鸡、金雕、玉带海雕、胡兀鹫13种；国家II级重点保护动物兽类有猕猴、藏酋猴、豺、黑熊、马熊、石貂、水獭、小爪水獭、兔狲、漠猫、丛林猫、金猫、水鹿、白臀鹿、藏原羚、斑羚、岩羊等。鸟类有鸢、苍鹰、雀鹰、白尾鹞、草原雕、秃鹫、高山兀鹫、游隼、灰背隼、黄爪隼、猎隼、红隼、藏雪鸡、雪雉、白马鸡、勺鸡、纵纹腹小鸮、长尾林鸮、灰鹤等；爬行类、两栖类主要有高原蝮蛇、烙铁头、斜鳞蛇、滑蜥、中国林蛙、大蟾蜍等；鱼类种类较丰富，主要种类有四川裂腹鱼、厚唇裸重唇鱼、短尾高原鳅、梭形高原鳅、细尾高原鳅、斯氏高原鳅等。

6.土地利用现状

稻城县全县土地总面积为1 095.9万亩，其中，农用地面积868.46万亩，占土地总面积的79.25%；建设用地1.12万亩，占0.10%；其他用地226.29万亩，占20.65%。农用地中，耕地面积5.24万亩，占农用地面积的0.60%；园地面积59.85亩，占农用地面积的68.53%；林地面积348.74万亩，占农用地面积的40.16%；牧草地面积504万亩，占农用地面积的58.03%；其他农用地面积10.48万亩，占农用地面积的1.21%。建设用地中，城乡建设用地面积5 696.7亩，占建设用地面积的50.90%；交通水利用地面积5 116.8亩，占建设用地面积的45.72%；其他建设用地面积378.45亩，占建设用地面积的3.38%。其他用地面积226.29万亩，其中，水域面积14.23万亩，占其他用地总面积的6.29%；自然保留地面积212.06万亩，占其他用地总面积的93.71%。

(二)社会经济发展状况

稻城县辖区面积7 323平方千米,辖11乡、3镇,有121个村民委员会,辖138个村民小组,有3个社区居民委员会。2016年,全县户籍总户数7 167户,户籍总人口31 787人,其中,藏族30 642人,占总人口的96.4%;汉族1 034人,占总人口的3.3%。出生率11.8‰,人口自然增长率6.3‰。

2016年地区生产总值6.51亿元,同比增长8.5%,三次产业结构为32∶23∶45;接待游客145万人次,同比增长20.8%;旅游总收入12.61亿元,同比增长31.2%;全社会固定资产投资总额达到20.5亿元,同比减少4.6%;地方财政收入达1.2亿元,同比增长15.4%;农牧民人均可支配收入9 605元,同比增长11.5%;城镇居民人均可支配收入28 373元,同比增长9%;社会消费品零售总额达到2.45亿元,同比增长16.1%;粮食总产量11 059吨,同比减少7.1%;全县人均GDP达到19 706元,同比增长6.4%,全县国民经济呈现"持续增长"态势。

(三)农业发展现状

1. 农业生产概况

(1)农业生产快速发展。2016年,全县完成农作物播种面积56 014亩,其中,大春粮食播种面积37 847亩、小春播种面积7 600亩。实现粮食产量11 059吨,同比减少7.1%;农业总产值12 483万元,同比增长5.9%;农民人均可支配收入9 605元,同比增长11.5%,农民人均增收300元以上。畜牧业总产值11 162万元,各类牲畜存栏12.5万头(只、匹),肉类总产量1 765吨,奶产量3 008吨。出栏率、商品率分别为23.1%、14%。

(2)特色农业产业建设成果显著。沿海子山至亚丁景区公路沿线的桑堆镇、金珠镇、傍河乡、色拉乡、赤土乡、香格里拉镇建立了万亩青稞基地、千亩油菜种植基地、千亩马铃薯基地,发展优质青稞、油菜、马铃薯等高原特色产业;以东义片区三乡(各卡乡、吉呷乡、俄牙同乡)和蒙自乡为核心,重点发展蔬菜、小杂水果产业,巩固提升蔬菜、水果产业基地建设,突出蔬菜、优质葡萄和甜樱桃基地建设;以木拉乡、邓坡乡为核心,大力实施藏香猪原种保护与开发项目,重点支持规模经营、协会发展模式,推进"一村一品"的规模化生产,培育形成规模化产业基地;以省母乡、巨龙乡为核心,实施优质农作物示范推广及牲畜良种良繁技术推广。

(3)农业现代化建设取得明显进展。调整农业结构,发展地区优势,规划作物种植带,充分发挥自然资源优势,最大限度地发挥农业生产潜力;发展特色养殖业,培育具有稻城县特色的藏香猪、稻城飞鸡、牦牛等特色畜牧产品；推动农产品加工业的建设，拟进行农产品加工产业园的建设；建设现代农业设施示范工程，为全县实现农业现代化提供典范；推动产业融合，发挥"稻城亚丁"旅游优势，带动地区农业发展，为农产品销售拓宽市场；不断加强基础设施建设，保障农业生产需求；推广科学种养，规划引导，技术支持，推动农业现代化进程。

2. 基础设施情况

（1）水利设施建设情况。全县现有灌溉水渠360条，总长348千米。总耕地面积6.07万亩，有效灌溉的耕地面积2万余亩。全县现有发电站11座14台，装机容量4 590千瓦，微型发电机组6台18千瓦。截至2015年，全县已建各类农村安全饮水工程121处，其中，1 000立方米/日以上集中式供水工程4处、200~1 000立方米/日供水工程2处、20~200立方米/日供水工程115处。

（2）农业机械化情况。机械化建设仍处在起步阶段，在政府的努力下，加强政策建设，通过政策、宣传等手段鼓励农户，推动农业机械化的实现。2015年落实了农机购置补贴政策，优化农机装备结构，提升农业机械化水平。2015年新增农机具65台（套），农机总动力达58 500千瓦，实施机耕46 200亩、机播2 300亩、机收2 500亩。

（四）SWOT分析

1. 优势

（1）现代农业发展具有一定基础。稻城县一直在大力推动农业现代化建设，开展农业科技"大培训、大示范、大推广"行动，进行农业新品种、新技术的推广应用，2016年实施现代农业产业基地建设5万余亩，已建成青稞、马铃薯、小麦、油菜、蔬菜、特色水果、中药材基地；畜牧生产上，建立藏香猪、稻城飞鸡养殖基地，落实《藏香猪标准化养殖小区建设》项目，发展"公司+基地+协会+农户"的产业化生产模式，开展畜牧产品"两品一标"建设；大力开展建设示范基地，为科学种养提供实践经验，建设"重楼种植示范基地"和"羊肚菌高产种植示范基地"等，同时引进优质果品及中藏药材优良品种，进行试验示范项目建设。

（2）资源环境独特。稻城县地处亚热带，由于青藏高原复杂地形的影响，使该县呈现青藏高原型气候和大陆性气候特征，属典型的大陆性季风高原型气候，垂直分布成3种气候带，即高山寒带、山地寒温带、山地暖温带，立体气候明显。独特的地貌及气候特征，使得稻城县农产品种类齐全，为农业生产创造了有利条件。县内水资源丰富，3条主要河流蜿蜒全境，为农业生产保障了水资源需求；光热资源充足，稻城县累年平均日照时数为2 629.4小时,日照率达60%以上,年均总辐射量达158千卡/平方厘米,为农作物提供了足够的光热资源;县内土地资源丰富,拥有大片的平原,为实现农业生产规模化、机械化创造了可能性;草地资源丰富,拥有广袤的高原草甸,为畜牧养殖提供了资源。

(3)特色农产品资源相对丰富。稻城县林业资源丰富,独特的地形地貌及气候特征,使得稻城县拥有丰富的野生动植物资源,包括虫草、松茸和名贵的中藏药材资源。农业部《特色农产品区域布局规划(2013—2020)》中明确指出,稻城县是青稞、川贝母、牦牛、藏系绵羊和藏香猪的特色产区。稻城县具备适宜青稞等特色产品的自然生态条件,能生产品质优良、风味独特的特色产品,同时有技术成熟,相对集中连片,具备形成知名品牌、组建区域特色农产品产业体系的基础。

(4)旅游业发展势头强劲。稻城县拥有著名的"稻城亚丁",这里自然风光秀美独特,亚丁旅游也逐渐在国内外打开了知名度,每年吸引来自世界各地的近百万游客,这为稻城县农牧产业发展带来了契机。随着旅游基础设施的建设推进,交通系统逐步完善,公路覆盖面积广,特别是"亚丁机场"铺设了稻城县与国内外的空中走廊,为农产品运输提供了有利条件。大量的游客对稻城县特色农牧产品的消费需求不断增加,农牧产品消费市场不断拓展。旅游业的蓬勃发展为稻城县农牧产业发展创造了巨大的消费市场。

2. 劣势

(1)基础设施薄弱。稻城县农业生产基础设施相对落后。现有农田水利设施多建于20世纪90年代,年久失修,设施老旧、技术落后,灌溉方式粗放,农田灌溉率低,大部分农田不进行灌溉,靠天吃饭;农业机械化程度相对较低,一方面受地形地势限制,另一方面农户对农业机械化缺乏认识,农业生产规模小,作物种植零散也是农业机械化实现的重要阻碍;设施农业建设相对滞后,设施农业建设处于起步阶段,受技术限制,设施建设科学性及生产效率并不高;农产品加工业发展滞后,农牧产品再加工程度弱,产品附加值低,经济收益低。

(2)生产方式落后。稻城县农业生产方式相对落后,管理技术基础薄弱。种植业多采用粗放的经营方式,田间管理环节薄弱,仅限于除草,大部分农田不灌溉、不施肥、不间苗,生产效率低下,农业生产多为雨养农业,产量收益较差,投入产出比失衡;林果类管理水平低、技术差,不剪枝、不防虫,产品质量、产量低;园艺类产品,设施水平低,技术较差,田间管理薄弱,产品品质有限,缺少市场竞争力。落后的生产方式及生产技术,导致农产品产量低、质量差,缺少市场竞争力,农业生产经济收益低。

（3）区位劣势。稻城县地处青藏高原东南部，四川省西南部，地理位置偏远，交通相对较弱，距离四川省府成都840千米，距离甘孜州府432千米，陆路距离远，时间长，成本高，严重制约了稻城县农牧产品输出。虽然目前稻城有飞往成都、重庆等地的航班，但农产品附加值低，航运成本过高，适用性差，铁路目前还没有建成。

（4）生态脆弱。稻城县地处青藏高原东南部，地形地貌复杂，气候立体，呈现典型的高原生态环境，海拔高、空气稀薄、气候恶劣，生态尤其脆弱，一经破坏难以恢复。稻城县拥有广袤的高原草甸，是发展畜牧业的优势地区，但草场承载力有限，过度利用容易造成草地退化，土壤沙化，且难以恢复。

3. 机遇

（1）国家高度重视脱贫攻坚工作。近年来，国家高度重视脱贫攻坚工作，把扶贫开发摆到治国理政的重要位置。国务院发布了《"十三五"脱贫攻坚规划》，旨在消除贫困、改善民生、逐步实现共同富裕，加大扶贫投入，创新扶贫方式。鼓励贫困地区发展农业产业扶贫，鼓励中西部地区发展乡村旅游，鼓励和支持高等院校、科研院所发挥科技优势支持贫困地区发展，实施易地扶贫搬迁工程，增强贫困地区教育水平，实施东西部扶贫协作、定点帮扶、企业帮扶、军队帮扶等战略。稻城县是国家级贫困县，国家攻坚扶贫工作为稻城县农牧产业发展提供了有力支持，是稻城县产业发展摆脱贫困的重要机遇。

（2）国家大力实施西部大开发战略。西部大开发战略是国家重要战略，在新的发展阶段国家将更加重视西部发展，一方面国家将继续为西部发展提供更为有利的政策环境，另一方面在国家政策的引导下东部发达地区的资本、技术将会更多投入西部，促进西部地区经济社会发展，国家西部大开发战略实施为稻城县提供了良好发展机遇。

（3）国家大力支持藏区发展。国家对于藏区发展非常关注。国家在藏区实施特殊的财政、税收、投资、金融等政策，出台一系列政策助力藏区经济发展，将藏区发展作为全国扶贫攻坚工作的重要地区。国家将着力改善藏区农牧民生产生活条件，解决农业生产力水平低下和农牧民饮水难、行路难、用电难、就业难、通信难等突出问题，着力提高农业发展水平，培育优势特色产业，保护高原生态环境，这为稻城县的发展营造了有利的政策环境。

（4）四川省大力支持藏区发展。四川省出台一系列政策支持藏区发展，在解决藏区民生问题，促进产业发展、旅游发展，改善教育水平，发展地方文化，提升医疗卫生条件等方面作出了巨大努力。四川省提出全省藏区各州、县要重点打造"大九寨、大熊猫、大草原、大香格里拉"四大旅游品牌，优先实施"公路无缝对接、自驾游服务示范、特色文化旅游城镇（村寨）、服务要素提升和产业扶贫"五大工程，提升教育、医疗水平，进行藏区新居建设，建立新村聚居点、村级公共服务活动中心，进行农村道路硬化等。四川省大力支持藏区发展为稻城县创造了良好机遇。

（5）泸州市对口援建。泸州市作为稻城县的对口扶贫单位，高度重视扶贫工作。多年来泸州市投入大量援助资金，实施援建项目，涉及旅游、农业、人才培养等多个领域。泸州市协助稻城县修编好基础设施建设、优势产业发展、城市发展建设、民生事业发展、生态旅游业发展建设等经济社会发展规划，已经派出上百名干部人才到稻城县开展对口支援工作，支援稻城县发展。泸州市援建了稻城亚丁景区仁村门禁项目、援建亚丁风情区项目等，稻城县农牧产业发展规划也是泸州市援建项目之一，泸州市的对口援建给了稻城县发展有力的支持。

4. 挑战

（1）市场竞争加剧。随着农业现代化进程的推进，农产品市场化程度越来越高，农业生产必须以市场为导向。稻城县农牧产业发展的关键点就是市场，稻城县农业生产处于一方面难以满足自给自足，另一方面又缺少销售市场的困境中。部分本地产品产量低、品质差，相对外来产品缺少竞争优势，经济收益差；还有部分产品品质好，但是产品产量低、产量不稳定，难以形成稳定的市场供给，难以融入市场；当地农业生产对市场波动不敏感，难以根据市场变动调整农业生产。

（2）资源与生态环境脆弱。高原上优美的风景及独特的立体性气候是大自然赐予稻城县的宝物，但资源有限、生态环境极度脆弱也是限制稻城县发展的关键因素。稻城县相对其他地区承载能力较差，一旦过度利用造成生态环境破坏，短时间难以恢复。农业的发展一定要考虑生态承载力，发展农牧产业的同时如何保障资源及生态环境安全，这是稻城县特色农牧产业发展的重大挑战。

（3）人才与技术短缺。稻城县处于我国西南边陲，是青藏高原的一部分，海拔较高，距离大城市远，缺少人才和技术，本地高素质的人才大都选择走出去，人才流失严重，同时又难以吸引其他地区的高素质人才，人才和技术的短缺是制约稻城县发展的重要因素。

（4）农牧民观念落后。稻城县受地理位置等限制，农牧民观念比较落后，生产方式传统，田间管理水平低，粗放式的经营方式制约了农牧产业的发展。整体来看，稻城县农牧民受教育程度较低，对于新技术、新事物接受能力较差，农户从众心理严重。对于化肥、农药及现代化设备的使用接受程度低,缺乏对剪枝、防虫等专业技术的认知。农牧民观念落后是稻城县农牧产业发展的重要制约因素,是农业发展的一大挑战。

三、规划指导思想、目标

(一)指导思想

贯彻中央"五位一体"和"四个全面"总体布局及其战略布局,以"创新、协调、绿色、开放、共享"为统领,立足稻城县特色的高原农业资源和条件,在确保生态良好的基础上,以低碳、循环和绿色发展为主题,以科技创新和机制改革为支撑,以农牧民脱贫增收和农业供给侧结构性改革为目标,以促进农业发展方式转变、加快构建现代农业为主线,以提高农业综合生产能力、可持续发展能力和市场竞争力为主攻方向,瞄准中高端市场,围绕青稞、油菜、果蔬、藏香猪等高原特色产业,聚力建设以标准化生产基地为依托、产业化龙头企业带动、新型经营主体深度参与的现代农牧产业集群,重点探索一批可以在川藏高原地区推广应用的优质、高产、安全的农业生产关键技术;创新示范一批可以在甘孜乃至青藏高原实践的产业融合模式与机制;培育孵化一批区域性龙头企业及新型经营主体,打造农业现代化与旅游高度融合新高地,为稻城县农业农村经济持续健康发展注入新动能、新活力。

(二)基本原则

1. 特色高效原则

紧密结合稻城县特色产业发展阶段和水平,从各地自然地理、社会经济等实际情况出发,充分考虑资源、环境、市场、潜力和发展基础等要素,认真分析产业与区域结合过程的优势和劣势、机遇和风险等因素,依托稻城县特有的高原立体气候、特有的农牧资源和特有的自然景观,重点在特色、绿色和品质上做文章,走精品、高端、高效发展道路。

2. 绿色生态原则

坚持"绿水青山就是金山银山"理念,正确处理农业发展与生态环境保护的关系,将生态优势作为稻城县农业发展的核心竞争力。大力发展休闲农业和乡村旅游,努力推进无公害、绿色、有机农产品生产,着力构建资源节约型和环境友好型的农业生态循环经济体系。

3. 农牧民增收原则

农牧民脱贫致富是稻城县发展的首要奋斗目标，培育农业是实现小康的核心手段之一，确保农业发展与农牧民增收相互协调，确保全体农牧民共享"美丽繁荣小康"的新稻城县。在现代农业发展过程中，应充分尊重农民生产经营自主权，保障农民的市场主体地位。

4. 市场导向原则

以市场需求为导向，研究发展特色农牧产业的战略措施，推进农业供给侧结构性改革，培育优势主导产业，提高产业竞争实力。增强品牌意识，努力提高特色农产品的含金量，以雪域高原的纯净和独特为品牌旗帜，通过对稻城县高原特色农牧资源品种的保护开发和农产品精深加工潜力的挖掘，打造精品系列产品，提升特色农产品品牌的知名度和美誉度，增强稻城县特色农产品的市场竞争力。

5. 科技支撑原则

强化农业技术集成应用，落实国家关于农业科技推广体制改革部署，创新技术推广机制，完善科技服务平台，加大农民培训力度，加快科技成果转化和实用技术应用，切实把农业发展转到依靠科技进步、提高劳动者素质和管理创新的轨道上来，不断突破制约现代农业发展的技术瓶颈。

（三）规划目标

经过10余年的发展，建成具有稻城县特色的种植业，养殖业，果、菌、药产业，农产品加工业以及乡村旅游为主要组成的特色农牧产业体系，使农业产业化布局进一步优化，特色主导产业群初步形成，设施装备水平显著提高，农业劳动者素质及结构明显改善，龙头企业群体壮大，农民组织化程度和收入水平显著提高，农业技术推广服务体系更加完善，率先成为四川藏区领先的现代农业示范引领区。

——农业综合生产能力与农产品质量稳步提升。主要农产品综合生产能力稳定增长，标准化生产普及率明显提高，"两品"认证规模有较大增加，农产品质量安全水平稳步提升。

——农业物质技术装备与组织化水平明显增强。到2025年，全县灌溉保证率达到70%以上，测土配方施肥面积比重达到40%，农作物耕种收综合机械化作业水平超过40%，主要农作物良种覆盖率达到95%。

——农业产业结构与功能不断优化。优化产业结构，延伸农业产业链，积极发展加工业和服务业，拓展农业观光、文化传承等多种功能。到2025年，全县观光农业年接待游客突破120万人次，总收入达到6亿元，直接带动农牧民就业0.6万人，使旅游业真正成为全县的战略支撑产业。

——农村人居环境与生态环境建设取得突破进展。城乡统筹发展，农村基础设施建设不断加强，公共服务和社会保障体系更加健全。到2025年，农村社区基础设施基本完善，新型社区建设的档次和水平位于全国前列。农业生产废弃物资源化利用水平显著提高，畜禽养殖废弃物资源化利用率达50%以上，农业生态环境显著改善。

——农业科技支撑能力显著提升。提升农业科技服务水平，提高农业科技管理效能，加快构建新型农业科技研发推广体系，形成上、中、下游贯通，产前、产中、产后衔接的新型农业科技体系，推动农业发展向主要依靠科技进步、劳动者素质提高和管理创新转变。

稻城县特色农业产业规划综合指标如表5-1所示。

表5-1 稻城县特色农业产业规划综合指标

一级指标	二级指标	单位	2020年	2025年
农业产出指标	农林牧渔业总产值	亿元	1.93	3.24
	粮食产量	万吨	1.1	1.2
	青稞产量	万吨	0.72	0.74
	蔬菜产量	万吨	1.1	1.6
	水果产量	万吨	0.06	0.1
	肉类产量	万吨	0.18	0.2
	奶产量	万吨	0.33	0.35
物质装备指标	高标准农田面积比重	%	60	70
	农作物耕种收综合机械化水平	%	35	40
科技进步指标	农作物良种覆盖率	%	90	95
	畜禽良种覆盖率	%	50	70
	推广测土配方施肥次数	万次	1.5	1.8
	农牧民培训累计人数	人次	2 000	4 000
可持续发展指标	耕地保有率	%	100	100
	节水灌溉面积占农田灌溉面积比重	%	35	40
	农牧民人均收入	元	17 300	30 500

（续表）

一级指标	二级指标	单位	2020年	2025年
产业化指标	农牧民入社率	%	50	70
	州级龙头企业数量	个	2	5
	农产品加工转化率	%	20	30
	有效期内"两品"认证农产品数量	个	30	40

（四）重点任务

1. 以脱贫攻坚为核心，构建稻城县农牧民多元化增收体系

紧抓脱贫攻坚战略机遇，以农牧民脱贫增收为核心，以高原特色现代农业建设为载体，从改善农牧民的生产生活条件，解决农牧民最迫切、最急需的问题入手，大力发展现代农业，调整农业产业结构，培育特色产业，提高农牧民素质，实现脱贫方式从"输血式"向"造血式"转变。

2. 以农旅融合为抓手，构建稻城县"现代农业+休闲"全域旅游体系

全面贯彻全域旅游发展战略，依托亚丁风景区和优美田园风光，通过农村农业自然生态环境保护、农业资源提升、田园景观改造、农业生产内容和乡土文化建设，进一步做大休闲农业产业规模，着力构建结构合理、特色明显、服务良好、发展规范的稻城县现代农业和旅游高度融合的全域旅游体系，支撑大香格里拉国际旅游区发展。

3. 以高原特色农业产业基地建设为中心，构建稻城县现代农业产业体系

充分利用稻城县特有农业资源和条件，合理规划产业布局，加快特色农业产业基地建设，改造提升特色农畜传统产业，培育壮大绿色、有机、高效产业，激活物流和农业服务等关联潜力产业，加快构建具有稻城县高原特色的现代农业产业体系。

4. 以循环农业发展为基准，构建稻城县农业可持续发展体系

加大农业生态环境保护力度，继续实施退耕还林、退牧还草工程，保护生态环境建设成果。实施节水高效农业、化肥药减量利用、农业废弃物资源化利用"三大工程"，推进农业面源污染防治，确保实现"一控两减三基本"，打造秸秆综合利用、农业废弃物再利用、种养业结合的农业循环利用产业链。

5. 以科技推广和示范为手段，构建稻城县农业科技支撑体系

以农作物新品种示范、特色优势畜种选育、粮油作物提质增量、养殖业规模化养

殖、特色农业增值、农业标准化、农业生态环保、重大动物疫病和植物病虫害防控等科技推广和示范为重点，针对稻城县特点，将复杂技术简单化、先进技术实用化、实用技术乡土化，大力推广农牧民易接受、生产实践中易推广、增效增收上易见效的一批技术和良种，切实提高农业科技含量。

6. 以"两品一标"创建为途径，构建稻城县高原特色农产品质量安全体系

以"两品一标"（绿色食品、有机食品、地理标志产品）创建为抓手，大力推广立体、循环、生态高效种养模式，进一步完善农产品质量检测体系和追溯体系，打造高原特色农产品生产安全示范区。

7. 以龙头企业、农牧民专业合作组织、种养大户和家庭农场为主体，构建高原特色农牧产业经营体系

加快建立起以家庭承包经营为基础，以专业大户、家庭农场为骨干，以农民合作社和农业产业化龙头企业为纽带，以各类社会化服务组织为保障的新型农业经营体系，培养新型农业经营主体，促进农业生产经营的集约化、专业化、组织化和社会化，提升农民增收能力。

四、总体布局与规划定位

（一）总体布局

充分考虑县内不同区域气候、水土资源、种植基础与农业产业发展方向等因素，依托交通沿线、旅游业与种养业重点乡镇，形成"一带拓展、两核引领、三区支撑"的农业发展总体布局（图5-1）。

1. "一带"拓展

一带，即桑堆镇至俄牙同乡公路（理亚路和亚三路）沿线的现代农牧产业聚集带。公路沿线风景秀丽、土地富饶，农业发展及旅游开发条件得天独厚。以理亚路和亚三路为轴心，沿线重点建设高效农业示范园、休闲观光园，打造一条现代农牧产业示范、休闲农业观光旅游聚集带。

2. "两核"引领

两核，即金珠现代农牧业核心示范区和香格里拉农旅融合核心示范区。

金珠现代农牧业核心示范区。以标准化生产基地建设、龙头企业培育、现代农牧业科技示范推广为重点，推行农牧业经营规模化、生产标准化，探索农业与二三产业

融合发展,努力打造成为现代农牧产业示范基地和农业产业化龙头企业孵化器,辐射带动全县现代农牧产业发展。

香格里拉农旅融合核心示范区。以生态观光休闲农业为重点,以亚丁风景区和香格里拉国际精品小镇为依托,深入挖掘农业的生态功能、景观功能、康养功能和文化功能,大力发展田园观光、乡村民俗、藏家乐度假、养生休闲等多种模式休闲农业,带动乡村旅游发展,率先实现传统农业单一发展模式向农旅融合发展模式转变,从而推动全县生态观光休闲农业发展。

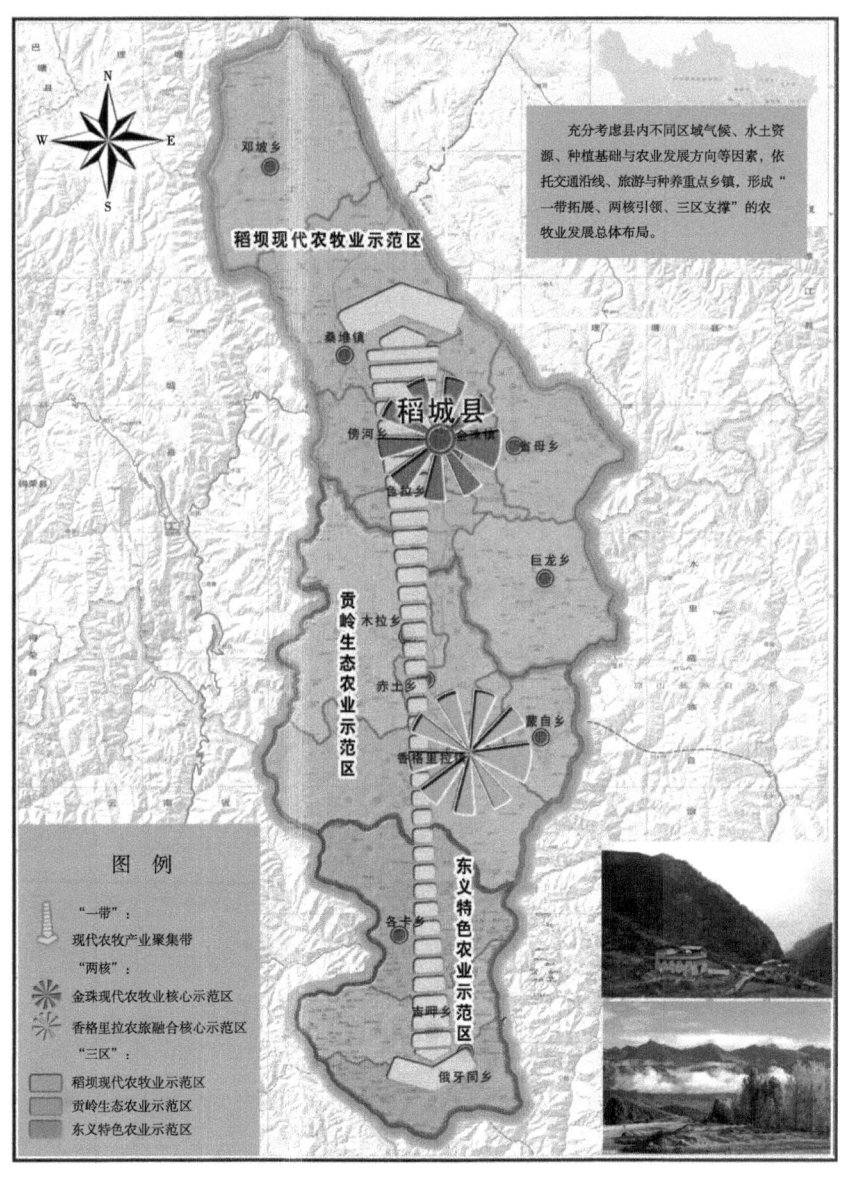

图5-1 稻城县生态特色农业总体布局

3. "三区"支撑

稻坝现代农牧业示范区。包括邓坡乡、桑堆镇、金珠镇、色拉乡、傍河乡、省母乡、巨龙乡7个乡镇。重点发展以优质青稞、中药材、油菜、生态畜牧业、家庭牧场等为核心的现代农牧产业，推进农业标准化生产，延长农业产业链，大力发展高原特色农产品加工和休闲观光农业，把该区建设成为全县的高原特色农产品生产基地、加工基地和休闲农业区。

贡岭生态农业示范区。包括香格里拉镇、赤土乡、蒙自乡、木拉乡4个乡镇。重点发展绿色无公害农业和生态观光休闲农业，按照"绿色发展、循环发展"理念，大力发展安全绿色农产品生产，着力打造无公害、绿色、有机品牌，把该区建设成为全县的绿色农产品生产基地。

东义特色农业示范区。包括东部俄牙同乡、吉呷乡、各卡乡3个乡。重点发展蔬菜、林果、食用菌等高原特色产业，通过设施蔬菜栽培基地、食用菌蔬菜基地、水果蔬菜基地、食用菌蔬菜基地建设，把该区建设成为全县的高原特色农产品生产基地。

（二）发展定位

稻城县现代农牧业发展的战略定位：国际知名的农旅融合的旅游胜地、国家高原生态农业可持续发展的示范区、四川藏区农旅融合脱贫致富的先进区。

——国际知名的农旅融合的旅游胜地。围绕"旅游+"行动，创新推进农旅融合，发展乡村旅游和农业休闲旅游，推动乡村各类资源景观化，推进农土特产品旅游化，结合稻城县农牧产业特征、景观资源特征打造国际知名农旅融合的旅游胜地。

——国家高原生态农业可持续发展的示范区。引入信息、管理、科技等现代农业要素，培育龙头企业、家庭农场、农业专业大户等现代农业经营主体，开发农业的生态调节、观光休闲等多种功能，健全高原特色农业产业链，探索建立可持续、能复制、易推广的高原生态农业的技术模式和组织模式，为我国高原生态农业可持续发展提供样板的示范区。

——四川藏区农旅融合脱贫致富的先进区。以增加贫困农牧民收入为目标，以提升自我发展能力为重点，加强基础设施建设，培育主导产业，增强贫困区的"造血"能力，把稻城县建设成为四川藏区农旅融合脱贫致富的先进区。

五、重点特色产业发展规划

（一）特色种植业产业发展规划

按照"提速增量、提质增效"双提升战略，紧密围绕优势资源开发、特色产业发展、生态有效保护,以市场需求为导向,加快种植基地建设,提升基础设施建设,推广优质品种,发展订单农业,用项目创新带动种植业结构调整和产品升级,打造特色品牌,配合休闲旅游,推动区域经济协调发展,实现经济效益、社会效益和生态效益的有机统一。

1. 规划目标

(1) 总目标。以提高效益为目标,发展特色种植业,加强青稞、马铃薯、玉米、油菜和蔬菜等粮油菜生产基地建设,推进特种粮食青稞高产高效示范片区建设,发展特色高效农业,保障农产品质量安全(表5-2)。

(2) 阶段目标。

① 2020年目标。到2020年粮食作物播种面积保持在4.5万亩以上,粮食产量达1.1万吨;油菜种植面积7 000亩,产量1 300吨;蔬菜面积7 000亩,产量11 000吨。改造中低产田3.5万亩,建设高标准农田1万亩,每年推广测土配方施肥1.5万次。大力发展特色效益农业,扩大元根、魔芋、反季节蔬菜等高原特色农业产品种植面积。特色高效农业取得明显进展,大力提升农产品质量安全。

② 2025年目标。力争到2025年粮食作物播种面积保持在4.5万亩以上,粮食产量达1.2万吨;油菜种植面积10 000亩,产量1 900吨;蔬菜面积10 000亩,产量16 000吨。稳定耕地数量,逐年提高耕地质量。高标准农田增加到2万亩,每年推广测土配方施肥1.8万次。特色效益农业明显,农产品质量安全得到根本保障。

表5-2 种植业发展目标

(单位:亩/吨)

发展指标	2016年		2020年		2025年	
	面积	产量	面积	产量	面积	产量
粮食	44 447	11 059	45 000	11 000	45 000	12 000
青稞	28 743	6 482	31 200	7 200	31 000	7 400
马铃薯	5 264	1 656	4 300	1 400	4 500	1 500
玉米	4 853	1 512	5 000	1 600	5 000	1 700
小麦	3 228	857	3 300	1 000	3 000	1 200
油菜	6 008	1 102	7 000	1 300	10 000	1 900
蔬菜	5 093	7 782	7 000	11 000	10 000	16 000

注:青稞、小麦和马铃薯面积与产量是小春与大春粮食合计数

2. 建设路径

（1）发展家庭农场，培育壮大农业龙头企业，大力发展"公司+基地+农户"的产业化经营模式。

（2）积极推动农业与旅游业紧密结合，推广家庭农场、联合经营、生态农庄等生产经营形式，推动传统农业向观光农业和体验农业转变。

（3）依托农村集体经济组织发展集农业、旅游、加工于一体的产业综合开发实体。培育壮大农村经济组织，扶持青稞、蔬菜等农民专业合作组织做大做强。

3. 产业布局

充分考虑县内不同区域气候、水土资源、种植基础与农业产业发展方向等因素，依托交通沿线、旅游与养殖重点乡镇，因地制宜发展特色粮油菜生产，加强现代特色多功能农业基地建设，促进农作物向优势乡镇集中，促进粮油菜向区域化、基地化和特色化发展，形成"一带两翼四区"种植业发展总体格局。

"一带"：沿海子山至亚丁景区公路沿线乡镇特色农业发展带。重点加强青稞、油菜、生态农庄、家庭农场等项目建设，发展特种粮食青稞种植示范区、千里油菜花海长廊等高原特色粮油产业带，打造旅游观光农业藏乡画廊。

"两翼"：东义片区和蒙自片区为特色农业发展两翼。重点发展蔬菜、花卉、瓜果等产业，巩固提升蔬菜、花卉、瓜果产业基地，加强绿色"菜篮子"基地建设。

"四区"：木拉乡、邓坡乡、省母乡、巨龙乡为现代牧业发展区。大力实施种养结合，集规模化、标准化与示范为一体的农业生产基地。

4. 建设项目

（1）特种粮食青稞高产高效示范项目。

建设内容：围绕解决干旱缺水、防洪防涝、水土保持、节约用水、生态保护等工作。加快推进小型农田水利、中低产田改造提升，增加有效灌溉面积，达到全县农田能排能灌的目标。着力建设藏区特色口粮青稞主产区生产基地，创建甘孜州青稞高产高效示范区，从而提升四川藏区特色口粮自给能力。还包括良种繁育基地新品种引种、选育、母本园建设、土地平整、土壤改良、灌溉设施、育苗设施及温室设施建设、中低产田改造提升等。同时为发展县域旅游，打造稻城藏家田园风光奠定基础。建设总面积2.8万亩，每亩投资600元，项目总投资1 620万元。

建设地点：全县14个乡镇。

（2）高原特色玉米示范基地项目。

建设内容：中低产田提升改造工程及水利设施建设工程。做好饲料玉米种植的同时，以优质高效特种玉米（糯玉米、水果玉米、紫色玉米）引种和配套栽培技术示范为重点，引进鲜食玉米、玉米汁加工项目，制成开袋即食玉米食品和玉米汁饮品，满足人们对食品多样化的需求。同时，以玉米青贮、微贮技术应用为重点，建立饲草生产加工合作社，配套收割切碎机、秸秆青贮、微贮窖等设备和设施，采用成熟先进的青贮、微贮技术，将剩余玉米秸秆制成牛、羊饲用的优质饲草，为绿色、有机畜产品生产提供保障。玉米面积5 000亩。

建设地点与规模：俄牙同乡1 100亩、吉呷乡1 200亩、各卡乡500亩、蒙自乡1 500亩、巨龙乡350亩、香格里拉镇350亩。

（3）高原绿色马铃薯基地项目。

建设内容：建设50亩马铃薯新品种引种试验基地；建立良种繁育基地500亩；建立加工示范基地100亩。为确保基地内马铃薯质量达到无公害标准，一要不断完善生产技术操作规程，推广生物有机肥、生物菌肥、生物农药等农业新技术。二要加大培训宣传力度，采取集中培训与基地培训相结合、样板培训与无公害培训相结合。培训核心农户20户、科技带头户200户。充分利用各种会议远程教育、过路标宣传牌等形式，广泛宣传无公害标准化生产马铃薯技术。三是对涉及的样板田农户建立地块档案，明确品种、种植时间、种植茬口、收获时间。每村明确一名科技副主任，一处农残快速检测点、一户农资放心店，每户一本操作规程，严格按照无公害操作规程实施。总面积5 000亩。

建设地点：桑堆镇、金珠镇、傍河乡、色拉乡、赤土乡、省母乡、木拉乡、香格里拉镇等。

（4）千里农业观光带示范项目。

建设内容：为解决油菜花、马铃薯花、中藏药等多种农作物的良好观光效果和经济效益，公路沿线两侧一定距离（100~200米）区域内，加快农作物种植结构调整，配合旅游景点设置，重点种植具有观赏功能的油菜、马铃薯与中藏药等农作物花期错季开放的农业示范观光产业带，2020年达到7 000亩，2025年达到10 000亩。每亩投资600元，合计600万元。

建设地点与规模：傍河乡1 000亩、赤土乡1 000亩、各卡乡250亩、金珠镇2 000亩、巨龙乡500亩、蒙自乡500亩、木拉乡1 000亩、桑堆镇1 500亩、色拉乡1 000亩、省母乡1 250亩。

(5)稻城县特色农业科技示范园。

建设内容：与中国农业科学院、四川农业大学以及招商引资企业等合作建设，主要开展高原特色农作物培育以及名、特、优新品种引进、栽培、示范和推广，设立展示区域，包括建智能温室、种植高端蔬菜、特色水果（如草莓、葡萄等）、花卉、中药材等，起到科教基地、典型示范引领的目的。

建设地点与规模：稻城特色农业科技示范园布局在金珠镇，占地约200亩。

(6)绿色蔬菜生产基地项目。

建设内容：重点包括高标准菜田建设、设施蔬菜生产基地建设、露地蔬菜生产基地建设。2020年7 000亩，2025年达到10 000亩。蔬菜田土地整理及节水灌溉设施等总投入按每亩2 500元估算，项目总投资2 500万元。

建设地点与规模：贡岭及东义两个片区各乡镇成立蔬菜合作社并结合乡镇区域人口建设露地蔬菜基地或设施蔬菜基地。露地蔬菜基地建设，巨龙乡、赤土乡、香格里拉镇、蒙自乡、各卡乡、吉呷乡、俄牙同乡。设施蔬菜基地建设，赤土乡只定村50亩、香格里拉镇康古村50亩、蒙自乡瓦格村50亩。

(7)原始农作物品种的保护开发项目。

建设内容：将本地的原始农作物如玉米、小麦、大麦、荞麦等品种进行保护与开发，进行中低产地改造，配套农田灌溉设施。

建设地点：俄牙同乡、吉呷乡建500亩保护基地。

5.投资估算

种植业包含九大项目，总投资7 300万元，其中，2017—2020年投资4 650万元，占63.70%；2021—2025年投资2 650万元，占36.30%（表5-3）。

表5-3 项目投资估算

（单位：万元）

序号	项目	2017—2020年	2021—2025年	合计
1	特种粮食青稞高产高效示范项目	1 100	670	1 770
2	高原特色玉米示范基地项目	300	200	500
3	高原绿色马铃薯基地项目	250	100	350
4	千里农业观光带示范项目	420	180	600
5	稻城县特色农业科技示范园	700	300	1 000
6	绿色蔬菜生产基地项目	1 800	1 180	2 980

（续表）

序号	项目	2017—2020年	2021—2025年	合计
7	原始农作物品种的保护开发项目	80	20	100
	合计	4 650	2 650	7 300

6. 投资效益估算

2020年经济效益为8 700万元，2025年经济效益为11 800万元。具体项目经济效益估算见表5-4。

表5-4 项目效益估算

（单位：万元/年）

序号	项目	2020年	2025年
1	特种粮食青稞高产高效示范项目	2 600	3 350
2	高原特色玉米示范基地项目	500	600
3	高原绿色马铃薯基地项目	900	1 350
4	千里农业观光带示范项目	1 000	1 500
5	稻城县特色农业科技示范园	100	200
6	绿色蔬菜生产基地项目	3 600	6 150
7	原始农作物品种的保护开发项目	—	—
	合计	8 700	11 800

7. 进度安排

具体项目安排进度见表5-5。

表5-5 进度安排

序号	项目	2017—2020年					2021—2025年			
		2017	2018	2019	2020	2021	2022	2023	2024	2025
1	特种粮食青稞高产高效示范项目	●	●	●	●	●	●	●	●	●
2	高原特色玉米示范基地项目	●	●	●						
3	高原绿色马铃薯基地项目	●	●	●	●	●	●	●	●	●
4	千里农业观光带示范项目	●	●	●	●					

（续表）

序号	项目	2017—2020年					2021—2025年			
		2017	2018	2019	2020	2021	2022	2023	2024	2025
5	稻城县特色农业科技示范园	●	●	●	●					
6	绿色蔬菜生产基地项目	●	●	●	●	●	●	●	●	●
7	原始农作物品种的保护开发项目	●	●	●	●	●	●	●	●	●

（二）特色养殖业产业发展规划

1. 规划目标

（1）总目标。坚持"保供给、保生态、保安全"三者并重，综合人口、资源、环境等因素，调整优化畜牧产业结构和空间布局，重点发展藏香猪、稻城飞鸡、高山牲畜、藏羊，以畜禽良种体系、适度规模养殖基地建设、生态健康养殖模式推广、畜禽产品品牌培育为抓手，发展高端、高效、低碳和环保畜牧业，向适度规模标准化养殖、生态养殖、特色养殖等方向发展，提高畜牧业综合生产能力。

（2）阶段目标。

①2020年目标。全县畜牧业可持续发展取得初步成效，经济效益、社会效益和生态效益明显。畜牧业发展方式转变取得积极进展，畜牧业综合生产能力稳步提升，结构更加优化，畜产品质量安全水平不断提高，畜牧业资源保护水平与利用效率显著提高。牦牛养殖稳定在10万头左右，其中，牦牛的舍饲育肥达1 000头，藏香猪达到3万头，稻城飞鸡达到3万只，藏羊养殖控制在1万只以内，中蜂养殖达到1 000箱。

②2025年目标。全县畜牧业可持续发展取得显著成效。供给保障有力、资源利用高效、产地环境良好、生态系统稳定、农民生活富裕、藏乡田园风光优美的现代畜牧业可持续发展新格局基本确立。高山牲畜稳定在10万头，其中，藏香猪达到5万头，稻城飞鸡达到5万只，藏羊养殖控制在1万只以内，中蜂保持在3 000箱。

2. 建设路径

大力调整养殖结构，适度发展藏香猪、稻城飞鸡、牦牛、藏羊养殖业，以标准化适度规模养殖示范为抓手，积极探索推广家庭牧场等现代化畜牧业发展模式，提高牲畜商品率，打造生态畜牧业。

以木拉乡、邓坡乡为核心，大力实施藏香猪原种保护，建设藏香猪原种资源场和扩繁基地，开展藏香猪品种选育，培育亚丁藏香猪品系，将其建设成为四川省乃至西南藏香猪种源基地。实行与旅游季节同步上市的养殖技术。

在资源保护区的基础上，在藏鸡集中养殖区建扩繁场，开展稻城飞鸡品种选育，培育亚丁藏香鸡。

牦牛通过采取草畜平衡、划区轮牧、半舍饲养殖、短期育肥、畜种改良，组建新型养殖合作社或产业园区等有效措施，建立牦牛肉奶商品生产基地。

藏羊实施品种改良、圈舍改造、设施圈养、疫病防控、技术培训指导等，提高品质和市场效益。

3.产业布局

（1）畜禽养殖区分类。全县行政辖区内畜禽养殖区域划分为禁养区、限养区、适养区三大类。

①禁养区范围。

● 稻城河、赤土河、东义河距离河岸安全水位警戒线500米以内的区域。

● 亚丁风景区、海子山景区、文物历史遗迹保护区的核心区、缓冲区。

● 城镇居民区、文化教育科学研究区等人口集中区域周边500米范围内的区域。

● 自来水取水口以及水库等具有集中饮用水源功能的上游进水方向1 000米范围内区域，下游及两侧200米范围内区域。

● 法律、法规规定需要特殊保护的其他区域。

②限养区范围。

● 禁养区外延500米以内的范围区域。

● 风景区、文物历史遗迹保护区域外延500米范围内的区域。

● 城镇规划禁养区以及乡镇居民住宅区、文化教育和科研等人口密集区禁养区外延500米以内的范围区域。

● 饮用水源地禁养区外延500米范围以内的区域；非饮用水源水库100米范围内的区域。

● 国道、省道、高速公路、铁路两侧1 000米范围内的区域。

● 根据城镇发展规划和区域污染物排放总量控制要求，应当限制养殖的区域。

③适养区范围。禁养区和限养区以外的其他区域为适养区。

（2）布局。

牦牛养殖。金珠镇、香格里拉镇、桑堆镇、省母乡、傍河乡、色拉乡、巨龙乡、邓坡乡、木拉乡、赤土乡、蒙自乡、吉呷乡、各卡乡和俄牙同乡在内的全县共14个乡镇。

藏香猪养殖。金珠镇、香格里拉镇、桑堆镇、省母乡、傍河乡、色拉乡、巨龙乡、邓坡乡、木拉乡、赤土乡、蒙自乡、吉呷乡、各卡乡和俄牙同乡在内的全县共14个乡镇。

藏鸡养殖。吉呷乡、各卡乡、俄牙同乡、蒙自乡、香格里拉镇、赤土乡、巨龙乡。

藏羊养殖。藏山羊在各卡乡、吉呷乡、俄牙同乡、蒙自乡饲养。藏绵羊在金珠镇、傍河乡、色拉乡等乡镇饲养。

中蜂养殖。蒙自乡、吉呷乡、俄牙同乡、香格里拉镇、各卡乡、巨龙乡。

冷水鱼养殖。巨龙乡、俄牙同乡、蒙自乡、吉呷乡、各卡乡。

4. 建设项目

（1）稻城藏香猪保护开发基地建设。

建设内容：

① 稻城藏香猪保种区建设项目。建设藏香猪原种资源场和扩繁基地，开展藏香猪品种选育，主要包括藏香猪核心育种场、藏香猪繁殖场、人工授精中心，肉猪标准化养殖基地、猪肉产品加工和销售体系、动物防疫体系、科技服务支撑体系以及养猪专业合作组织的建设。

② 稻城藏香猪核心育种场建设项目。新建一个藏香猪核心育种场。在藏香猪主产地，引进体型外貌、特征特性、生产性能具代表性的藏香猪，按规模化养猪场的规划要求建场，配备基本设施设备，采用先进技术进行纯种选育，成为藏香猪核心育种场，向社会提供优良种源。

③ 稻城藏香猪纯种扩繁场建设项目。建适度规模的藏香猪母猪饲养场（户），按照统一设计方案建设或对原圈舍进行改造，配备高床、仔猪保育栏等关键设备，采用新的工艺流程生产，所产仔猪全部提供作肉猪苗。

④ 稻城藏香猪适度规模养殖基地建设项目。建设藏香猪适度标准化养殖受控基地，发展标准化养殖场（户）。基地要求统一圈舍改造、统一品种、统一饲料及饲养技术、统一防疫、统一无害化处理粪污，使产品达绿色标准，为市场提供优质、安全的猪肉。

⑤ 藏香猪与旅游同步供应推广项目。调整繁殖母猪产仔时间，与旅游季节同步出栏藏香猪，满足市场需求。

建设地点与规模：金珠镇、香格里拉镇、桑堆镇、省母乡、傍河乡、色拉乡、巨龙乡、邓坡乡、木拉乡、赤土乡、蒙自乡、吉呷乡、各卡乡和俄牙同乡在内的全县共

14个乡镇。建成稻城藏香猪保种区（国家级）1个、藏香猪核心育种场1个、藏香猪繁殖场1个、适度规模标准化养殖小区（场）1个，藏香猪适度规模养殖户达到50户，推广出栏时间与旅游同步技术50户。

（2）稻城飞鸡保护开发基地建设。

建设内容：

①稻城飞鸡保种选育场。按照品种特点进行保种选育，开展场内性能测定，保持提高稻城飞鸡的品种特点，为纯种扩繁提供优良健康的种鸡。

②稻城飞鸡纯种扩繁场。纯种扩繁场的主要任务是进行纯种繁殖，提供全县稻城飞鸡养殖所需鸡苗80%的繁殖量。

③稻城飞鸡标准化养殖基地。实行"分散养殖、集中收购"和"集中养殖、统一管理"等新的生产经营模式。主要生产优质商品稻城飞鸡、鸡蛋供应市场。商品鸡、蛋的生产以农户养殖为主，同时建设示范性的规模化商品场，以积累符合当地条件的稻城飞鸡养殖规模及其规模养殖的主要技术参数，引导农户由传统养殖向规模养殖方向发展。

建设地点与规模：吉呷乡、各卡乡、香格里拉镇、俄牙同乡、巨龙乡。建设保种选育场1个、纯种扩繁场1个、标准化养殖基地养殖示范农户（场）1 000个。

（3）现代牦牛养殖基地。

建设内容：以保护草地生态为前提，按照"以草定畜、草畜平衡"的原则，推广"夏秋放养、冬春补饲、集中育肥、提早出栏"的现代畜牧养殖方式，大力发展牦牛专业生产养殖小区、家庭牧场和健康养殖中心。

①牦牛养殖基地建设项目，每小区由3~5户规模养殖户组成。

②牦牛舍饲育肥项目。草场3万亩、棚圈及贮草棚1万平方米。

③亚丁牦牛保护开发利用项目。

建设地点与规模：金珠镇、香格里拉镇、桑堆镇、省母乡、傍河乡、色拉乡、巨龙乡、邓坡乡、木拉乡、赤土乡、蒙自乡、吉呷乡、各卡乡和俄牙同乡在内的全县共14个乡镇。每村建养殖基地1~2个，舍饲育肥场1~2个。

（4）藏羊养殖基地。

建设内容：

①藏羊传统养殖转型示范区。对适宜养殖藏羊的牧区规划为藏羊集中养殖区，各养殖区以村为单位进行统一布局，每村建养殖小区1个，建家庭牧场1~2个，每乡建一个健康养殖中心。

②藏羊健康养殖基地。以牧区为实施对象，制定藏羊健康养殖标准，以村为单位，成立专业合作社，建设藏羊健康养殖中心。

建设地点与规模：藏山羊地点在各卡乡、吉呷乡、俄牙同乡、蒙自乡；藏绵羊在金珠镇、傍河乡、色拉乡等乡镇。藏羊传统养殖转型示范区2个，藏羊健康养殖基地3个。

（5）中蜂养殖基地。

建设内容：蜂群壮大、示范户培育。

建设地点与规模：蒙自乡、吉呷乡、俄牙同乡、香格里拉镇、各卡乡、巨龙乡。扶持100户标准箱饲养中蜂户，蜂群达3 000桶（箱）以上。

（6）稻城县干旱草地治理试验示范项目。

建设内容：草原鼠虫害治理、草原退化、沙化治理，进行人工草地、干旱灌溉等试验示范。

建设地点与规模：在傍河乡治理干旱草地1 000亩。

（7）稻城县原生冷水鱼养殖项目。

建设内容：天然养殖池、饲养道路、饲料投放平台以及两道防护钢网等。

建设地点与规模：在巨龙乡、俄牙同乡、蒙自乡、吉呷乡、各卡乡。年产冷水鱼25 000千克，建设原生冷水鱼养殖观光带2 500米。

5. 投资估算

项目规划投资10 130万元，其中，2017—2020年需要投资5 310万元，2020—2025年需要投资4 820万元，详见表5-6。

表5-6 项目投资估算

（单位：万元）

序号	项目	2017—2020年	2021—2025年	合计
1	稻城藏香猪保护开发基地建设	2 000	1 600	3 600
2	稻城飞鸡保护开发基地建设	2 000	1 500	3 500
3	现代牦牛养殖基地	740	700	1 440
4	藏羊养殖基地	120	120	240
5	中蜂养殖基地	50	100	150
6	稻城县干旱草地治理试验示范项目	100	300	400
7	稻城县原生冷水鱼养殖项目	300	500	800
	合计	5 310	4 820	10 130

6. 投资效益估算

规划到2020年完成近期目标，预计每年经济效益为5 200万元，到2025年完成总目标，预计每年经济效益为8 700万元。具体项目经济效益估算见表5-7。

表5-7 项目效益估算

（单位：万元/年）

序号	项目	2020年	2025年
1	稻城藏香猪保护开发基地建设	3 000	4 000
2	稻城飞鸡保护开发基地建设	600	1 000
3	现代牦牛养殖基地	900	1 500
4	藏羊养殖基地	200	400
5	中蜂养殖基地	100	400
6	稻城县干旱草地治理试验示范项目	100	300
7	稻城县原生冷水鱼养殖项目	400	1 500
	合计	5 300	9 100

7. 进度安排

进度安排见表5-8。

表5-8 进度安排

序号	项目	2017—2020年				2021—2025年				
		2017	2018	2019	2020	2021	2022	2023	2024	2025
1	稻城藏香猪保护开发基地建设	●	●	●	●	●	●	●	●	●
2	稻城飞鸡保护开发基地建设	●	●	●	●	●	●	●	●	●
3	现代牦牛养殖基地	●	●	●	●	●	●	●	●	●
4	藏羊养殖基地	●	●	●	●	●	●	●	●	●
5	中蜂养殖基地	●	●	●	●	●	●	●	●	●
6	稻城县干旱草地治理试验示范项目	●	●	●	●	●	●	●	●	●
7	稻城县原生冷水鱼养殖项目	●	●	●	●	●	●	●	●	●

(三)特色林果产业发展规划

1. 规划目标

(1) 总体目标。到2025年,稻城县建成优质苹果、酒用葡萄、大樱桃、野山桃等为主的水果生产基地5 600亩;建成3万亩优质核桃干果基地,30%的核桃能在本地加工升值。

(2) 阶段目标。2020年、2025年阶段发展目标见表5-9。

表5-9 阶段目标

品种	发展指标	单位	2020年	2025年
水果	种植面积	亩	2 400	5 600
	产量	吨	600	1 000
	产值	万元	240	400
核桃	种植面积	万亩	2	3
	产量	吨	300	800
	产值	万元	300	800

2. 建设路径

(1) 低产果园改造。可采用重新栽种优良品种果苗的技术措施,此技术措施优点是重新栽种的品种好,果园将来的前景效益好,获得效益的时间较长,同时有利于采用先进的标准化果树栽培技术。还可采用高位嫁接技术,在现成的果树上嫁接优质品种的果树接穗。

(2) 土地整治。稻城县耕地面积少,且耕地主要用来种植农作物,用来种植水果与核桃的耕地非常少,而本地又有大量的低山腰山地可以用来种植水果、核桃和中藏药材。这些低山腰荒地要进行果木种植就必须进行土地整治,将土地翻耕、平整、作等高梯田。

(3) 基础设施建设。水果与核桃种植最关键的是水利条件,所以选择水果与核桃基地时首先考虑是否能解决水的问题。其次是道路,只有路通果品才能及时运出。重点将水利设施与道路等基础设施建设好。

(4) 技术培训。稻城县从事水果与核桃产业的农业技术人员与果农的生产技术水平低,亟须进行培训。培训分技术人员与果农培训两种方式进行。采取请进来与走出去两种方法,请进来就是请外地的技术人员到本地来进行技术培训,走出去主要是派出县、乡两级的技术人员和有条件的果农到水果与核桃生产技术先进的地区去学习。培训的内容主要包括水果与核桃生产中的栽植、修剪、施肥、病虫害防治、全生长季节田间管理等技术。

（5）调动各方面积极性加大投入。采取各种措施调动各方面积极性加大对水果、核桃产业发展的投入。调动政府、各有关部门、企业、农户的积极性，同时制定相关政策加大对外吸引资金投入水果与核桃产业的力度。大力发展各类专业合作组织，积极培育果品龙头企业，走"公司+基地+农户"的发展模式。建立健全果品质量监督检验体系，加快标准化和无公害生产，提高果品的经济效益。

（6）加快农业产业化发展。推动果品分选包装，保鲜贮藏配套设施，提高稻城县果品的深加工能力和附加值。推进果业与旅游业和生态建设的结合。建成果品加工体系、市场营销体系、技术服务体系和政府支持保护体系。树立品牌意识，建立高效的果品互联网营销网站。

（7）以科技为支撑，提质增效。产业要发展，科技必先行，提高水果产业与核桃产业的竞争力关键在于科技进步。当前要推动稻城县与中国农业科学院、泸州有关果业研究与推广单位合作，针对稻城县果品产业存在的关键技术难题，进行科研攻关。重点推广标准化生产技术、高效树体修剪技术、改土培肥的沃土技术、引进选优果树新品种、果品分选和包装技术、有机果品生产技术、果树节水栽培技术、果品深加工技术、贮运保鲜技术。

（8）果品加工与营销。

①果品加工。

果品加工种类：稻城县的水果主要以苹果、野山桃、藏梨和酒用葡萄为主，有少量的大樱桃（正在引种）、柑橘等。

稻城县苹果目前产出还不能满足日益增长的需求，基本没有多余的苹果用来加工，而且目前我国苹果加工的产品也比较单一，目前苹果除鲜食外绝大部分用于浓缩苹果汁的加工，苹果脱水制品及其他产品只占很小一部分。

目前稻城县的野山桃与藏梨加工以制成干品为主，最具开发潜力的加工方式是浓缩果汁的加工，加工成口感良好、营养价值高、具有有机特质的野山桃汁与藏梨汁。

稻城县的酒用葡萄是目前稻城县水果中完全用于加工的果品，目前生产出来的葡萄酒品质与优质葡萄酒还有一定差距，今后要做的是聘请国内外葡萄酒酿造专家，改善酿制工艺，大力提升葡萄酒品质。

随着稻城县核桃面积的大幅度增加，核桃产量也将大幅度增加，核桃加工的问题就凸显出来。核桃可深加工的产品丰富,主要为核桃乳、核桃粉、核桃油、核桃酥、鲜核桃仁、核桃壳木炭、活性炭等。

果品加工企业选址:设立稻城果品加工小区,主要选择在交通发达、水源方便的地方,在县城金珠镇与香格里拉镇各建设一个加工小区。

发展果品加工措施:首先要制定优惠的招商引资政策,在符合国家法律法规的条件下制定优惠的征地、融资、投资、政府帮扶、税收等政策,促进果品加工业的蓬勃发展;其次要多方筹集资金发展果品加工业,以引进外地资金为主,鼓励本地企业和个人投资果品加工业;再次是大力加强技术引进与培训。

②果品营销。

树立品牌:利用各种措施大力推介稻城果品的原生性、食用安全性、有机性,使得稻城县的知名果品品牌尽快建立起来。

农旅融合:随着旅游业的不断发展,旅游人数不断增加,游客对消费的多样化,对果品的需求也不断增加。稻城县要不断提升果品的品质与产量来满足游客对果品的需求,不断提高果品的本地化比重。

互联网营销:建立高效的果品互联网营销网站,加强互联网营销网站技术管理与行政管理,使其在合法有序的环境中发展壮大。加入全国知名商业网站的营销网络,成为其不可或缺的一分子。

3. 产业布局

(1) 水果。到2020年,在香格里拉镇、俄牙同乡、吉呷乡、各卡乡、蒙自乡,以无公害生产技术流程等农艺技术培训与推广为重点,在全县建设水果标准化生产基地2 400亩,2025年全县建成水果标准化生产基地5 600亩。

特色水果保护开发基地,在东义地区的吉呷乡、俄牙同乡开发加工柠檬等特色水果。2020年建设基地300亩,2025年建设基地600亩。

酒用葡萄基地,在香格里拉镇、吉呷乡、俄牙同乡、各卡乡,以无公害生产技术流程等农艺技术培训与推广为重点,2020年在全县建设葡萄标准化生产基地400亩,2025年建成基地1 000亩。

大樱桃基地,在蒙自乡、吉呷乡、俄牙同乡,以无公害生产技术流程等农艺技术培训与推广为重点,2020年在全县建设大樱桃标准化生产基地400亩,2025年建成基地1 000亩。

苹果基地,在香格里拉镇、吉呷乡、俄牙同乡、各卡乡、巨龙乡、赤土乡,按照无公害生产技术流程,2020年在全县建设苹果生产基地800亩,2025年建设基地2 000亩。

桃花谷基地，主要沿国道与省道以及旅游公路两旁种植，到2020年发展到500亩，到2025年发展到1 000亩。

（2）核桃。主要分布在蒙自乡、吉呷乡、俄牙同乡、各卡乡和巨龙乡。充分利用现有农耕地、林业用地、退耕还林地、低产低效林地、"四旁"用地，合理规划优质核桃产业。到2020年，建成2万亩优质核桃干果基地，到2025年建成3万亩核桃基地，其中，蒙自乡10 000亩、吉呷乡5 000亩、俄牙同乡6 000亩、各卡乡3 000亩、巨龙乡6 000亩。

4. 建设项目

（1）水果低产园改造。

建设内容：重新栽种优良品种果苗，在现成的果树上嫁接优质品种的果树接穗。

建设地点与规模：在香格里拉镇、吉呷乡、俄牙同乡、各卡乡等乡镇，建设面积200亩，其中，包括特色水果保护开发50亩，投资概算为50万元。

（2）新水果种植基地建设。

建设内容：进行翻耕、平整等土地整理工作，同时进行水利设施等基础设施建设，选择优良苗木进行栽植。

建设地点与规模：在香格里拉镇、俄牙同乡、吉呷乡、各卡乡、蒙自乡、巨龙乡、赤土乡7个乡镇，建设5 110亩，投资概算为3 066万元。

（3）新核桃基地建设。

建设内容：进行翻耕、平整等土地整理工作，同时进行水利设施等基础设施建设，选择优良苗木进行栽植。

建设地点与规模：在蒙自乡、吉呷乡和俄牙同乡3个乡镇，建设面积为2.95万亩，投资概算为17 700万元。

（4）果业生产技术培训。

建设内容：培训农技人员，培训内容为苗木栽植、田间管理、果枝修剪、病虫害防治等；培训果农，培训内容为田间管理、果枝修剪。

建设地点：室内培训场地在金珠镇，室外就在当地果园进行。投资概算100万元。

5. 投资估算

项目规划总投资20 916万元，其中，2017—2020年需要投资7 938万元，2020—2025年需要投资12 978万元，项目投资估算见表5-10。

表5-10 项目投资估算

（单位：万元）

序号	项目	2017—2020年	2021—2025年	合计
1	水果	1 260	1 916	3 176
2	核桃	6 678	11 062	17 740
	合计	7 938	12 978	20 916

6. 投资效益估算

到2020年预计每年经济效益为540万元，到2025年完成总目标，预计每年经济效益为1 200万元。具体项目经济效益概算见表5-11。

表5-11 项目效益估算

（单位：万元/年）

序号	项目	2020年	2025年
1	水果	240	400
2	核桃	300	800
	合计	540	1 200

7. 进度安排

项目进度安排见表5-12。

表5-12 进度安排

序号	项目	2017—2020年				2021—2025年				
		2017	2018	2019	2020	2021	2022	2023	2024	2025
1	水果低产园改造	●	●							
2	新水果种植基地建设	●	●	●	●	●	●	●	●	●
3	新核桃基地建设	●	●	●	●	●	●	●		●
4	果业生产技术培训	●	●	●	●	●				

（四）中藏药材产业发展规划

1. 建设目标

（1）总目标。按照GAP标准化的中藏药材种植示范基地3个，面积1 500亩，各乡镇根据实际建设种植基地总共达到1万亩；建成中藏药材苗木繁育和野生植物中藏药材驯化栽培与中藏药材研发中心1个；在稻坝片区、贡岭片区、东义片区建设野生中藏药材采集资源利用与生态保护基地3个，每片区各建1个，面积3万亩，每片区为1万亩。驯化栽培成功新中藏药材植物品种1~2个。

（2）阶段目标。2020年、2025年阶段目标见表5-13。

表5-13 阶段目标

品种	发展指标	单位	2020年	2025年
中藏药	种植面积	万亩	1	1
	产量	万吨	1	1
	产值	亿元	1	1

2. 建设路径

在植物类中藏药材资源的开发利用上，能够人工种植的要加大种植基地的建设力度，尽可能地增加中藏药材的产出量；不能人工种植的，要坚持开发利用与资源保护并重的原则。坚持以市场为导向，以科技为支撑的原则，走特色发展的产业化与可持续发展的道路。积极推行和实施中藏药材的GAP、GMP等国际、国内标准。大力推进中藏药材生产的现代化，大力提高中藏药材企业的市场竞争力。

（1）加大种植基地建设。调动政府及有关部门、乡镇、村、农户与企业的积极性，走"公司+基地+农户"的发展模式。同时对基地的土地进行改土培肥以适应中藏药材种植的要求。加强道路、水利设施的基础设施建设。

（2）加强资源保护力度。对不能人工栽植的中藏药材要制定采集规范，防止乱采滥伐，做到资源利用与保护相结合，走可持续发展之路。2020年建成3万亩野生中藏药材保护基地，2025年巩固3万亩保护基地。

（3）提高中藏药材产业的科技水平。在金珠镇建设1个野生中藏药材驯化繁育中心，中心建设设施标准化栽培基地面积10亩，建设1处办公及检测试验场所。对有关的技术人员和药农进行技术培训，培训的内容包括苗木选育、栽植、土壤培肥、病虫害防治、田间管理、科学采收等。

（4）中藏药材加工。

①加工选址。选择交通发达、水源方便、生活工作便利的地方，而且离药材种植区不宜太远，所以金珠镇最为合适。

②加工方法。

初加工：中藏药种类繁多，其处理程序主要有：洗涤→清理和选择→去皮→修整→蒸、煮、烫→浸漂→熏硫→发汗→干燥。因药材品种要求和产地习惯不同，以上程序不是每种中药材都需要，但一般以修整、蒸煮烫、切制、干燥等方法最为普遍。

深加工：主要有制成药丸、饮片、饮料、药剂等。

加快中藏药材加工业发展的措施：首先要制定优惠的招商引资政策，在符合国家法律法规的条件下制定优惠的征地、融资、投资、政府帮扶、税收等政策，促进中藏药材加工业的蓬勃发展；其次要多方筹集资金发展中藏药材加工业，以引进外地资金为主，鼓励本地企业和个人投资中藏药材加工业；最后是大力加强技术引进与培训。

（5）龙头企业建设。在种植基地要建立各级专业合作组织，特别是建立"公司+基地+农户"的合作组织。优化产品结构，加强企业技术改造，加快GMP实施进程。在政府的扶持下，积极引导和鼓励企业技术改造和技术进步，发展技术含量、质量标准及附加值等较高并具有相当规模的中藏药名牌产品，创立企业品牌。

3. 产业布局

在金珠镇建设野生中藏药材驯化繁育中心。中藏药材种植基地主要分布在全县14个乡镇，根据不同乡镇的气候和土壤条件种植不同的中藏药材品种，稻坝片区的7个乡镇安排种植秦艽、雪上一枝蒿、芍药等，低海拔地区种植重楼、金铁锁、白及等；野生中藏药材保护基地分布在稻坝片区、贡岭片区、东义片区，面积保持在3万亩。

4. 建设项目

（1）中藏药材种植基地建设。

建设内容：进行翻耕、平整等土地整理工作，同时进行水利设施等基础设施建设，选择优良苗木进行栽植。

建设地点与规模：在全县14个乡镇，建设面积为1万亩，投资概算为6 000万元。

（2）野生中藏药材保护基地建设。

建设内容：设定3个保护区，禁止放牧、禁止乱采滥伐。每个保护区聘请2名看护人员。

建设地点与规模：在稻坝片区、贡岭片区、东义片区，建设面积为3万亩，每个保护区1万亩。投资概算为300万元。

（3）野生中藏药材驯化繁育中心建设。

建设内容：设施标准化栽培基地面积10亩，建设1处办公及检测试验场所。对有关的技术人员和药农进行技术培训，培训的内容包括苗木选育、栽植、土壤培肥、病虫害防治、田间管理、科学采收等。

建设地点：金珠镇，投资为200万元。

5.投资估算

种植基地建设6 000万元、野生保护基地建设300万元、野生中藏药材驯化繁育中心建设200万元，共计6 500万元，其中，到2020年为2 680万元。

6.投资效益估算

从2020年开始每年产值可以达到1亿元，除去投入成本每年效益可达4 600万元左右。

7.进度安排

项目进度安排见表5-14。

表5-14 进度安排

序号	项目	2017—2020年				2021—2025年				
		2017	2018	2019	2020	2021	2022	2023	2024	2025
1	中藏药材种植基地建设	●	●	●	●					
2	野生中藏药材保护基地建设		●	●						
3	野生中藏药材驯化繁育中心建设			●	●					

（五）食用菌产业发展规划

1.规划目标

（1）目标。建成食用菌培育中心1个，能利用生物学技术自行培育原种与栽培种，建成食用菌栽培重点基地2个，实现栽培总面积20万平方米，总产量1 200吨。分别在吉呷乡、俄牙同乡、巨龙乡、木拉乡、香格里拉镇等乡镇建成野生松茸促繁基地5个，每个基地面积为4 000亩，共计2万亩。

（2）阶段目标。2020年、2025年阶段目标见表5-15。

表5-15 阶段目标

品种	发展指标	单位	2020年	2025年
食用菌	种植面积	万平方米	8	20
	产量	吨	480	1 200
	产值	万元	288	720

2. 建设路径

（1）加强野生松茸基地的生态保护。稻城县森林资源丰富，野生食用菌资源丰富，尤其是松茸资源。松茸是农牧民经济收入的主要来源之一，目前松茸还不能人工栽培，可以通过采取人工促繁和保护生态环境等科学手段促进松茸产业的可持续发展。

（2）政策措施。政府要制定优惠政策，鼓励引导食用菌产业发展。一是政府加快食用菌行业标准和操作规范的制定，包括生产技术、产品质量、产后包装等，精心打造市场通行证。二是加大对食用菌技术服务组织的资金支持，以提高菌种的研发和种植技术的推广力度，为产业发展注入活力。三是政府从政策上引导龙头企业、合作组织、科研单位等的交流与合作，实现行业内部优势互补，提高联手闯市场的能力。

（3）建设食用菌菌种培育中心。在金珠镇建设1个食用菌菌种培育中心，为全县的食用菌产业生产提供优质的菌种，同时中心还要进行名贵高效菌种的引进工作。

（4）加强食用菌产业科技服务体系建设。技术服务体系的作用是及时推广食用菌优良品种和安全高效生产技术，提供食用菌生产及市场信息，提高菇农的科技素质，促进食用菌标准化生产，推动食用菌产业发展。一是建立食用菌培训中心，完善培训设施，制定培训计划，培养食用菌专业技术人才和菌类园艺工，定期对菇农进行技术培训。二是建立食用菌技术服务与信息中心，组建食用菌技术推广服务中心，形成县、乡、村三级服务体系，建立食用菌信息服务中心，利用远程教育网，组建乡村信息服务站。三是建立稻城县食用菌标准化示范基地，在基地内示范推广食用菌优良品种和安全高效栽培技术，并实施食用菌标准化生产。

3. 产业布局

随着旅游人数的不断增加，食用菌等生活物资的需求将大量增长。在金珠镇建设食用菌菌种培育中心。建设食用菌栽培重点基地2个，分别在金珠镇和香格里拉镇，辐射到周边其他乡镇。2020年栽培面积达到10万平方米，金珠镇和香格里拉镇分别为5万平方米。2025年栽培面积达到20万平方米，金珠镇和香格里拉镇分别达到10万平方米。

分别在吉呷乡、俄牙同乡、巨龙乡、木拉乡、香格里拉镇等乡镇建成野生松茸促繁基地5个，每个基地面积为4 000亩，共计2万亩。

4. 建设项目

（1）野生松茸生态保护及人工促繁基地建设。

建设内容：保护松茸的生态环境，尤其对森林的保护，严禁乱砍滥伐。规范采集标准，一是不准采集幼小的童茸和成熟菌。二是严格采集工具，不能用大型铁质采集工具如锄头、铁锹、铁铲、镰刀、砍刀等利器，必须用小型木竹质工具轻轻挖出。三是采集方法必须标准化，采集时用木质和竹质工具轻轻撬起，采出后及时回填。四是人工繁育和播撒菌种，以增加松茸产量。

建设地点与规模：在吉呷乡、俄牙同乡、巨龙乡、木拉乡、香格里拉镇等乡镇，每个乡镇4 000亩。

（2）食用菌栽培基地建设。

建设内容：建设20万平方米的食用菌温室大棚，每平方米造价为70元人民币。

建设地点：金珠镇、香格里拉镇，投资1 400万元。

（3）食用菌菌种培育中心建设。

建设内容：建设一栋集办公室、住宿、无菌操作间、菌种存放间、菌种培养间为一体的建筑用房，面积为200平方米，购买仪器设备、药剂、菌料等。

建设地点：金珠镇。

（4）食用菌栽培技术培训。

建设内容：对农民或从事食用菌产业的企业人员进行食用菌栽培技术的培训。

建设地点：金珠镇。

5. 投资估算

野生松茸生态保护及人工促繁基地建设400万元，栽培基地建设1 400万元、菌种培育中心建设100万元、技术培训45万元，共计1 945万元，其中，到2020年为880万元。

6. 投资效益估算

从2020年开始每年产值可以达到288万元，除去投入成本每年效益可达140万元左右；从2025年开始每年产值可达720万元，除去投入成本每年效益可达340万元左右。

7. 进度安排

项目进度安排见表5-16。

表5-16 进度安排

序号	项目	2017—2020年				2021—2025年				
		2017	2018	2019	2020	2021	2022	2023	2024	2025
1	野生松茸生态保护及人工促繁基地建设	●	●	●	●	●	●	●	●	●
2	食用菌栽培基地建设		●	●	●	●	●	●	●	●

（续表）

序号	项目	2017—2020年				2021—2025年			
		2017	2018	2019	2020	2021	2022	2023	2024	2025
3	食用菌菌种培育中心建设		●						
4	食用菌栽培技术培训	●	●	●	●	●	●	●	●

（六）特色休闲农业与乡村旅游发展规划

1. 规划目标

（1）总目标。以"特色高原农业、康巴农耕文化"为独特资源，"绚丽亚丁、诗画田园"为总体形象，以农业观光休闲、农耕文化体验、乡村民俗旅游、户外运动和养生度假为主要产品，经过10年努力，逐步构建产品丰富、品质高端、产业链完整、竞争力强大的现代农业生态休闲产业体系，把稻城县打造成为具有全国知名度和美誉度的现代农业生态休闲体验区。

（2）阶段目标。

① 2020年目标。将稻城县打造成为藏区领先、在全国具有一定知名度的现代农业生态休闲体验区，建成10个省级休闲农业旅游特色村、20个休闲农业明星企业、200个休闲农业示范户。新增直接从业人员5 000人，带动间接就业1万人。到2020年，年接待游客超过60万人次，乡村休闲旅游收入6亿元以上，占旅游总收入比重达到30%以上。

② 2025年目标。把稻城县打造成为具有全国知名度的现代农业生态休闲体验区，建成20个休闲农业旅游特色村、40个休闲农业明星企业、300个休闲农业示范户。新增直接从业人员1.2万人，带动间接就业2万人。到2025年，年接待游客超过120万人次，乡村休闲旅游收入15亿元以上，占旅游总收入比重达到50%以上。规划主要指标见表5-17。

表5-17 稻城县2020年、2025年休闲旅游产业规划主要指标

指标	单位	2020年	2025年	指标属性
农业旅游点总数	个	50	80	预期性
年接待游客数量	万人次	60	120	预期性
乡村休闲旅游总收入	亿元	6	15	预期性

（续表）

指标	单位	2020年	2025年	指标属性
旅游特色村	个	10	20	预期性
休闲农业明星企业	个	20	40	预期性
休闲农业示范户	个	200	300	预期性
直接带动农民就业	万人次	0.6	1.2	预期性
人才培训	人/年	1 000	1 000	预期性

2. 建设路径

以科学发展观为指导，坚持"农旅融合、以农促旅、以旅强农"的基本思路，按照合理规划、分区建设、因地制宜、突出特色的总体发展思路，以农村自然、文史资源、特有农村生活、景观为依托，以规范提升休闲农业发展为抓手，结合现代农业发展和新农村建设，优化生态环境，传承乡土文化，拓展农业观光、休闲、娱乐、体验、文化、教育、度假、养生等功能，大力发展休闲农业，着力将休闲农业产业培育成为繁荣农村牧区、富裕农牧民的新兴支柱产业。

——以农为本，产业融合。休闲农业要围绕农业生产、农民生活和农村风貌进行开发建设，以农业现代化和新农村建设为根本任务，使生态休闲农业成为具有浓郁乡土气息和民俗风情的特色新型产业。推进农业与文化、旅游、创意等产业有效结合，将稻城县特色农业融入特色山水，融合特色民俗，将农业优势产业带变成旅游精品线路，将名优特色农产品变成高端旅游商品，将种养劳动变成可参与体验的健身运动。

——挖掘康巴文化内涵，突出区域特色。突出稻城县资源、环境和文化特色，注重参与体验，加快创意发展，以现有资源包括自然生态景观、农业种植经验、现代农业科技、农业文化、民俗风情的开发为基础，突出农村天然、朴实、绿色、清新的环境氛围，尽展农业旅游的吸引魅力，形成稻城县休闲观光农业的个性与品牌，建设集农业生产、农耕体验、文化娱乐、教育展示、美丽乡村建设、产品加工销售于一体的多元化休闲农业特色优势产业带和产业群。

——规范管理，打造品牌。以自然生态、田园文化、农耕文明为基础，以特色种植、设施园艺、生态休闲、创意农业、秀美乡村为载体，开发一批供游客观看的现代农业建设基地，生产一批供游客餐饮的绿色农产品，加工一批供游客带走的具有稻城县特色的农产品礼品，使休闲农业成为增加农牧民收入、壮大县域经济的重要途径。

——加强人员培训，提升服务水平。根据休闲农业产业发展要求，以专业知识、服务技能和服务礼仪培训为核心，以职业道德、作业内容、操作规程、工作方法、产品知识、安全生产等知识为重点，分类、分层开展休闲农业管理和服务人员培训，不断提高从业人员素质，增强服务意识，提升管理水平。

3. 产业布局

依托县域资源优势和产业基础，通过重点区域的发展，重大项目的带动，着力构筑"一带、两核、三区、多点"的休闲农业空间发展布局。

（1）一带。一带是指以桑堆镇至俄牙同乡（理亚路和亚三路）的旅游发展交通带，沿线经过桑堆镇、金珠镇、傍河乡、色拉乡、赤土乡、木拉乡、香格里拉镇、各卡乡、吉呷乡、俄牙同乡10个乡镇，沿途分布有红草地、亚丁、青杨林、卡斯地狱谷等自然景观，还有著杰寺、热乌寺、色拉花海等人文风光，是全县休闲旅游资源最为密集的地区。重点是整合沿线休闲农业资源，打造沿线生态农业观光产业带。

（2）两核。

一是以县城城区为核心，重点建设桑堆镇桑堆村、傍河乡仲堆村、金珠镇茹布村、省母乡省母村、色拉乡同斗村，大力发展参与体验性强的农业创意科技主题园区和具有休闲度假、高端会务等综合接待能力的休闲农业庄园，通过交通廊道和城乡绿带联结形成休闲农业产业集群，使中心城区成为辐射全县乡村休闲农业发展的主核心之一。

二是以香格里拉镇为核心，依托亚丁国家5A级旅游景区，重点建设仁村、只定村、仲堆村、卡斯村、瓦格村，大力发展以自然风光观赏、农业采摘体验为主的休闲农业庄园，使香格里拉镇成为望得见山、看得见水、记得住乡愁的高原特色精品小镇。

（3）三区。

农业科技示范观光体验区。范围包括金珠镇、桑堆镇、傍河乡、色拉乡、省母乡、巨龙乡、邓坡乡、木拉乡8个乡镇。重点依托景观农业主题公园、农业科技园、加工企业等资源，发展以田园风光、科普教育、民俗文化为主，辅以采摘体验、传统养生休闲、特色节事休闲、休闲度假、娱乐购物的农业生态旅游。

亚丁生态农业休闲度假区。范围包括赤土乡、蒙自乡、香格里拉镇3个乡镇。依托亚丁景区自然风光，以传统果业、中药材、蔬菜等经济作物种植和藏区特色养殖业为主体，结合亚丁自然景观环境和特色民居环境，营造适合当地农业和农村的休闲旅游空间和业态，形成以农业生产与自然景观相结合、山岳与居家庭院互补、环境与休闲生活一体的景区型生态休闲农业体验区。重点发展以森林休闲、采摘体验休闲、登山运动休闲为主，辅以娱乐购物、传统养生休闲、特色节事休闲、美食寻觅休闲的农业生态旅游。

生态有机农业观光体验区。范围包括各卡乡、吉呷乡、俄牙同乡3个乡镇。重点依托水果、蔬菜、食用菌等特色产业，结合特色民族村寨、田园和高山峡谷风光，重点发展采摘体验、农耕体验、特色民族村寨为主，辅以慢生活休憩休闲、美食寻觅休闲的农业生态旅游。

（4）多点。以桑堆村、仲堆村、茹布村、省母村、卡龙村、只定村、瓦格村、仁村、卡斯村、各卡村、思子功村、吉尔同村、同顶村为重点，建设覆盖全县的秀美乡村休闲特色点、农业种植点、特色农产品生产点、特色养殖点等，在各县、各区结合农业特色分别建立生态休闲农业示范点、特色农业精品园等，从而形成生态休闲农业网络、特色农业精品园网络、生态功能保障网络的空间格局。

4. 建设项目

（1）多彩观赏油菜花博览苑项目。

建设内容：引进培育不同颜色、不同花期的油菜品种，以新、奇、特的观赏型多彩油菜为主题，以花海、田园、藏寨、神山、圣水为生态要素，打造一个集休闲度假、摄影采风、油菜文化讲解、油菜花节庆、油菜加工产品展示销售等多功能于一体的田园综合体。园区建设包括油菜花田、花海迷宫等构成花海观赏区，藏寨、野炊等构成休闲体验区，科普园地等构成游乐区。

建设地点与规模：省母乡省母村，计划建设面积500亩。

（2）现代草原生态观光体验牧场。

建设内容：利用高原牧区优势，设计融文化性、特色性、休闲性、参与性于一体的现代草原生态观光体验牧场。体验牧场主要用于体验从草场到牧场到餐桌的农事活动、体现自然科学教育功能。体验活动设计可包括牧场生活体验、草原观光游、骑马游牧、创意奶制品厨房大赛等亲子体验活动。同时，配合发展与环境相协调的藏房或帐篷、篝火晚会、歌舞表演、风情展示等农旅融合项目。

建设地点与规模：以桑堆镇、色拉乡、傍河乡为重点，在稻坝片区建设3~5个生态观光体验牧场。

（3）桑堆白马鸡旅游生态观光园。

建设内容：稻城县被评为"中国白马鸡之乡"，对白马鸡的生息繁衍起到很好的保护作用。以白马鸡为主题，开发白马鸡驯化、白马鸡文化讲解、散养家禽、珍禽展示、田园寻宝、产品加工等项目，建设百鸟园、寻宝乐园、野炊区、娱乐区等各具特色的功能区，并培育商品进入旅游高端市场，打造集"农业观光、旅游休闲、文化体验"于一体的生态观光园。

建设地点与规模：桑堆镇，计划占地50亩，在木拉乡生产商品。

（4）梦幻香巴拉花海项目。

建设内容：结合生态监测、防火巡检、园区科研、生产、生活、生态宣讲、育种、特色养殖等生态植被恢复功能要求，以花为背景，以雪山为依托，打造山水自然风光美丽、极具藏族特色的生态花海园区。园区包括洛克—香格里拉主体文化园、国际高山植物园、有机生态农业展示示范基地、高原原生芳香植物品种博览园、世界芳香植物品种博览园、高原藏区农业博览园、技术中心等部分，打造成为集"生态、农林产业、旅游"为一体的农业休闲旅游示范园。

建设地点与规模：色拉乡2 600亩、桑堆镇1 200亩。

（5）天浴养生温泉。

建设内容：依托茹布查卡温泉资源，结合贡巴山景区开发和藏乡田园风光，建设以天浴温泉和养生度假为核心，辅以农业观光、应季采摘、民俗体验和绿色生态农业旅游的生态农业养生度假综合体。

建设地点与规模：金珠镇茹布村，计划建设面积50亩。

（6）农耕文化体验园。

建设内容：以藏传农耕文化为主题，建设古法农耕体验、藏传农耕文化博物馆、民俗手工艺展示、应季果蔬采摘、创意农业等多个功能区，设立青少年教育基地，打造集农耕体验、趣味娱乐、科普教育为一体的生态休闲农业综合体。

建设地点与规模：香格里拉镇仁村，计划建设面积200亩。

（7）田园休闲山庄。

建设内容：充分利用自然生态良好的优势，开辟建造观光游览通道，种植苹果、核桃等果树，并在树下放养山地溜达鸡、野鸭、野兔等家禽。设置果园、野菜园、球场、闲情屋、烧烤场及拓展训练基地，开设无公害蔬菜采摘、自助烧烤等多种项目。同时，餐厅提供特色农家菜，为游客提供交通方便、风景优美、娱乐饮食功能齐全、设施完善的郊外休闲度假的好去处。

建设地点与规模：蒙自乡、巨龙乡、香格里拉镇仁村、俄牙同乡同顶村，建设4处田园休闲山庄。

（8）特色藏寨和民俗风情村。

建设内容：结合新农村建设，以特色藏寨和康巴民俗文化为休闲吸引物，开发古民居和古宅院游、民族村寨游、新村风貌游，建设民族风情广场、民俗手工艺传习所、民居民宅外部风貌整体改造等功能区，完善步道、指示牌、休憩亭、停车场、垃圾回收点等基础设施，打造一批具有康巴文化风情的藏式民俗村寨。

建设地点：重点建设只定村、仲堆村、仁村、卡斯村、同顶村等。

（9）休闲农业品牌创建。

建设内容：举办农业嘉年华，联合县域内大型休闲农业企业、农业科技园、采摘园、休闲养生农庄、旅行社共同打造稻城县的农业嘉年华。利用"互联网+"技术，推广移动互联网互动服务平台在休闲农业领域应用，尤其是微信服务平台，运用平台详细呈现稻城县休闲农业资源，同时向游客优先推送附近的农园并提供路线导航等功能。开发特色旅游商品，如藏香猪肉、青稞酒、高原葡萄酒、藏酒、亚丁高原矿泉水等特色农产品；阿西土陶、旋木、泥塑、藏毯、香品、传统藏纸、绘画雕刻、金银铜器、铁木家具、民族服装等一系列的手工艺品。

建设地点：全县。

（10）休闲农业基础设施建设。

建设内容：以桑堆村、茹布村、仲堆村、卡龙村、只定村、仁村、卡斯村、吉尔同村、同顶村、然央村等关键节点或重点村庄的休闲农业基础设施建设为重点，加强道路、水电、通信等基础设施建设，完善路标指示牌、停车场、游客接待中心、公共卫生间、垃圾污水无害化处理辅助设施。

建设地点：桑堆村、茹布村、仲堆村、卡龙村、只定村、仁村、卡斯村、吉尔同村、同顶村、然央村等重点村庄。

5.投资估算

规划计划投资48 750万元，其中，2017—2020年需要投资28 450万元，2021—2025年需要投资20 300万元。具体项目投资估算见表5-18。

表5-18　项目投资估算

（单位：万元）

序号	项目	2017—2020年	2021—2025年	合计
1	多彩观赏油菜花博览苑	450	—	450
2	现代草原生态观光体验牧场	200	300	500

（续表）

序号	项目	2017—2020年	2021—2025年	合计
3	桑堆白马鸡旅游生态观光园	1 000	1 000	2 000
4	梦幻香巴拉花海项目	10 000	—	10 000
5	天浴养生温泉	2 000	—	2 000
6	农耕文化体验园	2 000	1 000	3 000
7	田园休闲山庄	2 000	6 000	8 000
8	特色藏寨和民俗风情村	6 000	6 000	12 000
9	休闲农业品牌创建	800	1 000	1 800
10	休闲农业基础设施建设	4 000	5 000	9 000
	合计	28 450	20 300	48 750

6.投资效益估算

投资效益估算见表5-19。

表5-19 项目效益估算

（单位：万元/年）

序号	项目	2020年	2025年
1	多彩观赏油菜花博览苑	80	80
2	现代草原生态观光体验牧场	40	100
3	桑堆白马鸡旅游生态观光园	75	150
4	梦幻香巴拉花海项目	300	300
5	天浴养生温泉	150	150
6	农耕文化体验园	90	250
7	田园休闲山庄	60	350
8	特色藏寨和民俗风情村	250	500
9	休闲农业品牌创建	—	—
10	休闲农业基础设施建设	—	—
	合计	1 045	1 880

7.进度安排

项目进度安排见表5-20。

表5-20 进度安排

序号	项目	2017—2020年				2021—2025年				
		2017	2018	2019	2020	2021	2022	2023	2024	2025
1	多彩观赏油菜花博览苑	●	●	●	●					
2	现代草原生态观光体验牧场			●	●	●	●	●		
3	桑堆白马鸡旅游生态观光园			●	●	●	●	●		
4	梦幻香巴拉花海项目	●	●	●	●					
5	天浴养生温泉			●	●					
6	农耕文化体验园			●	●	●				
7	田园休闲山庄				●	●	●	●	●	●
8	特色藏寨和民俗风情村	●	●	●	●					
9	休闲农业品牌创建	●	●	●	●	●	●	●	●	●
10	休闲农业基础设施建设	●	●	●	●	●	●	●	●	●

(七)农特产品加工物流发展规划

1.建设目标

(1)总体目标。龙头加工企业数量和规模不断壮大,农产品加工技术和品质逐步提高,形成一批在四川藏区和全县具有竞争力的龙头企业和名牌产品;建立稳定的农户利益联结机制,农产品加工带动能力逐步增强;搭建起设施完善、层次清楚、管理科学的农产品物流体系,使稻城县成为康南地区重要的农产品加工物流基地。

(2)阶段目标。到2020年,初步建成现代农产品加工产业集群和农产品物流体系。州级以上农产品加工龙头企业2~3家。农产品加工业总产值达到3亿元,主要农产品加工转化率达到25%以上。

到2025年,基本建成现代农产品加工产业集群和农产品物流体系,农产品加工物流业成为稻城县经济发展的重要增长区。州级以上农产品加工龙头企业5~6家,农产品加工业总产值达到6亿元,主要农产品加工转化率达到35%以上,形成以青稞加工、特色畜禽加工等为主体的具有地方特色和民族特点的农业加工产业体系。

2.建设路径

立足特色优势农牧产业，以提高加工转化能力和就业增收为目标，大力发展农产品产地初加工、精深加工及仓储物流业，打造现代农产品加工物流基地，优化区域布局，延伸农产品产业链。外引内联，推广"公司+基地+农户"模式，着力完善企业与农民利益联结机制，培育龙头企业和合作经济组织，积极发展产地批发市场，完善农产品市场网络体系，增强市场信息和服务配套功能。

3.产业布局

农产品加工业布局在金珠镇茹布村，农产品物流园布局在桑堆镇，同时在金珠镇、香格里拉镇、吉呷乡建设一个物流配送中心。

4.建设项目

（1）稻城县农产品加工园。

建设内容：依托现有的产业基础及龙头企业，投入首批资金和土地进行开发，明晰功能分区，进行场地平整、道路、给排水管网、供配电设施、污水处理等基础设施建设，实现统一供能、统一供水、统一供电、统一污水处理、统一一站式服务等"五统一"功能。园区包括粮油加工区、畜产品加工区、果蔬加工区、中藏药材加工区、农产品仓储物流区和综合配套服务区6个功能区。吸引投资和企业进入，鼓励企业进行技术改造，提高工艺技术水平和产能，发展精深加工。

建设地点与规模：金珠镇茹布村，计划占地面积200亩。

（2）青稞加工项目。

建设内容：以青稞生产基地为依托，开发青稞加工制品，除用于传统的糌粑制作和青稞酒酿造外，还用于青稞米、青稞面粉、青稞麦片、青稞茶、青稞面包以及β-葡聚糖发酵制品等具有保健功能的食品和饮品的精深加工。

①青稞食品加工。按照GMP要求，建设生产车间、厂房，购置设备和技术升级改造，形成2 000吨高品质青稞食品加工能力。

②青稞酒类加工。新建青稞酒类生产加工龙头企业，年新增青稞转化5 000吨。

建设地点：农产品加工园。

（3）油菜加工项目。

建设内容：依托春油菜生产基地，引进一条年产200吨食用油的油菜籽压榨生产线。

建设地点：农产品加工园。

(4)马铃薯加工项目。

建设内容：重点发展马铃薯淀粉、马铃薯粉条粉丝，改扩建年产1 000吨的马铃薯淀粉或粉条生产线，配套建设污水处理设施。

建设地点：农产品加工园。

(5)辣椒加工项目。

建设内容：引进先进生产线，对辣椒进行综合深加工，主要产品有辣椒面、辣椒酱、辣椒油。

建设地点：各卡乡思子贡村。

(6)果品加工项目。

建设内容：依托苹果等现有果品，引进一条年加工果品2 000吨的果品深加工生产线及配套设施，主要产品有果脯、果酱、果汁。

建设地点：农产品加工园。

(7)食用菌加工项目。

建设内容：立足稻城县及周边丰厚的野生菌资源（松茸、牛肝菌、白菌等）和人工栽培食用菌，引进一条年加工500吨的食用菌生产线，进行食用菌烘干、冻干、腌制、提炼以及保健酒系列产品深加工等。

建设地点：农产品加工园。

(8)中藏药材加工项目。

建设内容：稻城县及周边具有丰富的天然野生中藏药材（虫草），人工栽培中藏药材也具有一定规模。引进一条年加工100吨的中藏药材加工生产线，进行中藏药材萃取和深加工，提升产品附加值。

建设地点：农产品加工园。

(9)肉制品及乳制品加工项目。

建设内容：针对区内消费，优先发展分割肉、冷鲜肉、包装肉加工；针对旅游消费人群，发展具有地方与民族特色的方便类、微波速食类、休闲食品类、熟食类产品；鼓励发展畜禽肉制品副产品加工，对畜禽脏器、骨、血等副产品，加强深加工开发。

①牦牛产品加工。重点发展牦牛肉干、肉松、卤制品、冷冻分割牦牛肉。

②牦牛奶加工。重点发展鲜奶、奶酪、酸奶、冰激凌等。

③藏香猪产品加工。重点发展屠宰分割肉冻制品、腊肉、酱肉。

④稻城飞鸡产品加工。重点发展鸡蛋、鲜肉。

建设地点：农产品加工园。

（10）桑堆农产品物流园区。

建设内容：以农副产品仓储、运输、交易为重点，建设成为集农副产品批发交易、电子网络平台、仓储、运输、配送于一体的区域性物流园区。园区包括电子商务中心、网上商城、生鲜分拨中心、普货仓储区、冷链仓储区、物流专线交易区、培训中心及相关配套设施。

建设地点与规模：桑堆镇，占地面积100亩。

（11）物流配送中心。

建设内容：建设贮藏库、活动冷库、专门的配送车、检测仪器及自动化物流管理系统等。

建设地点与规模：金珠镇、香格里拉镇、吉呷乡各建设一个物流配送中心，每个配送中心计划占地面积20亩。

5. 投资估算

规划计划投资30 000万元，其中，2017—2020年需要投资16 100万元，2021—2025年需要投资13 900万元。具体项目投资估算见表5-21。

表5-21　项目投资估算

（单位：万元）

序号	项目	2017—2020年	2021—2025年	合计
1	稻城县农产品加工园	10 000	—	10 000
2	青稞加工项目	850	1 150	2 000
3	油菜加工项目	400	600	1 000
4	马铃薯加工项目	400	600	1 000
5	辣椒加工项目	400	600	1 000
6	果品加工项目	850	1 150	2 000
7	食用菌加工项目	700	800	1 500
8	中藏药材加工项目	1 250	1 750	3 000
9	肉制品及乳制品加工项目	1 250	1 750	3 000
10	桑堆农产品物流园区	—	5 000	5 000
11	物流配送中心	—	500	500
	合计	16 100	13 900	30 000

6.投资效益估算

投资效益估算见表5-22。

表5-22 项目效益估算

(单位：万元/年)

序号	项目	2020年	2025年
1	稻城县农产品加工园	400	500
2	青稞加工项目	80	200
3	油菜加工项目	40	100
4	马铃薯加工项目	40	100
5	辣椒加工项目	40	100
6	果品加工项目	60	150
7	食用菌加工项目	60	150
8	中藏药材加工项目	80	200
9	肉制品及乳制品加工项目	120	300
10	桑堆农产品物流园区和物流配送	—	450
	合计	920	2 250

7.进度安排

进度安排见表5-23。

表5-23 进度安排

序号	项目	2017—2020年				2021—2025年				
		2017	2018	2019	2020	2021	2022	2023	2024	2025
1	稻城县农产品加工园		●	●	●					
2	青稞加工项目		●	●	●	●	●	●	●	●
3	油菜加工项目		●	●	●	●	●	●	●	●
4	马铃薯加工项目		●	●	●	●	●	●	●	●
5	辣椒加工项目		●	●	●	●	●	●	●	●
6	果品加工项目		●	●	●	●	●	●	●	●
7	食用菌加工项目		●	●	●	●	●	●	●	●
8	中藏药材加工项目		●	●	●	●	●	●	●	●

（续表）

序号	项目	2017—2020年				2021—2025年				
		2017	2018	2019	2020	2021	2022	2023	2024	2025
9	肉制品及乳制品加工项目	●	●	●	●	●	●	●	●	●
10	桑堆农产品物流园区					●	●	●		
11	物流配送中心				●	●	●			

六、农业体系建设

体系建设是稻城县农业发展的软环境，是农业现代化管理的硬杠杆，是稻城县现代特色生态农业建设的基础支撑和必要举措。县域范围内的农业发展需构建完善的管理体系、装备智慧农业与物联网技术，打造可持续发展体系、信息服务体系、技术服务体系、质量安全体系、品牌培育与市场推广体系五大体系平台。

（一）可持续发展体系

1. 高效节水农业建设

以节约用水和提高水资源利用效率为核心，因地制宜推广高效节水农业技术，着力推进"工程节水、农艺节水、管理节水"。加快种植制度调整，推广深耕深松扩容改土、抗旱良种、土壤保水剂等化学制剂，促进农艺节水。推行农业水价改革，组建农民管水用水协会，推进农业灌溉管理的统一管水用水模式，实现计划用水、科学管水，促进农艺节水。通过采取工程节水、农艺节水和管理节水措施，显著提高节水能力、降水利用率、用水效率，控制农业用水总量，领先于全州实现高效节水农业。到2020年，节水灌溉面积占农田灌溉面积比重为35%；到2025年，全县灌溉面积保证率达70%，其中，节水灌溉占比为40%。

（1）农业节水高效示范区。

建设内容：建设结合小型农田水利建设与田间节水工程，围绕解决干旱缺水、防洪防涝、水土保持、节约用水、生态保护等工作，加大小型农田水利工程配套改造，增加有效灌溉面积，包括渠道硬化、田间节水配备等内容。

建设地点与规模：在傍河乡、赤土乡、金珠镇、巨龙乡，建设1 000亩。

（2）灌区续建配套与节水改造项目。

建设内容：大中小型灌区农田水利建设，改造、修固防渗排灌沟渠、输水管道，新增（改善）灌溉面积2 000亩。

建设地点与规模：在香格里拉镇、俄牙同乡、吉呷乡、各卡乡、蒙自乡新增灌区总面积2 000亩。

（3）农田节水管理模式示范区。

建设内容：以灌溉水源、灌溉泵站、渠系等灌溉工程水文边界、行政村组为灌溉单元，组建农民管水用水协会，大力推进农业灌溉管理的统一管水用水模式，实现有计划蓄水、科学管水、节约用水。

建设地点：金珠镇、香格里拉镇、俄牙同乡、吉呷乡。

2. 化肥、农药减量化建设

严格执行农业部《到2020年化肥使用量零增长行动方案》和《到2020年农药使用量零增长行动方案》，大力推进化肥减量提效、农药减量控害，探索产出高效、产品安全、资源节约、环境友好的现代农业发展之路。

实施化肥、农药零增长行动，初步建立资源节约型、环境友好型的科学施肥管理技术体系和病虫害可持续治理技术体系，到2020年，推广测土配方施肥次数为1.5万次，主要农作物农药利用率提高到37%；到2025年，施肥次数为1.8万次，农药利用率提高到40%。

测土配方施肥工程。建设内容：在全县各乡镇推广应用测土配方施肥，加大测土配方施肥推广力度，建设土壤质量监测体系，配备相应监测设备，抓好取土化验、田间试验等基础性工作。加强测土配方施肥综合示范区建设，支持专业化、社会化配方施肥服务组织发展，引导农民平衡施肥、增施有机肥。

建设地点：全县各乡镇。

3. 农业废弃物利用建设

以减少畜禽养殖污染排放，提高粪污资源化利用为目标，坚持"农牧结合、资源利用、防治结合、分类治理"的基本原则，因地制宜开展种养一体化、三改两分再利用、养殖污水深度处理和畜禽养殖密集区废弃物集中处理等示范工程建设。推广应用厚度不低于0.01毫米地膜，加强监管，严格限制使用超薄地膜。加快废旧地膜回收技术装备推广应用，鼓励和奖励农民回收利用农用地膜。

按照"减量化、无害化、资源化"的原则，采用过程控制与末端治理相结合的方式，切实推进畜禽粪便无害化处理与资源化利用工作，打造全州领先的养殖污染治理示范样板。地膜市场监管不断加强，地膜回收利用机制不断完善，地膜回收利用水平不断提高。到2020年，全面完成禁养区、限养区计划，畜禽规模化养殖场配套建设废弃物处理设施比例达60%以上，废旧农膜回收率提高到70%；到2025年，废弃物处理设施比例达到80%，农膜回收率达到80%。

（1）畜禽粪污综合治理。

建设内容：重点推广种养一体化、三改两分再利用或养殖污水深度处理模式，重点进行畜禽舍改造，建设堆粪池、氧化池（塘）、灌溉管（渠）道、沼气工程、消纳（处理）肥水的牧草基地等资源化利用设施，推广循环生态养殖模式。

建设地点：重点进行畜禽舍改造、畜粪便收集处理系统等资源化综合利用设施，建设粪污集中处理利用工程2处，即吉呷乡、木拉乡。

（2）玉米农膜回收循环利用工程。

建设内容：引导农民采用厚度0.01毫米以上地膜，建设地膜高效利用示范区2处，废旧地膜回收网点1个。

建设地点与规模：在俄牙同乡、吉呷乡建设面积为500亩。

4. 高效生态循环农业建设

摒弃传统的拼资源、拼消耗的农业发展方式，坚持市场导向，尊重自然规律，按照"资源—农产品—农业废弃物—再生资源"的反馈流程组织农业生产，着力优化种养业结构，根据资源承载力和农业废弃物消纳半径，合理布局规模化养殖场。发挥农民专业合作社在循环农业中的作用，鼓励种植业、畜禽养殖和水产养殖农户之间的合作，支持种养加结合型综合体发展。到2025年，农业种养结构进一步优化，种养业耦合及农产品副产品利用水平进一步提升，形成一批高效生态种养加循环利用模式。

（1）种养结合循环农业示范区。

建设内容：选取具有一定实力的龙头企业、农民合作社、家庭农场、种养大户等新型经营主体，开展区域生态循环农业示范项目，建设种养结合农田消纳基地及畜禽养殖废弃物处理、秸秆综合利用等设施。因地制宜地探索实施"猪—沼—果、粮、菜""林—草—鸡"等高效生态种养模式。

建设地点与规模：单个生态循环农业基地达500亩，金珠镇、香格里拉镇。

（2）农副产品综合利用示范区

建设内容：充分利用现代生物、膜分离、超界萃取等技术，引导各类农业生产实体对加工副产物和农林剩余物"吃干榨尽"，对终极废弃物进行无害化处理开展稻壳米糠、外果及皮渣、畜禽骨血等农产品加工副产品综合利用技术工程示范，重点引进农副产品加工处理设备，配套建设农副产品加工厂房等基础设施。

建设地点与规模：金珠镇茹布村加工园区，示范区占地为100亩。

（二）信息服务体系

发展"稻城智慧农业"，建立信息管理与农业生产之间的信息有序流动和高效传输的管控系统。通过引进、培养等手段增加农业信息技术人才，提高农业生产者的信息管理能力，构筑农业经济发展的智力支持基础，使得信息资源成为引领、支撑农业经济发展的重要动力，降低农业生产领域的资源物质浪费、生产污染、市场不确定性损失，促进农业增长方式的转变，提高农业生产效率、农产品市场竞争力与农牧民脱贫致富能力。到2020年，初步建成领先全州的稻城农业生产监测控制平台和智能控制系统；到2025年，农业综合信息化服务基本覆盖全部乡镇。

1. 农业信息化建设项目

建设内容：完善稻城县农业信息网站，建设稻城县农业应急指挥调度中心。加强平台建设，完善农产品质量安全追溯信息化平台、农业投入品信息化监管平台和种养业信息化、自动化、网络化管理平台建设，搭建服务于农业信息监测、农业政策推广、防灾减灾、远程教育等农业综合信息化平台，将互联网、电话网、无线通信网三网合一，集成农业互联网数据网络中心服务、呼叫中心技术和无线短彩信等，提高现代农业服务水平。

建设地点：金珠镇。

2. 农业电子商务平台建设

建设内容：重点推进农畜产品电子商务综合平台，创建农产品网上产销对接直销模式，从农业内部拓展增收空间。鼓励农村开展农业电子商务实践，改造提升传统农村市场服务业。创建农产品网上农博会平台促销模式，组织农业企业、农民专业合作社和种养大户等经济主体，通过农业信息网络平台，开展网上宣传和网上摆摊促销，发展网络广告业务，扩大全市农产品网上影响力和知名度。

建设地点：金珠镇建立农畜产品电子商务综合平台，其余各乡镇建设电子商务站和配送点1个。

（三）技术服务体系

技术服务体系是一套公共服务平台，为农业发展提供规范与技术装备，通过构建技术服务体系可以改善农业生产方式，标准化农民培训方式，以新品种、新技术装备现代农业，以节能、节水、节肥、节药与循环农业平衡农业生产与生态环境，为农业可持续发展提供技术保障。围绕主导产业发展，不断扩充完善新型农民培训内容，提高现代农业生产从业人员和农业服务体系从业人员的能力素质，妥善利用网络优势链接中国农业科学院、四川农业大学、四川省农业科学院等智力聚集资源，针对稻城县现代特色生态农业发展配套节约、快速发展的科技服务，到2020年，稻城县农业科技进步贡献率达到45%，累计培育新型职业农民2 000人；到2025年，稻城县农业科技进步贡献率达到50%，开展农业技术培训4 000人次。

1. 农业技术服务体系建设

建设内容：建立一种新型、协作型、以市场为导向的农业科技推广服务体系，探索更高效的运营机制，使农业新资讯、新技术、新成果、新产品能够直接、快速、低价地传递到稻城县各基层村落。体系建设是以科技为支柱，资金、物资等为配套，促进农村经济组织加速形成的过程。在实际操作中，通过增加人才梯队、增加工作编制、保障服务经费等工作内容，兴建农业技术服务中心。

建设地点：金珠镇。

2. 农民生产能力培训建设

建设内容：采取认真遴选培育对象、完善教育培训制度、加强培训条件和能力建设、创新培训方式方法、跟踪人才发展等，购置培训相关设备与资料，大力开展生产经营型农民培训工作，培育现代农业新型经营主体，推进农民从身份型向职业型转变，切实提升农民农业生产技能。通过技能培训，力争全县90%的家庭都拥有一人在县内就业的能力，服务精准扶贫工程。

建设地点：全县各乡镇与农业龙头企业。

（四）质量安全体系

农业质量安全体系是现代农业发展最重要的保障体系之一，也是未来稻城县农业软实力的重要表现。不断完善质量安全的检测机制，有利于提高农产品质量，提升市场竞争力与涉农企业、合作社、农户的收益水平，符合稻城县农产品走中、高端发展路线的客观需求。

农业生产、加工过程中全方位的监督与检测是智慧农业的核心表现，稻城县现代特色生态农业质量安全体系包括环境监测、生产资料检测、产品质量检测、产品产地认证与质量检测管理评估五大方面。在智慧农业理念、物联网技术、传感器技术与各类检测技术的基础上，充分借鉴农牧产品质量管理的各级标准体系（ISO 14000、

ISO 2000等），并将质量安全的监督与检测制定标准化运行办法，将整个操作工作与质量结果向全社会、目标消费群体公布，推动稻城县农业中、高端产品的形成。到2020年，特色农产品抽样合格率达到98%，无公害农产品、绿色食品和有机食品数量大幅增长，有效期内"两品"认证农产品数量达到30个。到2025年，农产品溯源合格率达到100%，有效期内"两品"认证数达到40个。

1. 农产品质量安全体系建设

建设内容：建设5个乡镇农畜产品质量安全检测中心，1个县级农产品质量检验检测中心，完善农畜产品质量检测设施。

建设地点：俄牙同乡、吉呷乡、金珠镇、香格里拉镇、桑堆镇。

2. 农产品质量追溯信息化示范区

建设内容：购置信息系统建设与关键设备配置，综合应用农产品电子标签及条码标志技术、信息采集与传输技术、移动数据采集技术与可靠传输技术，进行农产品质量追溯网络信息化操作示范。

建设地点与规模：在金珠镇建设县级质量安全监管与质量追溯信息化系统1套。

（五）品牌培育与市场推广体系

按照"培育塑造、营销推介、监管保护"的发展路径，支持各乡镇大力发展优势产业和特色农业，以农业产业化和"圣洁亚丁"品牌的打造为契机，借助各类农博会、农展会平台，加快稻城县农业品牌和市场推广体系的建设。到2020年，大力推进品牌建设，地理标志认证，发展农产品深精加工企业，建成州级以上龙头企业5个，"中国驰名商标"达到2个；到2025年，建成州级以上龙头企业10个，"中国驰名商标"达到5个，力争创建领先全州的现代化农产品营销体系。

1. "圣洁亚丁"区域公共品牌建设项目

建设内容：大力打造"圣洁亚丁"的品牌效应，不断提升其社会影响力，积极培育相关区域公共品牌，创建一批优质、拥有选择梯度、符合"两品"标准、适应市场需求的农产品品牌。充分利用网络信息平台等现代媒介，实施品牌营销战略，推进"圣洁亚丁"相关产品在满足游客消费的基础上，进入更高级别的消费市场。

建设地点：稻城县。

2. 名优特色品牌塑造项目

建设内容：大力引导企业申报国家、省级龙头企业、驰名商标、有机食品认证；

对"两品一标"认证制定奖励制度,加快"两品一标"认证流程,推进"两品一标"认证基地集群发展;开展藏香猪、稻城飞鸡、中蜂蜂蜜、稻城冷水鱼、中藏药、藏区水果等特色农产品的品牌整合工作,拓展"一个特色产业一个品牌"的发展思路,重点扶持现有的龙头企业与具有潜力的农业新型经营主体。

建设地点:稻城县。

3.品牌推广项目

建设内容:品牌营销有助于传递品牌信息,提升品牌知名度,增强顾客购买意愿,提升品牌价值。加强农业品牌建设规划引导,搭建农业品牌宣传推介平台。与淘宝、京东、1号店等目前流行的大型电子商务企业联合,推出"稻城农业精品展";组织参加与品牌相关的国内外大型农业展览展示活动,如农产品交易会、博览会等产销对接活动;借助现有的直播平台,发展个体农户的产品宣传,从内部拓展增收空间。

建设地点:稻城县。

(六)投资估算

农业体系建设投资估算见表5-24。

表5-24 农业体系建设投资估算

(单位:万元)

序号	体系名称	2017—2020年	2021—2025年	合计
1	可持续发展体系	3 000	1 400	4 400
2	信息服务体系	500	1 500	2 000
3	技术服务体系	1 200	300	1 500
4	质量安全体系	300	800	1 100
5	品牌培育与市场推广体系	2 100	1 200	3 300
	合计	7 100	5 200	12 300

(七)任务阶段安排

农业体系建设是农业发展中的管理模式与软环境,由于现实条件制约,应坚持政府对体系建设的统一安排与分步完成原则(表5-25),需要各级政府与涉农实体的密切配合、分工合作,使其可以有序推进,助力稻城县农业发展。

表5-25　体系建设任务安排

体系名称	2017—2020年				2021—2025年				
	2017	2018	2019	2020	2021	2022	2023	2024	2025
可持续发展体系	●	●	●	●	●	●	●	●	●
信息服务体系			●	●	●	●	●	●	●
技术服务体系	●	●	●		●	●	●	●	●
质量安全体系			●	●	●	●	●	●	●
品牌培育与市场推广体系	●	●	●	●	●	●	●	●	●

七、投资估算与效益分析

（一）投资估算

稻城县特色农牧产业建设投资总需求137 841万元，其中，2017—2020年需要投资73 108万元，2021—2025年需要投资64 733万元，投资估算见表5-26。

表5-26　产业总投资

（单位：万元）

序号	产业	2017—2020年	2021—2025年	总计
1	种植业	4 650	2 650	7 300
2	养殖业	5 310	4 820	10 130
3	水果	1 260	1 916	3 176
4	核桃	6 678	11 062	17 740
5	中藏药材	2 680	3 820	6 500
6	食用菌	880	1 065	1 945
7	休闲农业	28 450	20 300	48 750
8	加工业	16 100	13 900	30 000
9	体系建设	7 100	5 200	12 300
	合计	73 108	64 733	137 841

(二)效益分析

1. 经济效益

预计到2020年稻城县各产业经济效益达到26 793万元，2025年达到40 550万元，经济效益估算见表5-27。

表5-27　项目效益分析

（单位：万元）

序号	产业	2017—2020年	2021—2025年
1	种植业	8 700	11 800
2	养殖业	5 300	9 100
3	水果	240	400
4	核桃	300	800
5	中藏药材	10 000	10 000
6	食用菌	288	720
7	休闲农业	1 045	1 880
8	加工业	920	2 250
	合计	26 793	40 550

2. 社会效益

（1）保障农产品供给。规划的实施，有利于农牧产业的合理布局、优化资源配置和调整种养结构，有利于充分发挥资源优势、推广科学种养、农户培训。同时提高农业生产技术水平、产品产量、质量，实现农牧民增产增收。农业灌溉等农业生产基础设施也将得到极大改善，这为农产品的供给提供了保障。

（2）推动稻城县农业生产方式由传统向现代转变。稻城县农业现代化进程相对滞后，目前大部分农业生产仍属于靠天吃饭的传统农业，生产方式落后，导致产品产量低、质量差，缺少比较优势，农业生产经济效益极低，制约了农牧产业发展。规划的实施，一是推动农牧产业的合理布局、优化种植结构和推广农业机械化，促进产业规模化。二是开展生产方式及生产技术的培训，提高农民种养方式的科学性。三是完善农业生产基础设施，如农田水利设施、集约化养殖基地及现代化的农牧产品加工方式，有效提升农业生产效率，提高产品附加值。这些都能极大地推动稻城县农业生产方式向现代农业转变。

(3)拓宽农民就业渠道，促进农业增产增收。规划的实施，一是促进农业现代化、产业化的实现，有效提高农产品产量。二是延伸产业链，通过农产品包装、加工和农旅融合，有效提高产品附加值，提高经济效益，带动农民增收。三是创造更多的就业机会。规划为促进农业增产增收、拓宽农民就业渠道提供了基础。

3.生态效益

稻城县地处青藏高原东南部，生态环境脆弱，生态环境抵抗性差，恢复能力弱，一旦破坏短时间内难以恢复。规划实施产生良好的生态效益。一是充分提升有限的资源利用效率，避免资源的过度开发和浪费。二是有效控制农业面源污染，减少畜牧生产造成的污染。三是合理的农业布局能有效地保护当地生态系统。

八、保障措施

（一）组织管理

1.成立建设领导小组

成立由县委、县政府主要领导牵头，各部门参与的稻城县农业规划实施工作领导小组。明确实施规划目标、指标、任务、措施和建设内容的要求，明晰各岗位权利与职责，切实发挥组织领导和协调管理作用，并在规划实施时做好监督等保障工作，保证项目顺利进行。

2.完善协调联动机制

规划的实施涉及县财政局、国土、环保、林业、农委、发改委、水利局等诸多部门，需要构建各部门实行横向协调、纵向联动的工作机制，设立联席会议制度、组建规划项目推进小组，定期召开会议确保项目按时按质推进。联席会议办公室负责研究制定详细的规划工作推进日程，协调参与单位职责、权限、任务等，防止各自为战、分工不清、资源浪费等情况发生。

3.严格责任与考核机制

围绕规划进程与目标，制定严格的工作考核评价体系，建立目标责任制度，将规划实施考核与干部选拔任用挂钩，构建追责机制，责任到人。

（二）运行机制

1.推动产业化运作

培育对本土产品熟悉且感情深厚的龙头企业，通过政策补贴等手段厚植产业基础，培育主导产业，优化产业结构，联动三产发展。通过贷款免息减税等政策积极引进外商及非本土企业入驻稻城县，助力农业发展。财政安排专项资金扶持依法登记、规范运作从事种植、藏畜养殖、手工纺织、藏药采摘等领域的农民专业合作社的发展，并鼓励在相关领域的农村能人和农技人员组建新型农民专业合作社，鼓励推行农牧产品加工企业发展"企业+合作社+农户""企业+基地+农户"的模式，推动产业化进程。

2. 建立利益共享机制与风险防范机制

农户、农民合作社、养殖大户与龙头企业建立稳定的供销关系，依法签订农产品购销合同，建立稳定的利益共享机制。支持龙头企业为生产主体提供贷款担保、保险担保等，鼓励农户出资建立股份合作社进入二三产业。制定符合稻城县小麦、青稞、玉米等作物种植特点的农作物保险政策，进一步保障农业保险担保政策的实施，通过补贴等措施提高极端天气应对能力，降低自然灾害以及疾病对农业造成的影响。

3. 推动农村电子商务的发展

农村电子商务具有投资少、见效快、市场广阔的特点，是"互联网+"在农村物流中的具体应用。通过集约化管理、市场化运作、跨区域跨行业联合，构筑紧凑而有序的商业联合体，降低农村商业成本，扩大农村商业领域，鼓励农村电子商务平台的发展，切实解决稻城县特色农产品销售问题，带动农牧产品生产、加工与销售，让农牧民成为电子商务平台的获利者。

4. 加强市场与品牌推广

稻城县因亚丁在国内家喻户晓。充分利用稻城亚丁旅游品牌，通过报纸、网络、电视以及自媒体等形式宣传稻城县特色农业产品，建立稻城县农牧产品品牌，积极做好市场营销工作。组织开展农产品展览会、农业嘉年华、农业文化节等活动，吸引更多人士前来线下体验稻城县特色农牧产品。在招商引资时，做好农牧产品的宣传工作，提高投资商的认知度和接受度，吸引更多资源与资本，不断提高稻城县特色农牧产品的知名度和市场竞争力。

（三）投资保障

1. 加大投入力度

逐步建立稻城县现代农业财政稳步增长机制，加大财政支农力度。落实好国家、四川省对藏区实施特殊的财政、税收、投资、金融等政策。积极申报中央和省财政支农资金。制定强农惠农政策，加大对设施农业、优良品种、生态保护等薄弱环节的补贴。充分发挥财政资金对市场的导向作用，采取以奖代补、先建后补、财政贴息等办法，通过政府和社会资本合作，扶贫贴息贷款、小额贷款等多渠道加大投资力度。

2. 强化资金整合

整合来源分散、用途重叠的惠农资金，在不改变原来资金用途的情况下，集中力量推动规划的实施。项目推动过程中，做好规划，按照统一进程进行投资建设，提高资金的使用效率。

3. 拓宽融资渠道

制定相关政策优化投资环境，加大对外吸引资金，积极吸引金融资本、工商资本、社会民间资本和外商资本投向稻城农业。通过PPP、给投资农业企业减税等方式，鼓励更多社会人士、资本参与稻城县规划实施，为农业发展注入资金活力。

（四）科技保障

1. 推进农业科技创新与推广运用

积极引进与消化国内外先进农业技术、先进生物技术、高新能源技术、工程技术与信息技术等高新技术，加强牦牛、藏香猪品种选育，强化中藏药材驯化繁育、标准化养殖基地建设，提升稻城县农业中的农业科技贡献率。

2. 强化"院—地、校—地"合作

与中国农业科学院、四川省农业科学院、西南大学、四川农业大学等相关的农业科研单位、大专院校以及企业等建立合作平台，开展特色项目的推广、展示与成果转化等工作，弥补稻城县农业缺乏技术创新、缺少高技术人才等农业发展劣势。充分发挥相关科研院所在玉米、藏中药、水果、高原蔬菜种植和畜牧育种优势，加强合作，推动稻城县农业快速发展。

3. 培育新型职业农民与现代农业企业家

开展农民职业技术培训，以农业实用技术培训工作为重点，包括生产工具、先进的农业技术等，引导农民自愿参与培训。培育职业农民市场意识，让其成为懂经营、会管理、知市场、有技术的新型职业农民。利用稻城县雄厚的旅游资源优势，结合多种方式吸引国内外优秀农业技术人才来稻城县参与农业现代化的推进。培育与引入有远见、有能力、有责任的现代农业企业家，在政府引导下作为市场主体带头人、产业升级带头人，为稻城县农业转型升级增添新动能。

（五）环境保障

1. 保护水土资源

稻城县位于青藏高原东南侧，要严守生态保护红线，加强草原保护建设，其农业发展是以保护水土资源、维护生态平衡为前提，实施最严格的耕地保护制度、水资源管理制度和环境保护制度。

2. 推广生态循环农业

生态循环农业不单纯地着眼于经济效益，而是追求经济效益、社会效益、生态效益的高度统一，使整个农业生产步入可持续发展的良性循环轨道。在稻城县域内，推广节水、节地、节肥等资源节约型技术，对畜牧业产生的粪便进行综合处理与回收利用，建立病死畜禽无害化处理体系，建立农畜废弃物的无公害处理体系，形成"资源—产品—废弃物—再生资源"的循环农业生产方式。

3. 注重环境保护

在项目实施全过程与环保部门保持协作沟通，按规定对涉农基础设施、生产加工基地建设产生的噪声、废水以及废弃物采取合理处理措施，确保对环境影响降低到最低，助力稻城县生态文明建设。

第六章　加快园区建设　开辟精准扶贫新路径
——盐源县现代农业产业园规划

现代农业产业园是推进乡村振兴的重要抓手，高质量推进现代农业产业园建设，为全面建成小康社会、实现乡村全面振兴提供有力支撑。本章在分析四川省盐源县现代产业园规划背景的基础上，对盐源县现代农业产业园园区建设条件进行了分析，提出了园区的发展思路与目标，对园区进行了功能分区和总体布局，对各个功能区进行了具体规划，对园区基础设施和环境保护进行规划，进行了投资概算和效益分析，提出了运营保障措施。该规划为贫困地区通过现代产业园建设，开辟精准扶贫新路径提供了生动的范例。

一、现代农业产业园规划背景

（一）各级政府高度重视现代农业产业园创建工作

当前，我国农业已进入传统农业向现代农业转变的关键阶段，在经济发展速度放缓、动力转换的背景下，部分农产品结构性失衡，农业发展方式粗放，农业竞争力不强，农民持续增收难度加大的问题日益凸显。中共中央、国务院先后出台了《关于实施乡村振兴战略的意见》《关于深入推进农业供给侧结构性改革加快培育农业农村发展新动能的若干意见》《关于推进农村一二三产业融合发展的指导意见》等加快农业农村发展的方针政策，对农业农村工作提出了更高的要求。

现代农业产业园作为我国现代农业发展阶段的产物，是优化农业产业结构、促进三产深度融合的重要载体。农业农村部、财政部发出《关于开展2018年国家现代农业产业园创建工作的通知》，明确了要以推进农业供给侧结构性改革为主线，综合考虑农业资源禀赋、特色产业发展、一二三产业融合、带动农民增收机制等因素，统筹推进国家现代农业产业园建设。根据中央农村工作会议、2019年中央一号文件关于推进现代农业产业园建设的部署要求，农业农村部、财政部决定2019年继续开展国家现代农业产业园创建工作，农业农村部和财政部建立推进协调机制，优先在符合条件的贫困县、重要农产品生产保护区、特色农产品优势区、国家现代农业示范区支持国家现代农业产业园创建。

中共四川省委高度重视现代农业产业园的创建工作，省财政厅、农业农村厅专门下达了深度贫困县省级财政乡村振兴奖补资金支持现代农业产业园建设的通知，并明确了从2017—2022年，四川全省将建设1 000个省、市、县三级现代农业产业融合示范园区，积极创建一批国家现代农业产业园。省财政安排2.8亿元专项资金用于扶持现代农业示范园建设，建设生产加工+科技的现代农业产业园，打造国家、省、市级现代农业产业园。盐源县作为以苹果为优势特色农产品的贫困县，更要全面贯彻落实党的方针政策，牢牢把握国家现代农业的发展方向，紧紧抓住国家强农惠农的政策利好，倾力打造省级乃至国家级现代农业产业园。

（二）现代农业产业园带动区域优势特色农业高质量发展

四川省农业发展"十三五"规划纲要明确指出，要加快发展优势特色农业，加快转变农业发展方式，发展多种形式适度规模经营，推动种养加一体、一二三产业融合发展，构建现代农业产业体系、生产体系、经营体系；优化特色农业区域布局，加快现代农业（林业、畜牧业）重点县建设，支持高原农业发展，打造优势特色农业产业带和现代农业示范区；加快建设特色水果、蔬菜等集中发展区，积极发展农产品精深加工，加快建设农产品深加工基地；延展农业功能，积极发展休闲观光农业等新业态。2017年6月，农业部部长韩长赋在凉山州调研时强调，要强化全产业链延伸和辐射，探索创新边远山区、贫困地区优势特色农业发展模式。盐源县具有得天独厚的生态环境资源，优势特色产业突出，具有创建现代农业产业园的有利条件。要以推进农业供给侧结构性改革为主线，围绕苹果优势特色产业，聚力建设规模化种植基地为依托、产业化龙头企业带动、现代生产要素聚集、"生产+加工+科技"的现代农业产业集群，创新农民增收利益联结机制，加快农业生产方式转变，优化农业产业结构，促进一二三产业融合发展，培育农业农村经济发展新动能。现代农业产业园的建设对推动区域现代农业高质量发展，加快发展盐源县优势特色产业具有重要意义，也是中共四川省委、省政府对盐源县发展现代农业提出的新要求。

（三）现代农业产业园助力脱贫攻坚和乡村振兴

"三区三州"在全国脱贫攻坚大局中有特殊重要地位。2018年2月，习近平总书记于春节前夕亲临凉山州考察调研脱贫攻坚进展情况，强度要"聚焦深贫地区，扎实把脱贫攻坚战推向前进"。2020年是打赢脱贫攻坚战的全面收官之年，中央一号文件将坚决打赢脱贫攻坚战作为首要任务，四川省将巩固脱贫成果、防止返贫作为脱贫攻坚的重头戏，资金、项目、政策将进一步聚焦凉山州深度贫困地区。中共泸州市委、市政府落实深化四川省内对口帮扶工作精神，2016年启动对口支援藏区贫困县，扶贫协作彝区贫困县工作，确保藏区彝区深度贫困县与全国全省同步全面建成小康社会。盐源县作为泸州市对口帮扶的重点地区，属于凉山彝族自治州深度贫困县之一，当前正处于脱贫攻坚决胜期和乡村振兴启动期的交汇阶段，处在快速脱贫和产业转型的困境中，脱贫难度较大，产业转型任务重，现代农业发展仍存在区域主导产业发展势头不明显、特色产业发展优势不突出、基础设施建设投入不足、公共服务配套不完善、人居环境亟待改善等问题。必须结合全县农业农村发展的实际，倾力推进现代农业产业园创建，不断增强责任感、使命感和紧迫感，突出重点、明确目标，以促进农民持续增收、农业持续增效为核心，以提升果品质量、增强市场竞争力为目标，深入实施"龙头牵引、基地示范、科技支撑、品牌带动"农业产业化发展战略，适度扩大种植规模，着力优化苹果品种，推进标准化生产，深入实施品牌创建，培育壮大龙头企业，健全市场营销网络，加大果品商品化处理、保鲜贮藏设施以及深加工能力建设，着力延长产业链，努力实现盐源县苹果产业"提质增效"。进而壮大特色产业发展，促进一二三产业融合，带动农民增收，实现快速脱贫摘帽致富，助力乡村振兴。

二、园区建设条件分析

（一）规划范围

园区规划范围（图6-1）包括盐源县中部平坝地区的下海乡、梅雨镇、双河乡、卫城镇以及盐井镇蔡家坪村、鱼脊梁村、盐河村，规划占地总面积约820平方千米。

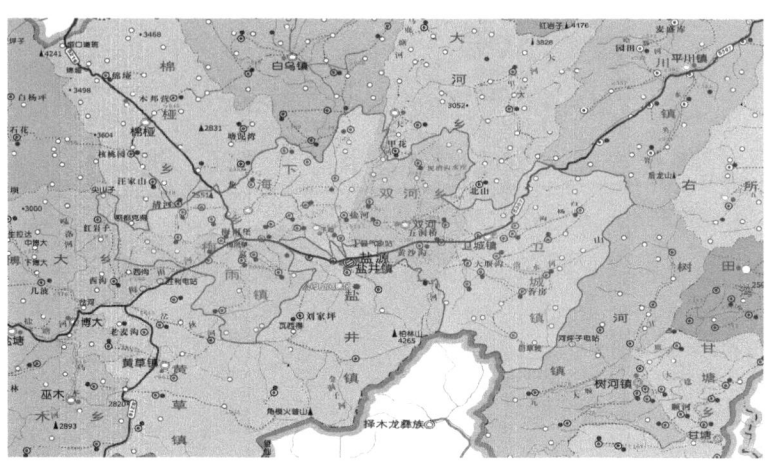

图6-1 园区规划范围

（二）区位交通条件

盐源县位于四川省凉山彝族自治州西南部，青藏高原东南缘，雅砻江下游西岸。东隔雅砻江与西昌市、德昌县、米易县相望，南接盐边县，西和云南省宁蒗县接壤，北与木里县、冕宁县毗邻。盐源县交通主要以公路为主，国道G348、国道G227贯穿县域境内，通过雅攀高速公路，可融入成都、昆明8小时经济圈，穿境而过的西香高速（G7611）也正在稳步建设。西昌青山机场、攀枝花机场、丽江机场、泸沽湖机场距县城均在200千米范围内，可直达北京、广州、成都、昆明、攀枝花等全国大中城市（图6-2）。

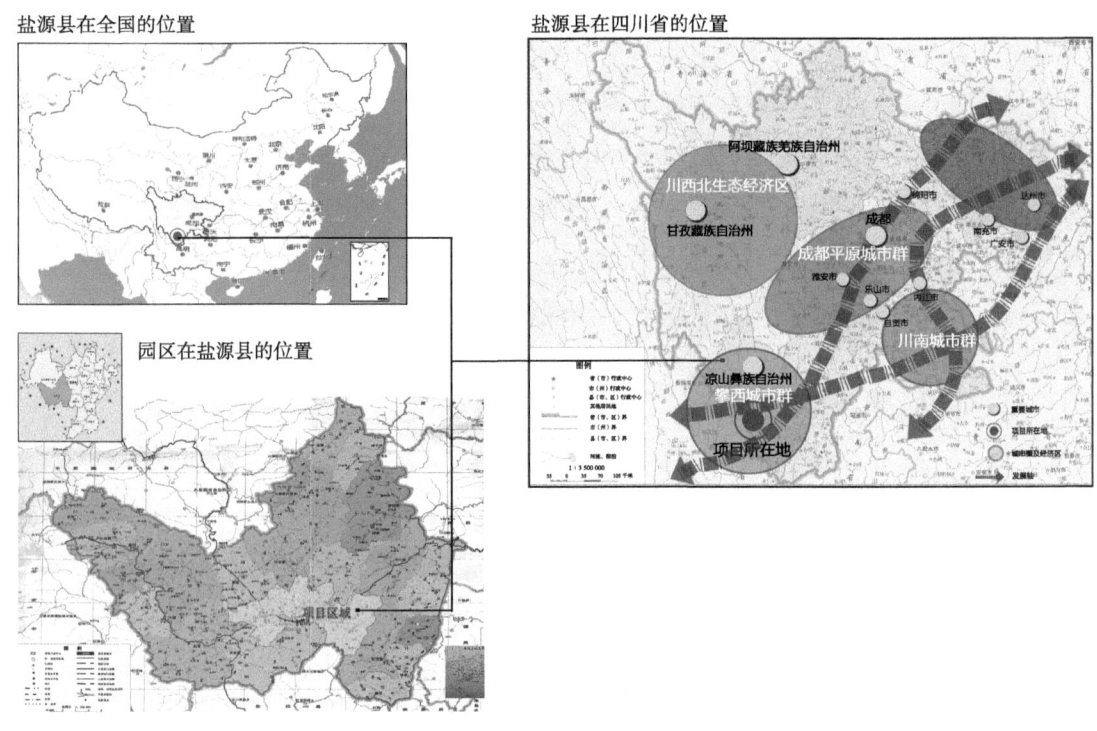

图6-2 区位分析示意图

盐源县农业现代产业园位于盐源县中部平坝区，规划中的西香高速公路（G7611）、国道G348、国道G227分别从园区北部、中部、南侧穿过，构成园区3条对外交通网络，可基本满足园区生产生活需求。

（三）自然资源条件

1. 气候条件

园区所在区域属盆地暖温带区，气候四季分明，年温差小，日温差大，由于受高空西风环流的南支流和印度洋气流所控制，冬无严寒，夏无酷暑，全年无霜期201天，年均气温12.7℃，最高温度30.7℃，最低温度零下11.3℃。年均降水量744毫米，降水量小，蒸发量大，且夜间降雨占70%，空气相对湿度60%。年日照时数2 600余小时。冬春干旱，干湿季分明，夏秋雨量集中，雨热同季，日照充足，适宜多种农作物生长。

2. 地形地貌

盐源县地形复杂，总体特征是山高、坡陡、谷深、盆地居中。盐源县四周均为重峦叠嶂，沟壑纵横的高山地区，山地面积占全县总面积的85%，海拔2 800～4 000米。农耕地多分布在中山和山间洼地。园区所在区域位于县城中部，为断陷盆地（包括盆地北缘中山部分），占全县总面积的15%，海拔2 200～2 700米，地势平缓，土层深厚，垦殖历史悠久，是盐源县重要的农业产区，适宜农业产业大规模开发。

3. 土壤条件

盐源县土壤主要有水稻土、潮土、紫色土、红壤、黄棕壤、棕壤、暗紫壤、亚高山草甸土、沼泽土、红色石灰岩土和黑色石灰岩土。园区所在平坝区由发育完整的四级河流阶地和大型洪积扇、冰水扇构成，土壤主要为老冲积红棕、山地红壤及紫色土，土层深厚、酸碱适中，pH值在5.7～7.0。土壤养分含量较丰富，有机质含量均在2.1%以上，适宜多种林木、牧草和农作物生长。

4. 水资源条件

盐源县域内主要河流有盐源河、小金河、平川河、树瓦河，均汇入雅砻江，雅砻江由北急转向东，形成与木里县、西昌市、德昌县、米易县天然界线。地处县境西北角的泸沽湖，为典型的高原断陷湖泊，与云南省宁蒗县共辖，湖面海拔2 685米，湖水面积50.8平方千米。盐源县水资源比较丰富，多年平均径流总量113.07亿立方米，但时空分布不均衡，存在区域性缺水和季节性缺水问题，主要表现为夏季（6—9月）多，春季少，夏季绝大多数水量以洪水的形式流走，不利于水资源利用；山区多，盆地少，水资源地域分布与人口耕地、经济发展布局不相适应。

（四）社会经济发展条件

1. 盐源县社会经济发展情况

盐源县辖30个乡（镇），269个村（社区），1 899个村民小组。2017年末常住户数10.24万户，户籍人口38.53万人，其中，劳动力人口（18～60岁）占比60.77%。县内有彝、汉、蒙古、藏、回等14个民族，少数民族人口占总人口的61.99%，是典型的多民族山区县。盐源县是国家级深度贫困县，现有贫困村122个，贫困户14 925户，贫困人口66 341人。按照中央、省委、州委扶贫攻坚战部署，2019年底全县实现脱贫摘帽目标。

2018年，盐源县全年实现地区生产总值90.01亿元，增速6.1%，总量列凉山州第五位；农村居民人均可支配收入12 054元，增长11.03%，略低于凉山州平均水平，列全州第七位。三次产业比重为26.6：46.9：26.5，农业贡献率高于凉山州平均水平、三产贡献率远低于凉山州平均水平（表6-1）。

表6-1　2018年盐源县社会经济发展情况一览

名称	GDP（亿元）	一产贡献率（%）	二产贡献率（%）	三产贡献率（%）	人均GDP（元）	农村居民可支配收入（元）
全国	896 915.6	4.2	36.1	59.7	64 644	13 062
四川省	40 678.13	5.1	41.4	53.5	48 769	13 331
凉山州	1 533.19	20.1	40.0	39.9	31 239	12 548
盐源县	90.01	26.6	46.9	26.5		12 054

2. 园区社会经济发展情况

园区所在区域涉及下海乡、梅雨镇、双河乡、卫城镇、盐井镇等乡镇，区域人口密集，约占全县人口的53.01%（面积占12.50%）。区域地势平坦，土壤肥沃，劳动力充足，生产集约化水平和土地利用水平较高，农业生产条件好，宜种作物多，既是盐源县粮食、水果的主产区，也是盐源县城镇密集地区。

核心区与示范区涉及下海乡马场村、上海村、绿色家园社区，梅雨镇娃儿嘴村、梅雨堡村，双河乡黄沙沟村等5村1社区，共计2 455户12 874人，其中，贫困户112户456人，占人口3.54%。村民人均收入在6 350~11 600元（表6-2）。

表6-2　园区核心区与示范区涉及范围贫困人口情况调研（2018年）

村落名称	户籍人口（人）	户数（户）	村民人均收入（元/年）	贫困人口数量（人）	贫困户数（户）
马场村	2 037	493	6 800	102	27
上海村	1 005	235	6 500	82	21
绿色家园社区	1 500				

(续表)

村落名称	户籍人口（人）	户数（户）	村民人均收入（元/年）	贫困人口数量（人）	贫困户数（户）
娃儿嘴村	1 963	345	6 350	105	27
梅雨堡村	3 767	832	8 200	12	3
黄沙沟村	2 602	550	11 600	155	34

（五）农业和农村发展条件

1. 农业产业发展情况

（1）盐源县农业产业整体情况。盐源县幅员面积8 412平方千米，具有土地总量大、光热资源好、地貌多样、农产品资源丰富等得天独厚的条件，拥有耕地126万亩、天然草场340万亩、林地880万亩，是我国西南地区最大的优质苹果生产基地、四川省最大的辣椒生产基地和马铃薯生产基地。近年来，在中共盐源县委、县政府"农业立县、工业强县、旅游兴县"战略框架的支撑下，农业产业狠抓"八大基地、十大产业"，构建川西民族地区现代农业示范区，初步形成了坝区以粮食、苹果、烤烟为主，雅砻江河谷地区和二半山区以核桃、青花椒为主，高寒山区以红花椒和畜牧业为主的农业产业布局。2018年全县农业产业稳步发展，全年播种粮食75.97万亩，牲畜出栏73.1万头，肉类总产量3.13万吨。种植烟叶5.58万亩，收购烟叶14.75万担。苹果种植面积40.03万亩、花椒种植面积9.22万亩，核桃种植面积117.36万亩。新增家庭农场81个、农业合作社130个。

（2）园区农业产业发展情况。园区是盐源县苹果、蔬菜产业的重点发展区域。

苹果产业。盐源县位于低纬度、高海拔，苹果种植区域在海拔2 200～2 700米，四季温润的高原立体气候造就了其生态环境条件兼具中国渤海湾和黄土高原两大苹果优生区的综合优势，是世界公认的7项生态指标完全符合优质苹果生产要求的优生区域，成为西南冷凉高地苹果核心产区，我国苹果分区如图6-3所示。

近年来，盐源苹果坚持"离太阳很近，离城市很远"的品牌定位，按标准化、规范化、科学化综合配套新技术体系建立新园，逐步对现有果园进行科学改造，全面提升苹果产业标准化生产水平，加大果品商品化处理、保鲜贮藏设施以及深加工能力建设，着力延长产业链，努力实现盐源苹果产业"提质增效"。2018年苹果基地面积达40.03万亩，总产量50万吨，产值20亿元，苹果栽培面积和产量分别占四川省的

65%和75%。全县果农1.68万户,苹果从业人员9.68万余人,占全县总人口的24.8%。主栽品种是金冠系列、富士系列、元帅系列、嘎啦系列和津轻系列,其中,金冠系列占5%、富士系列占77%、元帅系列及其他品种占18%。历年来获无公害苹果生产基地认证、无公害产品认证、地理标志保护产品认证,入选2015年、2016年《全国名特优新农产品目录》,被农业部命名为"苹果重点生产基地县"。制定发布《优质苹果生产技术规程》等苹果生产技术及产品质量标准等四川省区域性地方标准4项。果实套袋、节水灌溉、果园生草与覆盖、起垄栽培、高光效树形改良、矮化密植栽培、配方施肥、生物物理措施防治病虫等实用技术广泛应用。标准化和生态果园建设、苹果GAP(良好农业规范)等开始推行,果农生产管理水平进一步提升。

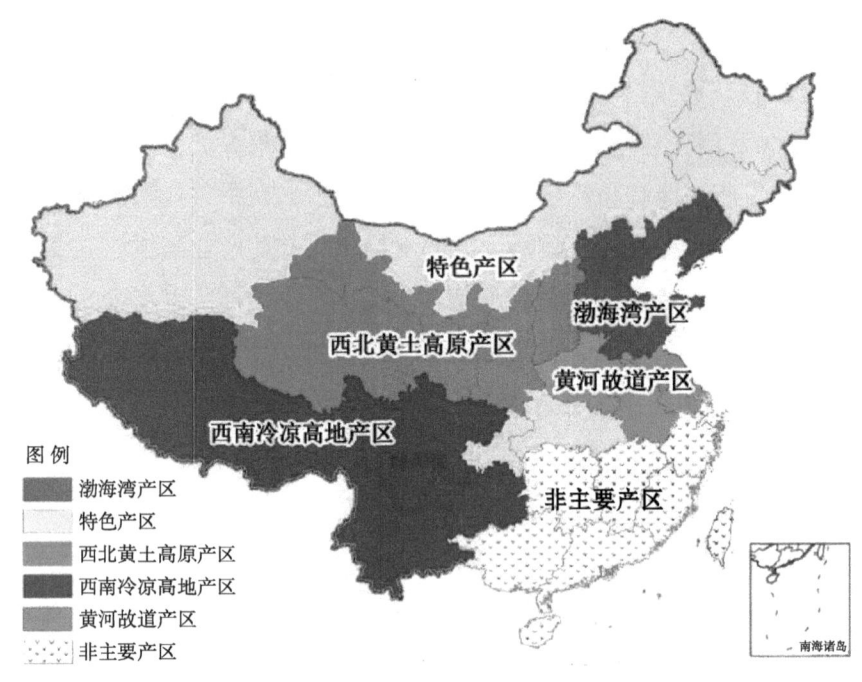

图6-3 我国苹果分区示意图

蔬菜产业。全县已完成蔬菜种植面积9.5万亩(辣椒种植2.6万亩),预计总产量4.5万吨,产值1.2亿元。在梅雨镇、下海乡、双河乡、黄草镇等蔬菜主产乡镇建设露地标准化种植示范片5 000亩,重点展示辣椒、甘蓝、大蒜等标准化种植示范,大力推行"四新"示范(新品种、新技术、新模式、新机制)和"六良"配套(良种、良法、良壤、良灌、良机、良制),示范带动蔬菜大面积标准化生产。设施蔬菜以润丰农业科技有限公司和绿色家园为代表,全县建设特色设施蔬菜基地300亩。

2. 经营主体发展现状

随着新型农业现代化的发展，农业产业化水平显著提升，盐源县初步形成了以农民专业合作社、家庭农场、种养大户、农业企业为重点的新型农业经营主体。2018年底，全县农民专业合作社共有1 441家，其中，国家级示范社1家，省级示范社5家，州级示范社14家。家庭农场651户，其中，省级示范家庭农场2户，州级示范场4户。

园区核心区及示范区主要由盐源县新瑞源农业科技有限公司、成都百果汇农业科技有限责任公司盐源县分公司、盐源县古柏农业园区开发有限责任公司、盐源县润丰农业科技有限公司、盐源县泸沽湖摩梭文化旅游有限公司等企业投资运行。

（1）盐源县新瑞源农业科技有限公司和成都百果汇农业科技有限责任公司盐源县分公司，是集规模化、全程机械化、轻简集约化、标准精品化为一体的现代农业科技型民营企业。主要从事冷凉高原区苹果新品种的引进、现代高原苹果矮砧密植优质高效栽培技术的研究和推广、苹果采后保鲜贮运及商品化处理技术的研究和开发。公司以国家苹果产业技术体系、四川省农业科学院和盐源县农业农村局等为技术支撑依托，在绿色家园预计投资10 000万元建立现代高原苹果矮砧示范基地面积4 500亩，目前已建成高原苹果矮砧示范园2 500亩。全园引进安装以色列耐特菲姆和美国托罗公司高效先进的滴灌系统，采用中央控制，实施机械化作业、水肥自动精准控制、信息自动采集和质量全程可追溯。全园采用省力化栽培模式，引进全机械化割草机，果园自动化药剂喷雾机，自走式平台采果和修剪机械，自动选果、清洗一体机设备。

（2）盐源县古柏农业园区开发有限责任公司，由盐源县重点国有企业盐源县金铁矿业集团有限责任公司独资注册成立，注册资金6 000万元，主要从事以苹果产业为主的高标准省级农业园区开发、建设和管理。2019年新建500亩现代苹果矮砧集约化高效栽培模式标准化种植核心示范基地，引进推广与市场接轨的新品种，采用大苗定植、立架栽培、机械化操作、路网配套、水肥一体化技术，配备喷药机、除草机、施肥机、耕整机、平台机等农业机械设备，成为苹果产业示范以及学习基地。

（3）盐源县润丰农业科技有限公司，成立于2016年，是盐源县国有资产投资经营管理有限公司下属的全资子公司，具有独立法人资格和独立核算的有限责任公司。公司坚持绿色生态的生产方式、安全健康的经营理念，凭借农业高新技术的优势，按照高产、高效、优质、安全的要求，建立起标准化、系统化、信息化、品牌化的农产品生产销售模式，提高农业综合效益。目前，重点打造盐源县现代农业产业示范园项目。包括位于梅雨镇梅雨堡村10组，以盐源县特色设施蔬菜基地为基础，升级改造的攀西特色农业·渔业示范基地；位于盐源县润盐工业集中区A区西北侧建设用地的扶贫车间（创业孵化园）项目。

（4）盐源县泸沽湖摩梭文化旅游有限公司，成立于2017年10月，注册资金10 000万元，主要从事盐源县文化旅游项目开发。核心区内依托黄沙沟水库和周边苹果种植基地打造柏林湖苹果庄园田园综合体项目。

3. 基础设施建设现状

随着盐源县脱贫攻坚向纵深推进，在农业基础设施建设上投入了大量的资金，农业基础设施得到有效改善。近年来，盐源县实施农业综合开发和高标准农田建设25.87万亩，共有小型水库63座，其中，小（一）型14座，小（二）型水库49座，山平塘272口，引水渠道327条，全长2 786千米，其中，灌溉面积2 000亩以上，骨干引水渠道19条。全县水库工程总蓄水量4 525万立方米，蓄、引、提总水量11 760万立方米，有效灌溉面积19万亩，保灌面积13万亩。在巩固机电提灌站建设成果的基础上，修建了太阳能提灌站5座，在一定程度上缓解了盐源县农业生产用水困难的现状。渠系工程为农业生产、烟叶种植等经济作物提供了水源，确保了粮食增产，经济增收。

（六）园区产业发展SWOT分析

项目SWOT分析如表6-3所示。

表6-3 项目SWOT分析

优势（S）	劣势（W）
1. 以苹果为代表的特色农产品品质好，初步具备规模效应，市场接受度高	1. 道路交通等基础设施差，不利于农业、旅游业开发
2. 园区地势平坦，土层深厚，光热资源优异，易于农业产业开发	2. 水资源时空分布不均，季节性缺水
3. 绿色家园社区为园区提供有效后备土地资源和劳动力资源	3. 农业产业融合链条偏短，附加值偏低
	4. 经营主体数量规模不足，带动能力弱
机会（O）	威胁（T）
1. 国家现代农业产业园政策支撑为项目建设提供了良好机遇	1. 大区域内存在品牌竞争
2. 扶贫攻坚战略决胜期，国家、外省及省内对口扶贫资金及项目支撑	2. 农村劳动力结构性失衡，人才缺口较大
3. 绿色农产品消费趋势为特色农产品带来市场机遇	3. 市场未来可能波动

三、发展思路与目标

（一）指导思想

以习近平新时代中国特色社会主义思想为指导，全面落实党的十九大和十九届二中、三中全会精神，深入贯彻落实党中央、国务院及省委、省政府推进现代农业产业园建设及实施乡村振兴战略的工作部署，坚持姓农、务农、为农和兴农的宗旨，立足盐源县资源优势和产业特色，围绕集聚建园、融合强园、绿色兴园、创新活园，做大做强苹果主导产业，做优蔬菜特色产业，做活绿色物流和乡村旅游新业态，打造生产、加工、流通、休闲、电商等深度融合的一二三产融合发展模式，构建"生产+加工+科技+品牌"一体化的全产业链开发格局，建成产业特色鲜明、要素高度集聚、设施装备先进、生产方式绿色、经济效益显著、示范带动有力的国家现代农业产业园。充分发挥园区引领、示范作用，搭建农村创新创业孵化平台，培育农业产业化联合体，带动全县现代农业发展，为脱贫攻坚和乡村振兴提供有力支撑。

（二）规划原则

1. 政府引导、市场主导

发挥政府在政策服务、要素保障等方面的作用，整合各类涉农财政资金，引导金融和社会资本投向园区，创新园区管理机制，优化发展环境。发挥市场的决定性作用，遵循市场规律，促进现代农业生产要素向园区聚集，瞄准市场需求，培育全产业链开发格局，不断提升园区产业的价值链增值空间。发挥各类市场主体在农业产业发展、投资建设、产品营销等方面的主导作用，形成多种有效建设模式。

2. 以农为本、三产融合

坚持姓农、务农、为农和兴农的根本宗旨，以提高农业供给质量为主攻方向，积极探索现代农业发展新模式。突出发展优势主导产业，推进园区农业生产、产品加工、仓储物流、产品营销的有机衔接，完善生产性服务体系，实现生产、加工、营销、服务一体化融合发展。开发农业的多功能性，加强农业与加工流通、休闲旅游、科技教育、健康养生和电子商务等产业深度融合，实现一二三产业相互促进、协调发展。

3. 绿色引领、生态优先

坚持以资源承载能力、生态环境容量作为园区建设发展基本前提，积极运用绿色生产、绿色加工、综合利用等绿色生态先进技术，实现资源集约、循环及高效利用，打造资源节约、环境友好、生态可持续的农业绿色发展模式，建立绿色、生态、低碳、循环发展长效机制，率先实现"一控两减三基本"，污水、废气排放达标，垃圾有效处理。

4. 多方参与、共建共享

倡导开门办园，吸引多元主体、全社会力量参与共同推进园区建设，确保各参与主体共享发展成果。强化园区建设与绿色家园特色小镇在劳动力、土地、产业等方面的有机衔接，促进共同发展。发挥龙头企业和农业产业化联合体功能，构建农业园区产业体系、生产体系、经营体系、服务体系，建立完善园区各类经营主体与小农户利益共享制度，形成紧密的利益联结机制，确保让农民群众充分参与和受益。

5. 科技支撑、创新驱动

围绕产业园建设发展对科技的需求，积极对接研究机构、推广组织、科技企业等多元科技主体，搭建科技创新和应用推广平台，以科技支撑产业发展。充分发挥各类农业新型生产经营主体的技术创新和市场主体作用，形成各方面共同发力、协调推进科技支撑园区发展的新局面。强化成果转化应用推广，根据生产规模、经营主体等差异，提供适用技术方案，提升园区科技示范带动能力。

（三）建设目标

1. 总体目标

按照"两年见成效、四年成体系"的总体安排，大力发展"质量农业、科技农业、绿色农业、品牌农业"，通过做大做强苹果主导产业，做优蔬菜特色产业，做活绿色物流和乡村旅游新业态，促进现代生产要素集聚，集成绿色生态生产技术，推进全产业链开发和产业融合发展，健全利益联结机制，使园区成为优势特色产业引领区、农村一二三产业融合发展区、农村创业创新孵化区、联农带农增收示范区，进而将园区打造成为省级乃至国家级现代农业产业园和现代农业产业融合示范园区。

2. 分阶段目标

（1）2020年目标。重点开展苹果科技创新孵化和集约栽培示范、绿色蔬菜生产、农产品加工物流、农文旅融合等功能板块的示范项目建设，重点打造核心区和示范区功能板块，强化园区的生产、科技、加工、物流、休闲等功能，推进一二三产业融合发展，到2020年底，围绕核心区和示范区建设省级现代农业产业园和省级现代农业产业融合示范园区。

（2）2022年目标。围绕下海乡、梅雨镇、双河乡、卫城镇、盐井镇等乡镇，大力推广的新品种、新技术、新模式、新标准，重点开展高产果园标准化提升、低产果园更新改造、新增果园标准化建园，打造苹果规模化生产基地，全面提升园区在产业发展、科技集成、集约经营、绿色发展、联农带农等方面的示范带动能力，到2022年底，将园区打造成为国家现代农业产业园和国家农村产业融合发展示范园（表6-4）。

表6-4 盐源县现代农业产业园分阶段目标

	指标名称	单位	2020年	2022年
产业发展	产业园总产值	万元	172 170	337 810
	主导产业产值	万元	166 700	324 400
	农产品加工业产值占农业总产值比例	—	2.5∶1	3∶1
	农产品初加工转化率	%	65	80
	农产品冷链运输率	%	50	50
	农产品电商销售额占比	%	30	30
	农业社会化服务覆盖率	%	50	50
	品牌农产品产量占比	%	75	75
科技水平	良种覆盖率	%	100	100
	农作物耕种收综合机械化率	%	30	30
	农业综合信息化水平	%	65	65
	农业科技贡献率	%	65	70
	主导产业先进实用配套技术推广应用率	%	98	98
	省级及以上科研单位合作数量	个	3	4
	专业技术人员数量	人	100	300
	新型职业农民培训数量	人/年	300	1 000
	新型农业经营主体从业人员培训覆盖率	%	90	90
集约经营	土地适度规模经营占比	%	60	70
	入园参与主导产业生产经营企业	个	10	20
	其中：国家级龙头企业	个	1	3
	从事主导产业生产经营合作社	个	20	50
	从事主导产业生产经营家庭农场	个	30	60

（续表）

	指标名称	单位	2020年	2022年
绿色发展	绿色、有机农产品认证比例	%	60	80
	农业废弃物资源化利用及回收处置率	%	85	85
	畜禽粪便综合处理率	%	85	90
	主要农作物化肥利用率	%	40	45
	主要农作物农药利用率	%	40	45
	园内农产品质量安全追溯管理的比例	%	80	90
联农带农	带动就业人数	人	10 000	50 000
	其中：二三产业就业人数		2 000	5 000
	园内农户合作化联合经营比例	%	30	30
	园内农民人均可支配收入高于全县平均	%	20	30

（四）功能定位

以绿色发展为引领，以高质量农产品生产为基础，积极优化园区功能布局，着力培强园区"生产示范、产业融合、技术集成、联农带农、互助互促"功能作用，带动地区农业转型升级和农村创新发展。

1. 生产示范功能

充分利用园区良好生态环境优势，以现代农业科技为支撑，通过推进园区技术装备更新升级，高质量建设生产基地，全方位提升园区生产能力；通过推广优质农产品品种，推行园区标准化生产，全方位提升园区产品品质；以苹果为主，以蔬菜为辅，以有机、绿色、安全为特色，开展高质量农产品生产示范，有效满足个性化、多样化、高品质的消费需求。

2. 产业融合功能

发挥园区联工促农的桥梁作用，通过引进先进技术、工艺和设备，着力推动产业链前延后伸，能够实现主导产业在生产、加工、销售、服务上的全产业链融合发展。发挥园区沟通城乡的纽带作用，在突出主导产业的前提下，通过充分挖掘农业多种延伸功能，结合美丽乡村建设，有效促进农业与文化旅游产业的有机融合，进而促进城乡之间要素流动，促进城乡融合发展之路。

3. 技术集成功能

通过引进消化吸收国内外先进农业技术装备，逐步形成新产品、新技术的集成展示示范的窗口，成为农业技术的辐射源。广泛开展技术示范、技术推广、技术培训、技术咨询，引导周边地区各类新型农业经营主体采用先进适用技术。

4. 联农带农功能

通过培育以龙头企业为核心的农业产业化联合体，与各经营主体形成稳定利益共同体。完善农业产业化带农惠农机制，带动农户共同发展，拓展农户增收空间。以园区为依托，面向新型职业农民、下乡返乡人员等，开展农业产业相关的创新创业服务。

5. 互助互促功能

积极吸纳绿色家园社区集中就业的劳动力到园区务工就业，同时解决社区人员就业需求和园区生产用工需求。利用绿色家园土地资源集中管理的优势，为园区产业发展规模扩张和功能拓展提供土地资源保障。强化园区产业发展对绿色家园产业板块建设发展的带动作用，引导绿色家园积极对接园区产业发展开展产业设施项目建设，实现产业相互衔接，促进共同发展。

（五）产业定位

1. 产业分析

苹果产业。我国是世界上第一大苹果生产国和消费国。改革开放以来中国苹果种植面积在波动中增长，从1978年的1 024万亩增加到2017年的3 764万亩，增幅约3.6倍；总产量从227万吨增加到4 548万吨，增幅约20倍。苹果产业为改善人民食品结构、满足水果多样化需求作出了重大贡献。由于种植规模、品种结构和产区布局等原因，苹果市场出现普通果品局部性、时段性过剩，产品价格持续走低，优质果品供应不足，价格居高不下的现象。近年来，西南冷凉高地产区由于其独特的自然环境条件和区位优势日益受到关注，在国内市场上其果品质量和价格相比北方主产区占据绝对优势。

盐源县是西南地区最大的优质高原苹果生产基地，其苹果种植区海拔2 200~2 700米，远离城市，空气清新，日照充足，昼夜温差大，土壤富含有机质，是公认的我国高原苹果最佳生态区。2018年全县苹果基地面积40.03万亩，总产量50万吨，产值20亿元，"盐源苹果"品牌效应日益凸显，产品畅销全国西南部及东部地区，远销东南亚地区，不仅成为盐源县特色优势产业，更成为促进农业增效、农民增收的支柱产业。

蔬菜产业。近年来，我国蔬菜产业总体趋于饱和，但地区间存在发展不平衡，季节供应不均衡。盐源县蔬菜产品长期依赖于外地供应，随着城市扩展、旅游业发展及市民生活改善，对"菜篮子"提出新的要求。盐源县光热资源丰富，冬无严寒、夏无酷暑，生态环境优良，非常适合发展高山错季蔬菜产业。积极发展绿色蔬菜产业将对保障"菜篮子"产品市场供应、增加农民收入、扩大劳动力就业具有重要意义。

加工物流业。农产品加工物流业是乡村产业的重要组成部分，一头连着农业、农村和农民，另一头连着工业、城市和市民，是离"三农"最近、与百姓最亲的产业。当前盐源县农产品加工物流业在跨界配置现代产业要素，带动农业纵向延伸、横向拓展，推进农产品进城和农资、消费品下乡双向流通，吸引广大农户积极参与融合发展，联农带农作用明显，但农产品加工物流产值、加工转换率、预冷处理率、冷链物流运输率等仍然偏低，对乡村产业发展的保障能力仍有待提升。

休闲旅游业。在全国旅游业快速发展的大背景下，我国乡村旅游产业被越来越多人青睐，2018年全国休闲农业和乡村旅游接待超30亿人次，休闲农业成为城市居民休闲、旅游和旅居的重要目的地，成为乡村产业的新亮点。盐源县地处大香格里拉区域腹心地带，自然与人文特色旅游资源丰富。近年来，盐源县着力实施旅游兴县发展战略，力图将资源优势转化为产业优势，随着"以泸沽湖旅游为龙头，坝区润盐古都旅游为龙身，雅砻江水上观光为龙尾"的全域旅游发展格局的持续推进，盐源县旅游产业发展水平有了较大提升，2018年盐源县旅游接待量达363.4万人次，旅游收入23.38亿元，旅游产业已经发展成为盐源县极具优势和潜力的战略产业和经济增长点，为促进城乡良性互动和经济社会全面协调可持续发展发挥了重要作用。

2. 发展定位

以苹果产业为主导。围绕做大做强苹果主导产业的目标，通过推进苹果生产规模化、加工集群化、科技集成化、营销品牌化的全产业链开发，实现园区苹果产业产品质量、生产效益、品牌效应、市场竞争力的全面提升，推动苹果产业发展水平实现全国领先。发挥园区示范带动作用，引领带动盐源县苹果产业转型升级、提质增效、绿色发展，进一步增强苹果产业富民惠民效益，推动盐源县发展成为全国规模最大、品质最优的高原苹果生产基地。

以蔬菜产业为补充。采取现代化设施生产与标准化露地种植相结合的方式，开展蔬菜种苗、生产、加工、冷链等全产业链生产示范，一方面，丰富盐源县城乡居民"菜篮子"，促进"菜篮子"产品由注重数量供给向注重质量安全转变；另一方面，进一步带动盐源县蔬菜产业发展，促进农业增效和农民增收，为实现富民、兴县新跨越贡献力量。

以加工物流业为保障。着重加强苹果加工及冷链物流设施建设，建设具有预冷处理、初加工、分拣、贮藏、包装、信息处理、交易等功能的加工基地和冷链物流园区，促进园区产品加工转化增值，推进园区生产与运输、配送、消费等环节冷链"无缝衔接"。着力健全完善物流下乡体系，畅通生产资料与商品下乡流通渠道，促进乡村产业可持续发展。

以休闲旅游业为延伸。以苹果庄园田园综合体为重点，推进园区休闲产业"吃住行游购娱"要素内部融合，以及与文化、旅游产业跨界融合，培育融田园景观、民俗风情、农事体验、休闲度假、研学教育为一体的农业体验式新产品、新业态，为游客提供望山看水忆乡愁的高品质休闲体验，进而带动周边乡村及农户共同发展。

四、总体布局与功能分区

围绕与产业优势、市场需求、发展潜力、经济区位、环境承载力相匹配，与有关规划相衔接的"五匹配一衔接"要求，以强化园区生产、加工、物流、研发、示范、休闲、服务等功能发挥为重点，全面统筹园区各功能区及各建设项目布局，打造功能板块配套互补、产业链条衔接有序、现代要素优化集聚、空间布局科学合理的现代农业产业园。

（一）总体布局

充分考虑园区的地理区位、自然资源、周边环境条件等因素，统筹考虑生产、加工、物流、研发、示范、休闲、服务等功能布局，按照"核心区+示范区+生产基地"思路，将园区空间结构进行划分如图6-4所示。

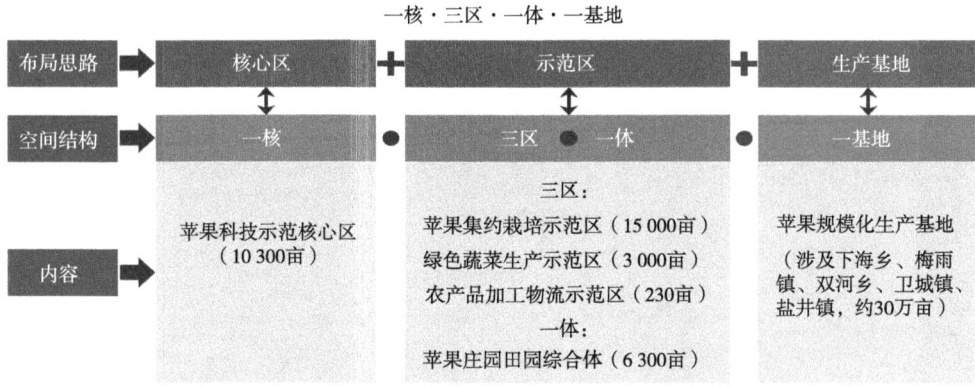

图6-4 园区布局思路

（二）功能分区

根据园区产业发展特色，结合园区总体布局，规划主要建设苹果科技示范核心区、苹果集约栽培示范区、绿色蔬菜生产示范区、农产品加工物流示范区、苹果庄园田园综合体、苹果规模化生产基地6个功能区（图6-5、图6-6）。

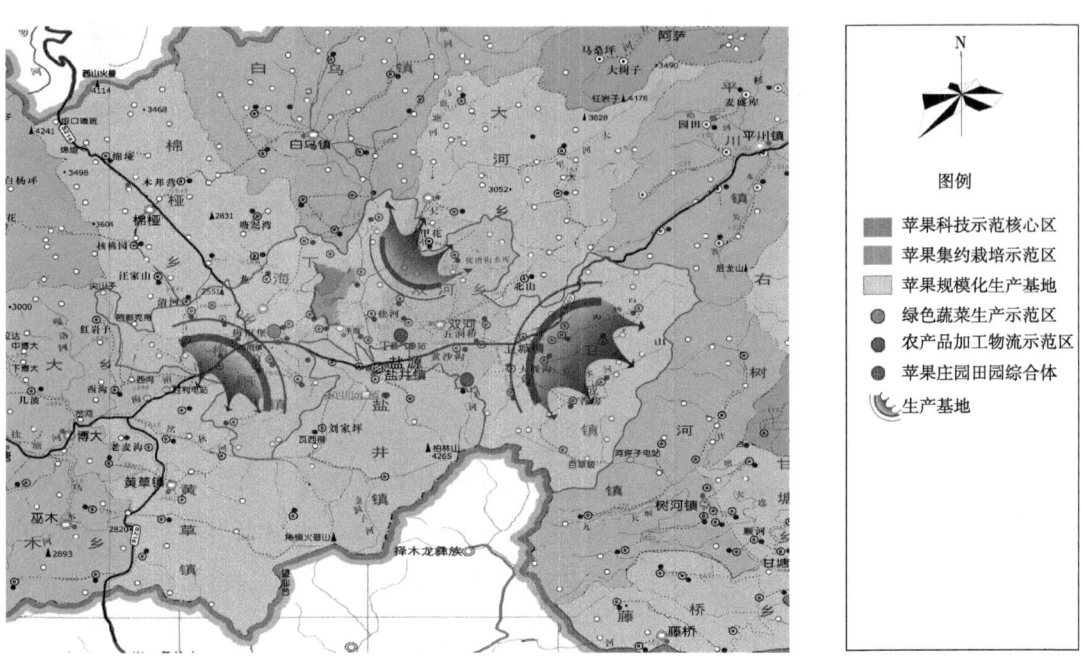

图6-5 园区空间布局

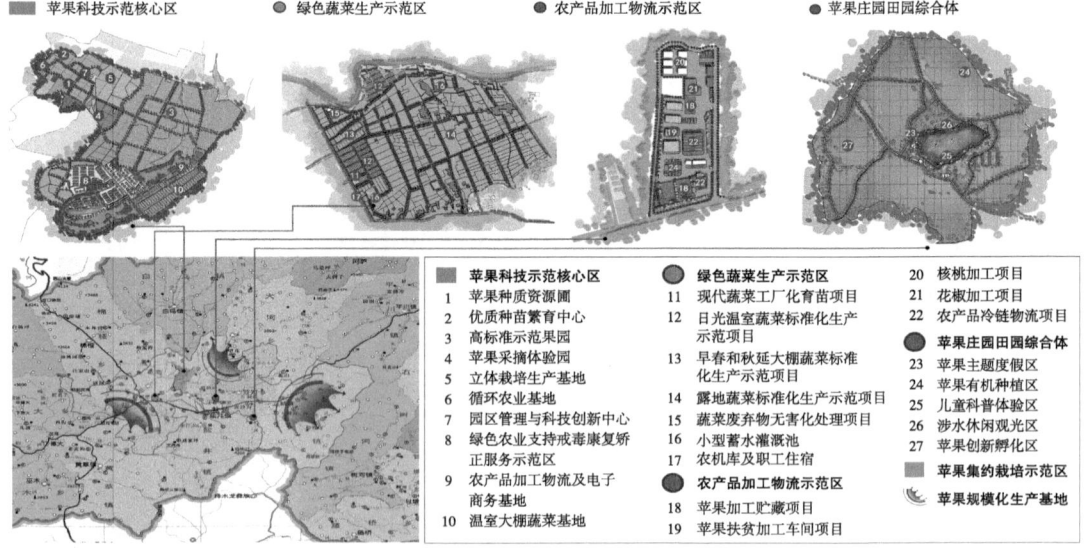

图6-6 园区主要项目布局

1. 苹果科技示范核心区

开展苹果优良品种的引进展示、品比筛选、良种繁育、示范推广，苹果新技术新成果的集成应用示范和苹果智慧化、标准化生产示范以及立体农业、循环农业、智慧农业等新业态新模式的培育孵化，配套开展园区管理、办事服务、质量检测检验、产品展销、文化展示等综合服务。

2. 苹果集约栽培示范区

开展低产果园更新改建、提升改造以及矮化轻剪集约栽培果园标准化示范创建，构建苹果绿色高质高效生产技术模式和可复制、可推广的标准化生产管理制度，示范带动园区乃至全县果园栽培模式转型升级。

3. 绿色蔬菜生产示范区

采取现代化设施生产与标准化露地种植相结合的方式，开展优质蔬菜、特色蔬菜、特色瓜果全产业链生产示范。依托特色蔬菜生产，开展采摘、参观、科普等体验项目，游客在此可以充分体验农业乐趣。

4. 农产品加工物流示范区

围绕主导产业，聚集农产品加工企业、仓储物流企业，形成加工企业集群，主要开展农产品初加工、精深加工、保鲜仓储、冷链物流、电子商务等。

5. 苹果庄园田园综合体

主要开展农事体验、采摘观光、田园康养、科普展教、素质拓展等休闲体验项目，配套提供游客服务、商品展销、文化体验、生态餐饮等服务。并设置苹果科创孵化板块，为苹果科技创新、新型职业农民培训、在乡返乡下乡人员创新创业提供孵化服务和设施场所。

6. 苹果规模化生产基地

立足盐源县平坝地区苹果种植区域，大规模建设苹果生产基地，通过更新改造低产果园，标准化创建新增果园，巩固提升高产果园，加快革新盐源县传统栽培模式，全面提升苹果产业综合生产能力。

五、分区建设规划

（一）苹果科技示范核心区

1. 建设思路

以苹果"新品种、新技术、新装备、新模式"集成、展示、示范、推广为重点，围绕繁育推广优良品种，着力开展新品种引进展示、品比筛选和优质种苗繁育推广，为园区苹果产业发展提供优质种源；围绕标准化、智慧化生产示范，着力推进先进技术装备集成应用和现代建园模式展示示范，构建可复制、可推广的标准化建园样板；围绕推动绿色高质量发展，着力开展立体农业、循环农业、休闲农业、智慧农业等新产业新模式展示孵化，构建绿色高效发展模式；围绕延伸拓展互促支持功能，积极开展绿色农业支持戒毒康复矫正行动，推动现代农业与矫治教育工作的结合；努力将苹果科技示范核心区打造成为盐源县苹果产业科技高地，为推动盐源县苹果产业"技术革命"提供动力。

2. 建设布局及规模

苹果科技示范核心区位于绿色家园所在地，主要建设苹果种质资源圃100亩、优质种苗繁育中心800亩、高标准示范果园5 300亩、苹果采摘体验园100亩、立体栽培生产基地500亩、循环农业基地130亩、园区管理与科技创新中心20亩、绿色农业支持戒毒康复矫正服务示范区3 350亩，高标准农田及配套设施等工程（表6-5）。

表6-5 园区各功能区主要建设内容

功能分区	主要建设内容	建设规模
苹果科技示范核心区	苹果种质资源圃	100亩
	优质种苗繁育中心	800亩
	高标准示范果园	5 300亩
	苹果采摘体验园	100亩
	立体栽培生产基地	500亩
	循环农业基地	130亩
	园区管理与科技创新中心	20亩
	绿色农业支持戒毒康复矫正服务示范区	3 350亩
	高标准农田及配套设施建设	3项
苹果集约栽培示范区	低产果园更新改造示范建设项目	10 000亩
	高标准示范果园建设项目	5 000亩
	果园配套贮水建设项目	50 000立方米
绿色蔬菜生产示范区	现代蔬菜工厂化育苗项目	10亩
	日光温室蔬菜标准化生产示范项目	70亩
	早春和秋延大棚蔬菜标准化生产示范项目	300亩

（续表）

功能分区	主要建设内容	建设规模
绿色蔬菜生产示范区	露地蔬菜标准化生产示范项目	2 500亩
	蔬菜废弃物无害化处理项目	10亩
农产品加工物流示范区	苹果加工贮藏项目	120亩
	苹果扶贫加工车间项目	30亩
	核桃加工项目	25亩
	花椒加工项目	35亩
	农产品冷链物流项目	20亩
苹果庄园田园综合体	苹果主题度假区	300亩
	苹果有机种植区	3 000亩
	儿童科普体验区	500亩
	涉水休闲观光区	1 000亩
	苹果创新孵化区	1 500亩
苹果规模化生产基地		30万亩

3. 建设内容

（1）苹果种质资源圃。建设规模100亩。引进蜜脆、富士冠军、福布拉斯、富金、工藤富士等日本富士新品种和英国M系列和美国G系列的苹果矮化砧木品种，以及国内山东等选育的短枝红富士、烟富系列品种、华硕、秦脆等优新品种，开展优良品种的适宜性、生产性能、品质特征的综合评价以及新品种展示、示范，筛选适宜本地推广的优异新品种。同时收集保存本地优质苹果的种质资源，为开展盐源县品种资源的长期调查和科研工作提供场地。

（2）优质种苗繁育中心。建设规模800亩。以矮砧脱毒新品种苗木繁育为重点，推广温室育苗、组培育苗等先进技术，筛选培育和引进适宜盐源县栽植的早、中、晚熟新品种，加速苹果苗木良种化进程。定期接受病毒检测机构的检测，一旦发现感染病毒，必须立即更换，确保种苗纯度和一致性。对苹果种质资源圃选育出来的优新品种进行繁育和推广，为全县苹果种植基地供应优质品种接穗、砧木种子和苗木，同时为省内外其他苹果产区提供优质种源。

（3）高标准示范果园。建设规模5 300亩。根据当地的自然生态和市场优势，重点发展早、中、晚熟比例适宜的优良新品种。集成示范"多分枝大苗建园、矮砧宽行密植栽培"现代建园模式,建设"栽培模式矮密化、矮化砧木自根化、发展品种多样化、种植模式网格化、土壤管理生草化、肥水管理一体化、花果管理省工化、田间作业机械化、自然灾害预防化、生产质量可追溯化、农田水利配套化"的高标准示范果园,为园区果园改造、更新、新建提供可复制、可推广的标准化的模式样板。

(4)苹果采摘体验园。建设规模100亩。改造农户老旧果园,筛选色泽鲜艳、果型端正、味道香甜的优质品种,规划设计苹果游艺迷宫、苹果历史演化长廊、多彩采摘园等创意体验区,开展苹果采摘、果树认领、农耕体验等有趣的农园体验项目,探索"苹果+美食""苹果+采摘""苹果+文化"等多种方式,为"盐源苹果"搭建旅游和产业协同发展的平台,促进新兴消费业态的衍生,推动盐源县苹果产业可持续性发展。到2023年,苹果采摘园经济效益达到1 000万元以上。

(5)立体栽培生产基地。建设规模500亩。针对实现老旧果园提质增效,探索创新果药立体栽培模式,开展苹果—中药材立体种植,提高土地利用率,拓展产业增值空间,使老旧果园产值增加20%以上,为盐源县老旧果园改造提供发展模式。

(6)循环农业基地。建设规模130亩。采用国内外先进的种猪繁育技术和管理模式,建设年产优质原种猪1万头的全封闭、自动环控、电子饲喂的现代化、标准化种猪场。购置有机肥加工设备、肥料质检设备等,新建年产有机肥2万吨的有机肥发酵车间,以苹果修剪枝条为填充物,以猪粪为基质生产优质有机肥料,实现高效、经济、实用的种养殖废弃物综合处理利用,实现农业经济效益和生态效益的双重提升,将园区打造成为畜禽养殖废弃物资源化利用示范基地。

(7)园区管理与科技创新中心。建设规模20亩。建设科技创新研发中心,开展苹果产业技术创新研发、园区智能化装备控制、农业科技交流与推广等新技术新装备的推广应用,促进科技成果转化。建设园区综合管理中心,负责制定并组织实施园区各项管理制度,检查督促各项工作开展,招商引资和项目审批,承办县委、县政府交办的其他事项以及综合管理、财务管理、人力资源管理、党群纪检监察等工作。建设"双创"孵化中心,打造全方位全领域的创新创业孵化平台,为涉农创业者提供一站式创业服务。建设社会化服务中心,为从事盐源县苹果和其他优势产业的生产经营主体提供全产业链、系统化、一体化的农业社会化服务。建设盐源县现代农业产业园智慧云平台,构建苹果产业大数据中心和苹果产业决策指挥中心以及生态监管、智能生产、产业链建设、产业规划等应用支撑平台,实现农业生产智能化、产业品牌化、经营电商化、管理高效化。

(8)绿色农业支持戒毒康复矫正服务示范区。建设规模3 350亩。主要包括绿色家园戒毒社区2 800亩，温室大棚蔬菜基地450亩，农产品加工物流及电子商务基地100亩。一方面解决绿色家园自给需求，服务于园区产业链和价值链延伸，推动产业向多元化方向发展；另一方面为2万戒毒康复矫正人员提供技能培训，提供工作岗位，帮助戒毒康复矫正人员重返社会，实现2万家庭的稳定和谐，助力社会安定繁荣，打造绿色农业与戒毒康复矫正相互渗透、相互支撑的良好局面，打造绿色农业支持戒毒康复矫正服务示范区。

（9）高标准农田及配套设施建设。开展高标准农田建设2 700亩。开展景观体系建设，重点打造1条景观大道+6个景观节点。建设园区入口大门、节点标志牌、休憩亭、卫生间和生态停车场等配套设施。

4. 投资进度

苹果科技示范核心区总投资27 270万元，其中，一期投资13 830万元，二期投资13 440万元。资金筹措以各类新型农业经营主体自筹为主，以申请国家、地方政策性扶持资金为辅。

（二）苹果集约栽培示范区

1. 建设思路

以苹果集约化生产示范为重点，坚持因园施策，综合应用"三改三减"技术措施，开展低产果园更新改造，示范带动低产果园提升改造、提质增效；坚持因地制宜，选择适宜栽培模式和配套技术，开展新建果园标准化建园，示范带动新建果园向集约化、标准化方向发展。围绕低产果园提升改造和标准化新园创建，打造涵盖良种优选、标准化建园、土壤管理、肥水管理、花果管理、树体管理、病虫防控、采收处理、采后清园等全过程的苹果绿色高质高效生产技术模式，构建可复制、可推广的苹果标准化生产制度，示范带动栽培模式转型升级。

2. 建设布局及规模

苹果集约栽培示范区位于苹果科技示范核心区南侧，规划建设规模15 000亩。主要建设低产果园更新改造示范园10 000亩、矮化轻剪集约栽培示范园5 000亩以及果园配套贮水项目等。

3. 建设内容

（1）低产果园更新改造示范园。规划建设规模10 000亩。根据现有果园基本状况，采取改品种、改树形、改土壤、减密度、减化肥、减农药等"三改三减"措施，进行提升改造，打造低产果园提升改造示范园。着力构建针对平坝、丘陵缓坡和山地等不同立地条件的低产果园更新改建和提升改造技术模式、标准，示范带动园区乃至全县低产果园的提升改造，促进苹果产业提质增效和持续发展。

（2）矮化轻剪集约栽培示范园。规划建设规模5 000亩。承接苹果科技示范核心区孵化的品种、技术、模式、标准，采取老龄果园更新和高标准果园新建相结合的手段，支持农业龙头企业、专业合作组织、家庭农场等新型农业经营主体，因地制宜选择适宜类型的矮化密植集约栽培模式和配套技术，建设矮化轻剪集约栽培示范果园，带动园区及周边地区苹果栽培模式转型升级。

（3）果园配套贮水建设项目。规划建设10 000立方米蓄水池5座及配套的引水泵房和管道，以满足苹果生产用水需求。

4. 投资进度

苹果集约栽培示范区的总投资15 000万元，其中，一期投资8 400万元，二期投资6 600万元。资金筹措以各类新型农业经营主体自筹为主，以申请国家、地方政策性扶持资金为辅。

（三）绿色蔬菜生产示范区

1. 建设思路

随着西昌至香格里拉高速公路建成，盐源县旅游业将迎来黄金期的发展，对蔬菜品质提出了新的要求，亟须培育自身优质蔬菜种植基地。盐源县光热资源丰富，冬无严寒、夏无酷暑，环境优美，具有发展绿色生态蔬菜种植基地独特的天然优势条件。项目依托盐源县现代农业示范产业园（佛山援建项目），以绿色安全和生态循环模式发展蔬菜产业，实现科技实用化、产品绿色化、产业典范化、品牌名优化及环境友好化的目标，为打造盐源县万亩绿色生态蔬菜标准化生产基地奠定基础，满足城市居民生活改善、绿色家园建设及旅游业发展对"菜篮子"的要求，成为盐源县乡村振兴、农业发展、农民增收新的增长点。

2. 建设布局及规模

绿色蔬菜生产示范区位于梅雨镇梅雨堡村，规划建设规模3 000亩。主要建设现代蔬菜工厂化育苗项目10亩、日光温室蔬菜标准化生产示范项目70亩、早春和秋延大棚蔬菜标准化生产示范项目300亩、露地蔬菜标准化生产示范项目2 500亩、蔬菜废弃物无害化处理项目10亩、小型蓄水灌溉池建设项目100亩、农机库及职工住宿建设项目10亩。

3.建设内容

（1）现代蔬菜工厂化育苗项目。规划建设规模10亩。采用精量播种生产体系，潮汐灌溉育苗、电热膜加温育苗、水培育苗、方体基质育苗等集约化育苗新装备、新技术，建设一栋现代蔬菜工厂化育苗温室，发展订单农业，实现蔬菜产业服务的社会化。

（2）日光温室蔬菜标准化生产示范项目。规划建设规模70亩。参照山东寿光传统日光温室，结合最新棚型、最新材料以及物联网等最新技术，采用水肥一体化、绿色防控等技术，打造设施蔬菜高标准生产区，重点发展草莓、番茄、辣椒、黄瓜、西甜瓜等优势高品质反季节蔬菜。

（3）早春和秋延大棚蔬菜标准化生产示范项目。规划建设规模300亩。主要采用连栋大棚和单栋大棚，种植茄果类、瓜类等蔬菜，提早和延长蔬菜的供应期。

（4）露地蔬菜标准化生产示范项目。规划建设规模2 500亩。选择适合规模化、机械化种植的蔬菜，减少人工使用，降低生产成本，实现轮作和休耕种植制度，采用节水灌溉设施（如自动喷灌机、微喷设施、膜下滴灌等）、病虫害综合防治技术（如杀虫灯、性激素诱杀盒、生物杀虫剂、防虫网相结合）等，如菜心、水果胡萝卜、墨西哥辣椒、樱桃番茄等特色蔬菜。

（5）蔬菜废弃物无害化处理项目。规划建设规模10亩。实现蔬菜废弃物的有效分类利用，如新鲜的残叶可以作为饲料，其他腐烂的废弃物可以和秸秆、农家肥一起进行堆肥，开发和推广农业循环实用技术，实现农业废弃物的资源化和产业化。

（6）小型蓄水灌溉池建设项目。规划建设规模100亩。盐源县雨季和旱季分明，必须要建造2座能周年满足蔬菜灌溉的蓄水池，预防水源短缺。

（7）农机库、职工住宿及其他基础设施建设项目。规划建设规模10亩。满足园区职工生活需要的宿舍，拖拉机、旋耕机、农机具等放置操作间，田间水利灌溉、道路、水电等基础设施建设。

4.投资进度

绿色蔬菜生产示范区总投资5 250万元，其中，一期投资3 100万元，二期投资2 150万元。资金筹措以企业自筹为主，以申请国家、地方政策性扶持资金为辅。

（四）农产品加工物流示范区

1.建设思路

充分发挥农产品加工业联结工农、沟通城乡，促进一二三产融合发展的纽带作用，积极吸引各农产品加工企业入驻参与投资建设。针对目前盐源县农产品季节波动大、品牌影响弱、加工深度不够的现状。立足现有优势特色农业资源，在盐源县农业示范产业园区基础上，加大保鲜贮藏设施、商品化处理以及深加工能力建设，着力延长产业链，努力实现盐源特色农产品"提质增效"。着力培育壮大一批农产品冷链及加工项目，配置冷链运输体系和鲜果商品化处理生产线，并配套建设农业机械、农业技术、绿色食品、创业培训及生活服务等设施。统筹农产品初加工、精深加工和综合利用协调发展，建设有规模、有竞争力、特色鲜明、引领示范作用突出的高标准农产品加工集聚区，形成农产品加工业集聚式发展新格局，促进农产品加工业产业链、创新链、价值链的融合。

2. 建设布局及规模

农产品加工物流示范区建设选址为盐源县润盐工业集中区A区及西北侧建设用地，规划建设规模230亩。后期可将绿色家园规划的预留建设土地作为农产品加工园区的未来拓展。主要建设项目包括苹果加工贮藏项目120亩、苹果扶贫加工车间项目30亩、核桃加工项目25亩、花椒加工项目35亩、农产品冷链物流项目20亩，为现代农业产业园提供农产品初、精加工完整配套体系。

3. 建设内容

（1）苹果加工贮藏项目。规划建设规模120亩。2019年4月至2020年12月主要开展1 250平方米盐源苹果分拣厂房升级改造，建设现代化多功能苹果检测、分选、包装线1条，利用现代化高科技检测技术手段对苹果果径大小、重量、颜色、糖分含量、霉心病等方面进行检测分选，购置苹果装卸运输叉车4台，苹果装运托盘2 000个。2021年1月至2022年6月建设分期5 000平方米气调库2座，4 500平方米包材、辅料等常温仓库2座，并配套建设15 000平方米苹果检测、分选、包装车间，多功能生产线4条。

（2）苹果扶贫加工车间项目。规划建设规模30亩，其中，建筑面积13 000平方米，场地及道路面积约11 400平方米。2019年4月至2020年12月主要开展机械加工区基础建设、农业技术创新区基础建设、绿色食品区基础建设。2021年1月至2022年6月建设创业培训及生活服务区，同时完成道路、天然气加气站、通信、绿化、废弃物综合利用中心等各种基础设施建设。为进一步引进优势产业或企业，提升加工区形象，带动加工产业和相关产业链发展，助推盐源县精准扶贫进一步落实提供有力支撑。

（3）核桃加工项目。规划建设规模25亩。盐源县核桃皮薄、果大、味香、油多，成熟期早，可谓核桃中的精品，亟须通过生产加工进一步提升其价值。2019年4月至2020年12月建设年加工核桃3 600吨初加工生产线，占地7 000平方米，东西长为63米，南北宽为120米，厂区内由南到北依次为原料库房、生产车间、成品库房、生产辅助区（包括办公及生活楼、材料库房）、公用工程区（配电房）。2021年1月至2022年6月建设年产15 000吨核桃乳、年产2 000吨核桃油生产线各1条。

（4）花椒加工项目。规划建设规模35亩。盐源县2018年花椒面积近70万亩，产量3 881.5万千克，花椒加工转化率低，精深加工能力不足问题突出。2019年4月至2020年12月新建规范化初次加工点，占地15亩年处理5万千克花椒初加工基地，包含完善花椒晾晒场、烘干房、分选室、储藏库等设施设备，全面提高花椒初次加工转化率，保障花椒质优色美。2021年1月至2022年6月建设占地20亩精深加工生产线3条。新建改建一批以花椒烘干与精选分级、花椒系列食品加工、花椒油萃取、花椒精油提取和花椒保健用品等为主的精深加工生产线，尽快形成新增产能。

（5）农产品冷链物流项目。规划建设规模20亩。盐源县自然资源得天独厚，农业产品特色鲜明，但是盐源县多数产品完全进行鲜售，农产品冷链物流发展水平较低，冷藏能力严重不足，致使盐源县农产品在市场中处于相对不利的地位，产品产销大起大落，增产不增收现象时有发生。2019年4月至2020年12月建设，占地10亩建筑面积5 000平方米的冷链物流园区。2020—2021年扩建10亩冷链物流园区。

4.投资进度

农产品加工物流示范区总投资47 000万元，其中，一期投资20 700万元，二期投资26 300万元。资金筹措以建设主体自筹为主，以申请国家、地方政策性扶持资金为辅。

（五）苹果庄园田园综合体

1.建设思路

以盐源县苹果种植基础为依托，发挥柏林湖自然风光优势，挖掘盐源本地休闲旅游市场潜力，通过苹果主题度假、苹果有机种植、儿童科普体验、涉水休闲观光、苹果科研生产等项目打造，将西方休闲旅游经营方式、建筑特色与当地民众生活、消费习惯相结合，建设以"农创+教育+旅游"为核心的美式苹果庄园，反向带动苹果一二产业发展，使其成为盐源县特色产业扶贫试点工程，省级三产融合示范项目和省级田园综合体综合试点。

2. 建设布局及规模

苹果庄园田园综合体建设选址于双河乡黄沙沟村6组，规划建设规模6 300亩。主要建设项目包括苹果主题度假区300亩、苹果有机种植区3 000亩、儿童科普体验区500亩、涉水休闲观光区1 000亩、苹果创新孵化区1 500亩。

3. 建设内容

（1）苹果主题度假区。位于柏林湖西南角，乡道001以北，为田园综合体核心接待区，重点建设如下内容。

苹果文创生活馆。占地面积1 250平方米，建筑面积1 000平方米，以现代美式风格的建筑为主体，打造一个集游客接待、活动组织、商务会议等为核心的接待中心。在苹果庄园文创生活馆中，重点配置接待中心、会议中心、文创展销馆、温泉水疗中心几大空间。美式庄园商务会议中心规划容纳300人，半户外式设计，为承接商务会议、企业聚会等团队性活动提供服务设施，体现公共设施的独特性；苹果主题文创产品展销馆占地面积200平方米，以盐源县苹果主题为核心，展销苹果主题食品、文创饰品、化妆品等伴手礼；配套小型的生态水疗中心，环建筑周边以玻璃开口，打造全景的温泉花园。通过滑梯连接户外乐园、生态泳池，为高端消费群体提供"苹果醋浴""苹果花浴""盐浴""盐疗"等特色的高端度假服务；同时配套茶室接待空间、棋牌、桌球等休闲体验空间，为消费群体提供更加丰富的活动体验。

苹果大院。规划占地面积2 200平方米，建筑面积1 800平方米，重点打造9栋美式风情主题民宿，采用点状布局，室内以不同主题纹样和图案装饰多样主题的风格，打造大气与温馨于一体，阳光质朴而温暖的民宿体验地；每栋配置120平方米私人花园，设置户外烧烤台、四季缤纷的果园树阵、浅草繁花覆盖的自然驳岸、曲折婉转的栈道等，打造自然、优雅、含蓄、高贵的美式美学花园。

花园餐厅。规划占地面积1 500平方米，建筑面积1 500平方米，重点建设500平方米花园餐厅和1 000平方米的生态大棚为连接苹果庄园和消费终端的实体，Garden Center花园餐厅的食材由庄园内新鲜供应，除了美食体验外，餐厅还可以不定期举办亲子活动、团体聚会、婚礼庆典等活动，以增强用户黏性和体验度。在1 000平方米的生态景观大棚当中，搭建法式浪漫婚礼场景，以花艺餐厅与法式婚礼场景为特色，承接盐源县及外来游客的婚礼策划活动与餐饮接待，打造庄园法式婚礼的爱情主题，增加庄园的餐饮收入。

生态停车场。规划面积2 000平方米，承担园区游客暂时集散、接待、外来车辆停靠、内部交通工具换乘等功能。

（2）苹果有机种植区。位于柏林湖外围东西两侧，占地面积约3 000亩，依托现有苹果种植基地，优化品种结构，强化道路、水利等基础设施建设，并引入苹果有机栽培技术，使其成为盐源县高端果品生产基地。同时，在园区引进无人机、农业遥感探头等智能化装备，构建远程监控管理平台，提升农业精准化水平，为有机农产品高端客户的培育提供基础。种植园同时可为田园综合体提供"春观花、秋采果"的场所。

（3）儿童科普体验区。位于柏林湖以西，苹果主题度假区以北，为青少年儿童科普体验、观光游览、室外娱乐区，重点建设如下内容。

苹果学院。占地面积460平方米，建筑面积300平方米，联合周边中小学，通过举办夏令营、户外实践课堂等活动，植入苹果科普教育、果汁制作、烹饪体验、特色服饰制作等DIY课程体验，让亲子家庭在娱乐中学习，在学习中成长。

苹果乐园。以苹果主题的游乐设施、小小动物园等为基础，为儿童打造一个提供探索发现、挑战、运动和冒险的户外无动力游乐园。可以玩水、爬树，在沙滩里跳跃、在树林里捉迷藏，让孩子的"野性"得到充分发挥。

观光工厂。占地面积2 030平方米，建筑面积2 600平方米，以苹果深加工产品加工流程为基础，配以相应的解说、导览等服务，从休闲观光到科普学习、品尝体验等丰富游客的多元化体验，创造沉浸体验式科普教育基地。

（4）涉水休闲观光区。依托柏林湖开展滨水观光及水上娱乐项目，重点构建滨湖休闲观光长廊和水上娱乐活动区。利用柏林湖东南岸，建设1条彩色荧光跑道，3 000平方米草坪花海营地，水教堂、大秋千、天鹅之家、荧光鸟巢等室外景观，使该区域成为婚纱摄影打卡点；在湖水中设置以皮划艇为主的水上游乐场所，枯水期环湖打造生态赛道，通过会员制，组织皮划艇和卡丁车体验、骑马体验爱好者活动，同时为自驾游客、家庭亲子以及公司团队提供趣味性的休闲体验娱乐活动。

（5）苹果创新孵化区。位于柏林湖西侧，主要承担盐源县苹果生产技术引进推广、新型职业农民培训、创新创业孵化等功能。建设苹果研究及培训中心，占地面积1 500平方米，建筑面积4 500平方米，设置实验室、培训教室、双创孵化空间，为开展技术研究、技术培训、创新创业提供场所。建设创新孵化实践基地1 500亩，为技术培训和创新创业提供实践场地。建设500平方米优质苹果植物基因库，为盐源县苹果产业发展提供科研基础。

4. 投资进度

苹果庄园田园综合体总投资8 000万元，其中，一期投资4 500万元，二期投资3 500万元。资金筹措以建设主体自筹为主，以申请国家、地方政策性扶持资金为辅。

（六）苹果规模化生产基地

1. 建设思路

在国内和国际苹果市场的激烈竞争和变化中，盐源县作为我国西南冷凉高地优势产区的代表，亟须依托其自然生态优势和市场优势建设培育代表西南高原特色的优质苹果生产基地。立足盐源县平坝地区苹果种植区域，按照"高质量提升存量、标准化创建增量"的思路，以推进品种改良、按标生产、品质提升、品牌创建为重点，通过更新改造低产果园，标准化创建新增果园，巩固提升高产果园，大规模建设苹果生产基地，加快革新盐源县传统栽培模式，全面提升苹果产业综合生产能力，助力脱贫攻坚和乡村振兴。

2. 建设布局及规模

苹果规模化生产基地位于下海乡、梅雨镇、双河乡、卫城镇、盐井镇等乡镇，规划建设规模30万亩。

3. 建设内容

围绕下海乡、梅雨镇、双河乡、卫城镇、盐井镇等乡镇，立足现有苹果种植区域，以合作社为主体，以苹果生产龙头企业和农业产业化联合体为重点，统筹运用"产业园+村集体+合作社+农户""产业园+龙头企业+农户""产业园+合作社+农户"等多种模式，大规模开展苹果生产基地建设。面向区域内现有低产老果园，对具有提升改造条件的郁蔽严重、管理粗放、产量低而不稳的老果园，应用改品种、改树形、改土壤、减密度、减化肥、减农药技术措施，促进树体复壮和产量恢复；对不具备提升改造条件的老果园，稳步淘汰自然条件差、不适宜栽培的老果园，统筹推进品种老化、病虫害严重老果园的全园更新。面向区域内新建果园，根据区域土壤、水源等条件，选择适宜栽培模式，对有灌溉条件、土层深厚的地块，重点推广矮砧集约栽培模式，对水土条件较薄弱的地块，重点推广乔化栽培模式，推进苹果生产标准化。面向区域内现有高产果园，因地制宜推广涵盖土壤、肥水、病虫害、花果、树体、采收、清园等措施的先进适用生产制度和技术体系，进一步挖掘果园产量潜力，提升果园生产能力。通过更新改造低产果园，标准化创建新增果园，巩固提升高产果园，大力推广土壤改良、测土配方、水肥一体化、绿色防控技术，全面提升园区苹果产业绿色发展水平和综合生产能力。到2022年建成绿色、高产、高效的苹果规模化生产基地30万亩。

4.投资进度

苹果规模化生产基地总投资200 000万元，其中，一期投资70 000万元，二期投资130 000万元。资金筹措以各类新型农业经营主体自筹为主，以申请国家、地方政策性扶持资金为辅。

六、基础设施与环境保护

（一）基础设施与配套设施

1.道路交通

（1）道路现状分析。园区位于盐源县中部平坝地区，主要对外交通要道G348途经绿色蔬菜生产示范区、农产品加工物流示范区、苹果庄园田园综合体。同时，盐源县近年通过扶贫资金，以通村通畅工程、农村公路改善工程、渡改桥工程为重点，大力改善农村道路工程，目前已形成通乡公路网，全县公路通车里程超过2 800千米，通村硬化路全部实现通畅，黄泥坪大桥、新金河大桥、小高山隧道、磨盘山隧道、大金河桥升级改造等道路工程不断推进，内部交通条件快捷便利。园区重点建设生产区域（一核·三区·一体）内均有县道、乡道通过，可基本满足生产需求。但机耕道和生产道建设滞后，以土路为主未进行硬化。

（2）布局原则。以盐源县交通发展规划为依据，以满足生产、运输、救护、消防、旅游等需要为目标，综合考虑园区的产业布局状况，因地制宜地选线，力求达到"短、捷、顺"。尽可能利用现有道路，减少新规划道路。规划道路既要满足园区通行和消防需要，也要符合农田整治要求，道路硬化率≥80%。

（3）对外交通规划。紧密配合凉山州人民政府加快G7611西香高速公路建设，缩短盐源与周边省（市）行车距离，打通园区北侧对外交通要道。紧密配合凉山州交通运输局加快对国道G348两侧杨柳桥至梅雨镇改建工程建设，有效避免城市交通和过境交通相互干扰，提升普通国省干线城市过境段通行效率。紧密配合凉山州交通运输局推进S221线泸沽湖过境改线工程建设，全长21千米，有效分流过境交通，加强对泸沽湖景区的环境保护。力争在规划期末，园区三条东西向对外主要交通网络全面畅通（表6-6）。

表6-6 对外交通道路概况一览

序号	对外道路名称	里程（千米）	公路等级	总投资（万元）	牵头单位
1	G7611西香高速公路	176.6	高速公路	2 640 000	凉山州人民政府
2	G348线杨柳桥至梅雨镇改建工程	28.9	二级公路	35 000	凉山州交通运输局
3	S221泸沽湖过境改线工程	21.2	三级公路	19 760	凉山州交通运输局

（4）内部交通规划。结合盐源县通乡公路、通村硬化路和县乡道改造提升等项目和高标准农田改造工程，构建园区内部交通网络。根据园区地形特征与建设要求，园区道路系统由主干道、次干道、各功能分区生产步道和观光步行道路组成。

主干道。为园区各功能区主要货运、人流运输道路，在现有道路基础上，对部分路网进行硬化。重点实施苹果科技示范核心区"内外双环"主干道建设工程。遵循三级公路建设标准，采用瓦背形混凝土双车道，总宽8米，有效行车宽度7米，设计总长11.06千米。

次干道。与主干道结合构成各功能区交通网络，起到集散交通及服务功能。重点实施苹果科技示范核心区"三纵一半环"次干道建设工程，按四级公路标准进行建设，采用瓦背形混凝土双车道，总宽7米，有效行车宽度6米，设计总长11.83千米。

支道。园区支道主要包括生产型支道和游步支道两种类型，其中，生产型支道采用瓦背形混凝土单车道，有效行车宽度3米；游步支道采用混凝土路面，路面宽1.5~2米。具体规格根据各功能区建设和项目启动情况安排和修建，道路宽度根据项目需要情况而定。

2. 农田水利

（1）现状分析。园区目前主要以果树、蔬菜的设施栽培和露地栽培为主，灌溉水源主要来自园区中部盐源河、规划区内各小型水库和蓄水池。主要核心生产区滴灌系统的铺设、土体平整、深挖、改良、浇筑种植苹果树所需的架构基础等前期工作已经取得实质性进展。

（2）规划依据。

《农田灌溉水质标准》（GB 5084—2005）、《灌溉与排水工程设计规范》（GB 50288—1999）、《水利工程水利计算规范》（SL 104—1995）、《水土保持综合治理规划通则》（GB/T 15772—1995）、《四川省用水定额》（DB51/T 2138—2016）。

(3)灌溉用水量预计。农业生产用水量包括温室蔬菜种植用水量、林果灌溉用水量等。根据设施蔬菜无土栽培技术标准结合四川省地方标准《用水定额》(DB51/T 2138—2016),园区内年需灌溉用水量如表6-7所示。

表6-7 园区核心区、示范区灌溉用水需求量一览

产业分区	面积（亩）	用水标准（立方米/亩）	年需水量（万立方米）
设施蔬菜	380	100	3.8
露地蔬菜	2 500	150	37.5
苹果	21 800	55	119.9
合计			161.2

(4)水灌溉工程规划。

灌溉方式。在园区内大力普及节水灌溉,提高水资源利用率,同时降低产业成本。园区苹果科技示范核心区、苹果集约栽培示范区及绿色蔬菜生产示范区内均采用滴灌方式,并通过自动化控制和水肥一体化系统精确控制灌溉水量。建设完成后,使滴灌系统灌溉水利用系数达到0.95、灌溉设计保证率达到90%。

水源。规划期内重点实施园区北侧龙塘水库及灌区工程项目,该项目为马坝河流域规划第四级水库工程(电站),规划灌溉面积40万亩,于2019年下半年开工建设,2025年竣工,可有效保障园区灌溉水源;同时,完成园区内各河道、水库、输水渠道清淤、维护、整治工程。

管网布置。园区输水系统主要为管道输水系统,规划农业生产区采用高效的节水管道输水系统,并配置给水栓。

灌溉管网原则上依照园区内道路走向铺设,规划全部采用固定式管道系统,即输水干管、分干管、支管均采用固定式管道。根据不同区域灌溉需求,苹果科技示范核心区内规划De250、De160、De125、De110、De90、De75、De50七级滴灌管网。

(5)农田排水工程规划。本着尽量减少排水沟土方工程量的原则,因地制宜地对园区内现有承担排水功能的土沟进行硬化,并结合园区道路,就近、沿低洼积水线设置各级排水沟。经规划,苹果科技示范核心区内排水网络由排水干沟、支沟组成,总体形成"四干沟四支沟"的布局。排水干沟采用明沟或沟带路的建设形式,沟深1.6米,底宽1.2米,边坡1∶1,总长8 050米;排水支沟沟深1.4米,底宽1.0米,边坡1∶1,总长2 074米。

3. 给排水

主要包括农产品加工物流示范区、苹果庄园田园综合体内生活加工区域给排水工程。合理、长期安全可靠地供应生活和生产用水、消防用水，满足其对水量、水质和水压的要求；组织排除生产污废水、生活污水和雨水。做到水有来源，排有去处，满足生产，方便生活，改善环境，为发展生产和提高生活水平服务。

（1）给水工程。

水源规划。园区农产品加工用水、生活用水水源直接由盐源县市政供水供给。

给水管网。给水方式：生活、生产用水主要是依靠自来水，景观造景用水则通过地表水和雨水收集作为补充水源。给水系统：给水系统采用生活、生产、消防独立的给水系统。管道布置：根据规划，农产品加工物流示范区给水管网由干管、支管两级管网构成。农产品加工物流示范区干管沿示范区东侧南北主干道铺设，管网DN400；通往各用水点的给水支管呈枝状铺设，DN200。苹果庄园田园综合体给水系统集中于柏林湖南侧，依托乡村现有给水管网进行布局。

水源卫生防护措施及建议。卫生防护地带和防护措施，应参照我国《生活饮用水卫生标准》《生活饮用水水源水质标准》《饮用水水源保护区污染防治管理规定》《中华人民共和国水污染防治法》《中华人民共和国水法》执行并由供水主管部门结合当地卫生防疫部门建立必要的卫生防护制度。

（2）排水工程。排水工程担负着园区雨水和污水排放的任务，采用雨污分流的排水体制。沿地形铺设雨污管道分别收集雨水和污水，各自独立形成系统。雨水径流设计尽量利用地形，就近排入区域内河道；污水经污水管收集后经各示范区污水处理设施初步处理后，依托盐源工业园区污水处理厂和农村生活污水治理设施处理后达标排放或回收利用。

加工及生活污水。农产品加工物流示范区的污水主要为生产、生活污水，生产污水主要为苹果等农产品清洗废水。沿示范区东侧南北向主干道铺设污水收集干管，管网DN300，污水支管通向各生产车间，管网DN150~200。新建沉淀池，农产品清洗废水经沉淀后部分用于绿化、道路洒扫等循环利用。预处理后生产污水和生活污水经工业集中区公共污水管网排入北侧污水处理厂，达《城镇污水处理厂污染物排放标准》一级A标准后排入盐塘河下游。

苹果庄园田园综合体内休闲旅游项目的污水主要为生活污水，结合农村人居环境整治工程，重点完善柏林湖西南侧居民生活及旅游活动集中区污水收集管网。结合村庄规划，建设地埋A/O—生态塘污水处理设施，经处理后污水用于绿化灌溉、道路清洗等途径回用。

雨水径流。农产品加工物流示范区沿示范区道路建设雨水管网，收集后排入工业集聚区DN300雨水管线；苹果庄园田园综合体依地形和道路设置排水明沟，雨水径流经各级雨水沟渠收集后，就近排入临近沿路排水渠，最终汇入主排水沟排出。

建立可渗式路面，采用透水材料铺装，直接增加雨水的渗入量。将建筑物屋顶及道路、广场等硬化地表汇集的降雨径流，经收集—输水—净水—储存等渠道积蓄雨水，为绿化、景观水体、洗涤及地下水源提供雨水补给，以达到综合利用雨水资源和节约用水的目的。

4.电力电信

（1）现状分析。园区用电主要包含农产品加工物流用电、农业设施用电及生活用电，重点建设区域均可保证10千伏电网电力线供给，可为园区发展提供电力支持。

（2）规划依据。

《农村电力网规划设计导则》《农村电网建设与改造技术导则》《国家电网公司系统县城电网建设与改造技术导则》等。

（3）电网规划。园区外接市政电网，根据园区需要设立相应规格的变电站或变压器，具体位置根据园区建设实际情况合理布置。园区电力线路采用架空方式铺设。全面改造园区电网，提升供电能力，满足园区电力快速增长的需求，同时积极发展绿色能源。

苹果科技示范核心区供电网络设置，规划八横六纵供电线路，总长13千米；从西北角引进10千伏高压电缆，在高新技术集成示范区中心办公区域设立变电站1座，沿1#线高压线路降压，转入园区西北部的配电站，对苹果高新技术集成示范区进行电力控制和管理。绿色农业支持戒毒康复矫正服务示范区区域供电线路的设计与主要道路建设相一致，并在中心区域建设配电站进行电力控制和管理，对6#线的来电进行调配。在绿色农业支持戒毒康复矫正服务示范区加工区域建设配电站，对8#线的来电进行调配。

（4）电信工程。

网络建设：园区可采用有线网络接入与无线Wifi服务建立相结合的方式，实现园区重点区域有线/无线互联网全覆盖。同时，结合移动互联网（4G、5G）建设，打造园区移动互联网全覆盖。

管线规划：通信主干线从盐源县城沿果场路埋设至核心区，在核心区沿道路主干道埋设。主要沿主干路两侧铺设，宜采用电缆沟方式，新建道路应预留电缆沟位置。地下通信管网统一规划、统一建设、统一管理，通信管道孔数应满足市话、长话、非话数据通信、有线电视和其他各类公共通信业务的需求，合理分配管孔资源。在每个社区设置电信交接箱分配给各用户。

5.公共服务设施

（1）园林绿化系统。保持园区整体风貌与自然环境相协调。保护和修复自然景观与田园景观，开展园区风貌整治和村庄绿化美化。结合做好绿化美化，改善园区环境。

（2）视频监控系统。依托"一核·三区·一体"五片区警务室建设视频监控平台，在各独立园区主要出入口、停车场、游客服务区等主要公共场所设置视频监控、防盗报警等设施。

（3）环卫系统。规划建立垃圾分类收集系统，推行垃圾分类处理，对收集垃圾按照类别就地或运往垃圾处理厂，集中处理。

合理布置生态卫生间，设置移动式生态公厕，在满足环境及景观要求的前提下结合绿地设置。采用目前国内生态公厕的主流产品，通过环境工程的手段，利用微生物的新陈代谢作用和物理化学作用，完成对粪尿污染物的降解，最终转化为CO_2和水排入环境，同时再生出清洁的水供冲洗厕所使用或直接排放进入环境。

（4）标志系统。结合游赏线路设计，采用生态式解说牌示系统，整体风格与项目区保持一致，主要在园区主要节点设计布设解说导引标志，主要包含全景指示牌、交通指示牌、景点标志、忠告牌示、服务牌示等。

（二）环境保护规划

1.生态环境保护和建设目标

以污染治理、生态环境保护为重点，提高园区生态保育水平，控制水土流失和地质灾害，维护规划区生态安全，综合生态环境破坏和环境污染，完善城乡环境基础设施建设，使区域生态安全水平得到提升，环境污染得到有效控制，环境质量得到改善。

2.规划实施对生态环境的影响

本项目主要为农业种植、农产品加工和休闲旅游业项目运营，在项目生产过程中存在一定的污染物，如农业种植中的农药和化肥污染、农产品加工过程产生的"三废"和噪声污染、休闲旅游项目产生生活废水和垃圾等污染。规划区道路开挖及弃石堆置将会改变原地形地貌，对地表植被及生态环境产生一定的影响。

（1）水环境影响分析。园区可能产生的水体污染源主要包括：一是农田施用化肥农药，不能被作物吸收利用随地表径流流失的部分；二是农产品深加工产生的废水，苹果加工废水主要来源于原料及设备清洗，糖分和悬浮物含量较高；三是农村生活污水，主要组成是人类的排泄物和合成洗涤剂，污染物中均含较高负荷的氮和磷，可能会对浅层地下水产生不利影响。

（2）土壤环境影响分析。规划的实施对土壤的主要影响来自3个方面：一是化肥。大量施用化肥或施用不当会对农田土壤重金属的积累、农田土壤结构等造成影响。二是农药。土壤生物的丰度是沃土的重要标志，残存于土壤中的农药将对土壤中的微生物等产生不同程度的危害，致使土壤环境发生改变。三是农膜残留。地膜丢弃在田间地头或残留在土壤中，不但破坏自然景观，而且由于其很难被土壤吸收和降解，会对土壤造成污染。

（3）大气环境影响分析。规划实施过程中可能产生的大气污染物主要来源于苹果产品加工区锅炉燃烧产生的废气，加工区主要采用燃气锅炉，主要产生污染物为NO_x、SO_2和颗粒物等。另外，污水处理、餐厅等节点可能产生一定量的恶臭和油烟废气。

（4）生物多样性影响分析。项目实施过程中可能会造成水体污染，引起水体富营养化，单一植物过度生长，影响水生植物和水生动物的多样性。人为活动使动物栖息地减少和生境发生变化，干扰斑块增多和增大，导致动植物种类和数量减少，食物链等环节的改变间接导致生物多样性降低。由于综合开发导致外来物种的侵入机会增加，增加了本地物种的生存压力，有可能导致部分不能适应的本地物种灭亡，降低规划区的生物多样性。

3. 生态环境保护措施

（1）遵循循环农业设计理念，实现农业废弃物零排放。园区规划中将循环农业理念贯穿其中，通过枝条秸秆饲料加工、农田沼气工程、农膜回收等循环农业项目的实施，将区域环境内种养加有机连接，实现"秸秆—沼—林"的循环经济模式，在减少农业生产废弃物排放的同时，有效改良当地土壤和水环境。重点推广以下农业废弃物利用方式。

废弃物资源化利用模式：完善果树枝条、落叶等农副资源收集、储存和运输体系，采取脱水干燥、生物发酵等适宜加工方式，生产养殖饲料、蛋白原料或全混合日粮，实现资源饲料化利用。

田间保育设施：建设田间有机肥储存池，将沼渣沼液、堆沤肥料等有机肥源进行分区储存，解决有机肥施用季节性问题。建设田间化学投入品废弃物收集池，定点收集废旧地膜、农药和肥料包装物等，定期回收和资源化利用，解决废弃物污染问题。

（2）严格管控农业投入品，减少农业面源污染产生。按照"一控两减三基本"的农业面源污染治理标准，推广有机肥替代化肥、机械施肥、种肥同步、化肥深施等化肥减量增效技术，防止或者减少过度施肥和盲目施肥；应用测土配方等技术来提高用肥的精准性，提高利用率；同时鼓励农民通过绿肥、农家肥的使用，来替代化肥、培肥地力。依托园区针对苹果主要病虫害，集成农业、物理、生物和化学等综合配套技术体系，开展绿色防控关键技术集成与示范应用，探索形成绿色防控技术规程，保障产品质量安全，保护农田生态环境。对于农药，主要解决过量的不安全施用问题，通过"管住高毒、减少低毒、科学用药"的办法来解决。管住高毒，园区要建立完善的用药监管制度，加强对农民的用药管理以及指导，防止高毒限用农药的滥用；同时，通过科技研发和补贴政策，推广高效、低毒、低残留的生物农药，有力地促进农业生态环境的持续发展。

（3）增加生态环保投入，构筑山区生态体系。以苹果科技示范核心区和苹果庄园田园综合体为生态核心，以盐源河为生态廊道，构筑生态和谐、环境优良、景观优美、良性循环的生态结构体系。项目建设过程中，严格控制滥采滥挖等行为，保护园区内水土资源。加强生态建设，提高植被覆盖面积，加强山区水源涵养林和水土保持林的建设。

（4）推广清洁生产技术，建设绿色农产品加工区。园区建设中坚持环境友好，引进绿色生态、低耗低排放和安全优质的生产加工模式，发展绿色、低碳和资源节约型苹果制品加工业。优先选用先进的清洁生产技术和机械化、自动化程度高的生产设备，注重设备的环保特性，推动水、气、固体污染物资源化和无害化利用。全面系统地从生产管理、员工操作、原料能源、工艺设计、过程控制、污染物排放等方面定期考察整个生产过程，及时发现问题并有针对性地提出和实施清洁生产能源，进一步减少污染物的产生和排放。推动企业建立健全清洁生产管理机构，提出和制定企业的清洁生产方案，组织对职工的清洁生产教育和培训，推动企业清洁生产持续发展。加强厂区垃圾收集、污水处理、消减噪声等环保设施建设，严格执行国家相关排放标准。

（5）加强景区管理维护，推进绿色旅游发展。园区休闲旅游景区垃圾必须分类收集，能回收的尽量回收，不得让固体废弃物直接进入水体污染水源，养殖、种植基地及休闲观光区的固体废弃物统一规划处理，生活垃圾由环卫部门收集运往垃圾处理站做无害化处理。在区域道路、停车场、服务中心等公共场所根据需要设立美观大方的垃圾箱，并组织清洁队清理垃圾，并按环保部门指定的地方进行处理。

4.生态环境影响评价

本规划的实施，一方面对增加当地农民经济收入，安置农村剩余劳动力，调整农村经济结构，优化产业结构，促进农业可持续发展具有积极意义；另一方面可改善规划区农业生产条件，达到增产增效的目的，并对规划区气候条件产生有利影响。

规划的建设内容对规划区生态环境没有重大负面影响。加强项目建设全过程环境管理，严格执行各项生态环境保护措施，将环境影响不利因素降到最低。部分可能产生的对自然环境的负面影响可预可防，需要在项目运行过程中密切关注环境影响因素，及时采取必要的预防、减轻或补救措施。

综上所述，本规划的实施对生态、社会与经济的影响多为正向效益，其负面影响在可预可控范围内。

七、投资估算与效益分析

（一）投资估算

围绕盐源县现代农业产业园暨现代农业产业融合示范园区规划目标的实现，以及实施六大功能区重点项目建设需求，规划建设30个重点项目，总投资302 520万元，其中，苹果科技示范核心区投资27 270万元，苹果集约栽培示范区投资15 000万元，绿色蔬菜生产示范区投资5 250万元，农产品加工物流示范区投资47 000万元，苹果庄园田园综合体投资8 000万元，苹果规模化生产基地投资200 000万元（表6-8）。

表6-8 盐源县现代农业产业园投资估算

序号	项目	规划建设规模	投资额度（万元）
一	苹果科技示范核心区		27 270
1	苹果种质资源圃	100亩	230
2	优质种苗繁育中心	800亩	1 600
3	高标准示范果园	5 300亩	9 540
4	苹果采摘体验园	100亩	200

（续表）

序号	项目	规划建设规模	投资额度（万元）
5	立体栽培生产基地	500亩	300
6	循环农业基地	130亩	1 700
7	园区管理与科技创新中心	20亩	2 700
8	绿色农业支持戒毒康复矫正服务示范区	3 350亩	6 000
9	高标准农田及配套设施建设	3项	5 000
二	苹果集约栽培示范区		15 000
1	低产果园更新改造示范园建设项目	10 000亩	6 000
2	矮化轻剪集约栽培示范园建设项目	5 000亩	8 000
3	果园配套贮水建设项目	50 000立方米	1 000
三	绿色蔬菜生产示范区		5 250
1	现代蔬菜工厂化育苗项目	10亩	400
2	日光温室蔬菜标准化生产示范项目	70亩	400
3	早春和秋延大棚蔬菜标准化生产示范项目	300亩	800
4	露地蔬菜标准化生产示范项目	2 500亩	2 500
5	蔬菜废弃物无害化处理项目	10亩	50
6	小型蓄水灌溉池建设项目	100亩	500
7	农机库、职工住宿及其他基础设施建设	10亩	600
四	农产品加工物流示范区		47 000
1	苹果加工贮藏项目	120亩	33 500
2	苹果扶贫加工车间项目	30亩	3 500
3	核桃加工项目	25亩	3 000
4	花椒加工项目	35亩	4 500
5	农产品冷链物流项目	20亩	2 500
五	苹果庄园田园综合体		8 000
1	苹果主题度假区	300亩	2 100
2	苹果有机种植区	3 000亩	1 000
3	儿童科普体验区	500亩	870
4	涉水休闲观光区	1 000亩	1 030
5	苹果创新孵化区	1 500亩	3 000
六	苹果规模化生产基地	300 000亩	200 000
	合计		302 520

（二）实施进度

根据项目规划期限安排和分项目建设目标确定，项目实施分为一期（2019年6月至2020年12月）和二期（2021年1月至2022年12月）。

各阶段主要建设内容实施进度如表6-9所示。

表6-9 项目分期实施进度一览

序号	项目	主要工程内容	一期	二期
一	苹果科技示范核心区		6 910亩	3 390亩
1	苹果种质资源圃建设项目	建设苹果新品种种质资源圃，收集、评价、筛选优质苹果的种质资源	100亩	—
2	优质种苗繁育中心建设项目	建设苹果新品种种苗繁育基地，优新品种采穗圃、无性系砧木压条圃和砧木采种园	150亩	650亩
3	高标准示范果园建设项目	定植前土地整理、灌溉系统配置、购置苗木、机械设备、订购防雹网等	3 000亩	2 300亩
4	苹果采摘体验园建设项目	建设采摘体验区及果树认养区，利用植物搭配造景	100亩	—
5	立体栽培生产基地建设项目	改造老旧果园，开展苹果—中药材立体种植	500亩	—
6	循环农业基地建设项目	建设优质种猪繁育生产基地130亩，苹果修剪枝条收集站4个，有机肥加工车间1项	—	130亩
7	园区管理与科技创新中心建设项目	建设科技创新研发中心、园区综合管理中心、建设"双创"孵化中心、建设社会化服务中心、建设盐源县现代农业产业园智慧云平台	10亩	10亩
8	绿色农业支持戒毒康复矫正服务示范区建设项目	绿色家园戒毒社区2 800亩，温室大棚蔬菜基地450亩，农产品加工物流及电子商务基地100亩	3 050亩	300亩
9	高标准农田及配套设施建设	建设高标准农田1项，景观大道及景观节点1项，园区入口大门、节点标志牌、休憩亭、卫生间和停车场等配套设施1项	2项	1项
二	苹果集约栽培示范区		8 000亩	7 000亩
1	低产果园更新改造示范园项目	改品种、改树形、改土壤、减密度、减化肥、减农药，提升改造低产果园	5 000亩	5 000亩
2	矮化轻剪集约栽培示范园项目	定植前土地整理、灌溉系统配置、购置苗木、机械设备、订购防雹网等	3 000亩	2 000亩
3	果园配套贮水建设项目	10 000立方米蓄水池5座及配套的引水泵房和管道	3万立方米	2万立方米

（续表）

序号	项目	主要工程内容	一期	二期
三	绿色蔬菜生产示范区		1 765亩	1 235亩
1	现代蔬菜工厂化育苗项目	现代蔬菜工厂化育苗温室	10亩	—
2	日光温室蔬菜标准化生产示范项目	日光温室	—	70亩
3	早春和秋延大棚蔬菜标准化生产示范项目	连栋大棚和单栋大棚	150亩	150亩
4	露地蔬菜标准化生产示范项目	规模化、机械化种植蔬菜	1 500亩	1 000亩
5	蔬菜废弃物无害化处理项目	堆肥	—	10亩
6	小型蓄水灌溉池建设项目	蓄水池	100亩	
7	农机库、职工住宿及其他基础设施建设项目		5亩	5亩
四	农产品加工物流示范区		130亩	100亩
1	苹果加工贮藏项目	分拣厂房进行升级改造，新建气调库、仓库、苹果加工车间，采购现代化多功能苹果检测、分选、包装线	80亩	40亩
2	苹果扶贫加工车间项目	机械加工区基础建设、农业技术创新区基础建设、绿色食品区基础建设，建成创业培训及生活服务区，完成道路、加气站、通信、绿化等各种基础设施建设	15亩	15亩
3	核桃加工项目	核桃3 600吨初加工生产线，15 000吨核桃乳、年产2 000吨核桃油生产线各1条	10亩	15亩
4	花椒加工项目	5万千克花椒初加工基地，精深加工生产线3条	15亩	20亩
5	农产品冷链物流项目	20亩	10亩	10亩
五	苹果庄园田园综合体		3 300亩	3 000亩
1	苹果主题度假区	苹果文创生活馆、苹果大院、花园餐厅、生态停车场等项目	300亩	—

（续表）

序号	项目	主要工程内容	一期	二期
2	苹果有机种植区	定植前土地整理、灌溉系统配置、购置苗木、机械设备、订购防雹网等，有机种植技术引进	1 500亩	1 500亩
3	儿童科普体验区	苹果学院、苹果乐园、观光工厂等项目	500亩	—
4	涉水休闲观光区	滨湖休闲观光长廊和水上娱乐活动区	1 000亩	—
5	苹果创新孵化区	苹果研究及培训中心、苹果加工区等项目	—	1 500亩
六	苹果规模化生产基地	更新改造低产果园，标准化创建新增果园，巩固提升高产果园	10万亩	20万亩

（三）效益分析

1. 经济效益

到2020年，预计园区经济效益约172 170万元，其中，苹果生产加工166 700万元、绿色蔬菜生产1 760万元、核桃及花椒等农产品加工3 300万元、休闲度假旅游410万元。

到2022年，预计园区经济效益约337 810万元，其中，苹果生产加工324 400万元、绿色蔬菜生产4 310万元、核桃及花椒等农产品加工5 700万元、休闲度假旅游3 400万元（表6-10）。

表6-10 盐源现代农业产业园经济效益

（单位：万元）

序号	类别	2020年	2022年
一	苹果生产加工	166 700	324 400
二	绿色蔬菜及特色种养生产	1 760	4 310
三	核桃、花椒等农产品加工	3 300	5 700
四	休闲度假旅游	410	3 400
	合计	172 170	337 810

2. 社会效益

（1）大大提升苹果主导产业生产能力。园区依托龙头企业、合作社等经营主体，有效探索和推广盐源县苹果规模化绿色生产模式，强化基地建设，奠定果品质量可控、安全健康、营养美味的品质基础，打造西南特色高原苹果优质、绿色标准化生产基地；同时，推进盐源县苹果集群化加工、品牌化营销、体验式休闲等全产业链发展，推动盐源县苹果产业发展水平实现全国领先。

（2）推进区域农业产业结构调整步伐。本项目按照现代农业和生态农业的发展思路，以苹果、蔬菜种植为基础，带动当地特色种养、农产品加工、休闲观光等产业协同发展，对于盐源县现代种植业及农产品深加工产业的现代化、产业化、可持续发展起到积极的推动作用和示范指导作用，有效带动农业生产关系的转变和农村劳动力的转移就业，创造全新的农业生产与生活方式，实现现代生态农业以及相关产业的生产、示范和科技创新功能，切实推进现代生态农业可持续发展。

（3）有效促进农民增收。规划实施后，通过盐源县苹果、蔬菜、加工及生态休闲产业的实施，为当地劳动力就地就业提供了岗位；同时，通过重点建设项目的拉动，可带动周边农户发展苹果、蔬菜种植产业，有效增加农民收入、拓宽农民就业渠道。到2022年，园区直接及间接带动就业人数5万人以上，园内农民人均可支配收入高于全县平均水平30%以上；同时，加工业带动农业基地发展，给原料基地注入设施、资金和装备等现代生产要素，提升了农业专业化、标准化、规模化和集约化经营水平，带动相关产业多环节、多层次和多领域的融合，实现农业提质增效。

（4）提升当地居民生活质量。通过园区水电路绿化等基础设施工程的建设，有效提升各自然村落间生产、生活的便利性和美观性；同时，随着园区休闲旅游产业的发展，对园区内生产和文化景观的建设及维护提出更高要求，将进一步提升村民生活品质。本项目为盐源县美丽乡村建设提供新型运营模式，产生巨大的推动力。

3. 生态效益

园区苹果、蔬菜生产基地建设过程中，积极推行水肥一体化、病虫害综合防控等绿色生产技术，在有效提升农产品质量的同时，降低农药、化肥等化学品投入量，减少土壤和水质污染，有效控制农业面源污染。通过标准化果园建设，增加平坝地区植被，降低了水土流失，防风挡沙，为盐源县构筑了绿色屏障，创新了生态保护与农业发展相互促进的新模式。

八、运营保障

（一）健全组织管理

1. 构建统筹体系

将《盐源县现代农业产业园规划》纳入盐源县经济和社会发展重要工作议程中，

成立由县委、县政府主要领导牵头，多部门参与协作的工作领导小组。明确规划目标、指标、任务、措施和建设内容的要求；明晰各岗位权利与职责，切实发挥组织领导和协调管理作用，并在规划实施期对各项目做好监督管理等工作。成立现代农业产业园领导小组，确定岗位职责，明确机构编制，落实工作人员，由政府和企业共同建设、管理。搭建"政府+企业+专家"三位一体的顶层统筹体系，保障规划项目开展的连贯性、科学性与实操性。分别成立园区管理委员会和专家指导委员会。园区管理委员会在实施期间要充分发挥主管作用，负责园区内有关管理和服务工作，组织和指导园区深化改革，服务园区企业的科研及新产品开发。专家指导委员会在实施期间要立足于园区，针对园区的发展规划、战略、运营管理、生产技术等方面提供咨询和技术指导。

2.强化公共服务

构建以政府引导、国投公司主导、合作经济组织为基础、龙头企业为骨干、其他社会力量为补充，公益性服务与经营性服务相结合、专项服务和综合服务相协调的新型农业社会化服务体系。政府要不断改革用人制度、健全考评制度、完善分配制度，加强农村经营管理公共监管服务机构力量，创新基层公共服务机构管理体制和运行机制，通过政府购买服务等方式提供公共服务。企业要引领加快园区内农技推广、果蔬疫病防控、注重产品质量安全、加快园区内农产品企业的加工物流的标准和品牌建设。

3.加强科学管理

建立健全园区规章管理制度，重点加强财务管理、资金管理、重点项目建设管理。制定规章制度和相关政策、完善架构机制，规范政府、企业、合作社、农户等各相关主体职责权限和权利义务，做到有规可依，有章可循。建立规划目标责任制，严格检查考核，加强园区规划建设的科学性、合理性、高效性，最终实现园区的可持续发展。

（二）完善运营机制

1.产业经营机制

一是引进和培育龙头企业。按"谁有能力谁牵头，谁牵头扶持谁"的原则，加快引进和培养有市场开拓能力、技术创新能力、资金融通能力、现代企业管理能力和带动农户能力强、辐射范围广的龙头关联企业，使它们由小变大、由大变强。二是培育各类农业经营主体利益共同体，促进产业链条延伸融合。一方面发挥园区龙头企业的引领作用，依托园区龙头企业，通过制定农产品生产、服务和加工标准，提供技术指导、培训、推广服务，示范引导合作社和农户从事标准化生产；通过发展基础种植、初加工、建设物流体系，健全农产品营销网络，引领产业链升级。另一方面积极培育合作社，发挥合作社联结企业和农户的桥梁和纽带作用，支持合作社围绕产前、产中、产后环节从事生产经营，引导农户发展专业化生产，强化农户生产能力。三是创新园区产业经营模式。完善创新"产业园+企业+基地+农户""产业园+合作社+农户""产业园+村集体+合作社+农户"等多种形式农业产业化经营模式，实现产加销一体化，推进农村产业融合发展，提高农业综合生产能力，促进农民持续增收。

2. 利益联结机制

一是通过建立合理的利益关系，促进形成健康的产业生态环境。农户、合作社、种植大户与龙头企业建立稳定的供销关系，依法签订农产品购销是利益共享的基础；探索股份制、合作制的发展，令农户可出资入股建立股份合作社，进入二三产业。建立企业利益共享机制，有关政府部门和协会组织，对企业既需引导，也需约束。最终使各参与主体受益，真正形成利益共同体。二是因地制宜，因户施策，合理选择相应的联结纽带模式。根据政策引导、宣传发动、搭建平台，建立健全农业经营主体帮扶名录，按照互利共赢、因户施策、因地制宜的原则，根据贫困户自身条件和脱贫需求，确定贫困户、贫困村与新型农业经营主体的利益分配方式和联结关系。开展"农业产业化联合体+贫困户"的形式，将贫困户吸收为成员或帮扶对象，发展农业特色产业带动脱贫。对于有相应能力的贫困人口，鼓励新型农业经营主体。现代农业产业园优先吸纳贫困户长期就业或季节性务工，合理确定工资水平，保障贫困户工资收入；鼓励自营苹果基地或园区的新型农业经营主体，根据经营管理需要，划出基地或园区部分片区、设施设备分包给贫困户管理，实行"保底工资+超产分成"的分配方式。选择合理的分配方式，提升带动脱贫能力。

3. 创新创业机制

一是打造创新创业平台。充分利用园区要素集中、产业集聚、经营集约的优势，打造农村创业创新平台，为创业主体提供平台；推行"地方政府与科研院校"产学研合作模式、"农业科技企业"开发模式等，建设基础完善、设备先进、运行开放、管理高效的园区创新平台；重点举办创新活动、论坛、文化交流等来提高农村的创新创业能力。二是培育鼓励返乡创业人才。通过对农民和农业技术人员的专业培训，形成一个覆盖园区及其周边的农业技术推广网络，吸引国内外知名企业，聚集科技人才，鼓励返乡创业人才，形成稳定的技术来源和技术力量，提升园区项目质量。三是以科技创新驱动产业提质，加强农业绿色生态，开发创业项目。明确农业科技创新的目标和方向，致力于打造优质农产品，加强农业绿色生态，提升技术研发应用，推动农业发展质量、效益的全面提升，在优质农产品的基础上开发新型创业项目。四是围绕种植生产基础，开发二三产业等创业项目，打造农业新业态。结合园区主导产业和特色产业发展，充分利用园区内龙头企业、自然条件、劳动力资源等，围绕农村一二三产业融合发展，为农村创新创业提供对接项目，带动各类农村市场主体围绕标准化种植、加工物流、休闲农业、农村电商、文化创意、农业服务等农业新产业新业态，开展创新创业，强化培育农业新业态经营主体，实现农业与二三产业交叉融合的农业新业态产业体系，更好地促进农村一二三产业深度融合发展。

4.市场营销机制

在营销体系建设上，按照"政府搭线、企业主导、多方参与、市场导向、网络支持"的模式，依托已有品牌和渠道基础，引入拥有渠道和物流、服务、休闲养生等优势的企业主体和社会资本（表6-11），建设连接生产企业、经销商、消费者、投资者、地方政府、监管机构等各方的全产业链一体化营销体系。

表6-11 产业招商对接企业参考信息

序号	企业名称	主要业务	地址
1	红河州和源农业开发有限公司	种植、养殖、加工销售、仓储保鲜、运输配送	云南红河
2	陕西华圣果业营销管理有限公司	水果种苗、栽培、加工、冷藏保鲜、冷链运输	陕西西安
3	佳沃集团有限公司	聚焦于水果、茶叶等细分领域进行投资和运营	北京海淀
4	上海都乐食品有限公司	水果类农副产品的种植、加工、保鲜、分装	上海浦东
5	深圳市鑫荣懋集团股份有限公司	水果种植、采后处理、冷链物流配送、渠道分销	深圳宝安
6	江西杨氏果业股份有限公司	鲜果种植、商品化处理、加工包装及多渠道销售	江西赣州
7	深圳市百果园实业发展有限公司	水果采购、物流仓储、门店零售、金融资本	深圳龙岗
8	亚洲果业控股有限公司	果蔬种植、栽培、加工、销售	中国香港
9	鲜丰水果股份有限公司	水果连锁零售、优选、精细储运、冷链配送	浙江杭州
10	烟台泉源食品有限公司	果树种植、果蔬收购、储藏、加工、销售	山东烟台
11	陕西海升果业发展股份有限公司	果蔬育苗、种植、仓储物流、生鲜销售、精深加工	陕西西安
12	北京沃谷农业发展有限公司	种植、销售新鲜水果	北京顺义

（续表）

序号	企业名称	主要业务	地址
13	河北晶品果业有限公司	果树种植、种苗培育及销售、干鲜果品收购和销售	河北邯郸
14	深圳振鹏达实业集团有限公司	农副产品深加工及销售运营	深圳宝安
15	山东绿杰股份有限公司	果树种植、果醋研发、生产、销售	山东龙口

在销售渠道布局上，拓宽线上线下销售渠道。一方面完善苹果产地交易市场体系建设，支持企业发展连锁店、直销店（社区直销车）等产品销售渠道，积极对接超市、社区、机关、企事业单位，发展订单农业；另一方面充分利用互联网、移动互联网的优势，搭建集销售、物流、管理为一体的电商服务平台，对接盒马鲜生、每日优鲜、7FRESH、喵鲜生、京东生鲜、苏宁生鲜、顺丰优选、天天果园、本来生活等平台，创新"电商网站网店+新媒体+自平台（网站、移动端App）+O2O"的网络整合营销组合，打通农产品进城的流通渠道。

在品牌创建方面，大力实施品牌化战略，缔造盐源县苹果产品核心竞争力，在质量监管、品牌营销、品牌管理等方面狠下功夫。一方面坚持以质取胜，加强标准化基地建设，提升品牌农产品的质量，加强苹果、蔬菜等产业绿色食品、有机食品、农产品地理标志的申请与认证工作；另一方面适应市场的多样化、个性化需求，加强品牌营销和宣传平台建设，凸显盐源苹果"离太阳很近，离城市很远"品牌形象，大力提升盐源县特色农产品在国内及国外市场的影响力和竞争力，扩大市场份额和知名度，最大限度地实现品牌农产品的经济效益和社会效益。

在品牌市场营销上，采取"广告宣传、展会推广"相结合的方式，一方面依托报纸、广播、电视、各类杂志、公共场所的电子屏幕和广告牌等媒介进行广告宣传，提高"盐源苹果"的品牌知名度；另一方面举办各种展览、交易会、经贸洽谈会、技术交流研讨会等展览、节会活动，抓住省内、国内、国际相关会展的机会（表6-12），进行产品宣传和销售，扩大园区影响力，大力推广"盐源苹果"品牌。

表6-12 相关展销会时间

展销会名称	展销时间
中国西部（重庆）国际农产品交易会	1月
西南农资博览会	7月
全国植保会	11月

（续表）

展销会名称	展销时间
广州世界农业博览会	9月
中国国际农产品交易会	11月
亚洲农业与食品产业博览会	9月
全国优质农产品展销周	12月
中国农产品加工业投资贸易洽谈会	9月
海峡两岸现代农业博览会	11月

（三）加大资金投入

1. 积极申请财政资金支持

首先牢牢抓住国家、省、市对口扶贫投资机遇，加强沟通衔接，积极争取国家、省、市对口扶贫专项资金。其次把握好国家、省、市现代农业产业园及产业融合示范园建设标准，精心筹备项目，提高立项成功率，积极争取上级财政资金的扶持。建立财政投入资金池，构建涉农财政资金整合机制。

2. 引导社会资本参与，扩宽融资渠道

积极与银行对接，争取银行信贷支持。完善财政促进金融支农奖补政策，推广"银行+担保""政银保""银行+风险保障金"等多种财政金融支农模式。

内聚外引，多渠道筹集园区发展资金，鼓励和引导工商企业、外资和其他社会资金参与建设，积极组织和参与多级别、多形式的招商会、贸易洽谈会、商会等活动。鼓励物流企业、信息企业、电子商务企业、智慧农业企业等带资金、带项目、带技术、带人才、带市场入驻，融聚企业资本，加快园区发展。

（四）强化科技支撑

1. 加强农技推广，强化技术培训

依托各科研院所及院校，搭建技术与市场的对接平台，加快科技成果转化，组织生产技术和实用技能培训活动，利用专家授课、成果示范、交流研讨会、建立网站等方式，普及国内外先进品种知识、产品种植技术、标准化田间操作规范等，推行技术成果。通过对农民和农业技术人员的专业培训，形成一个覆盖园区及其周边的农业技术推广网络。

2.完善科技创新机制，发挥辐射带动作用

依托园区产业基础优势，大力开展对企业职工、农民的科技培训，提高人员科技文化素质，适应园区建设发展和科技创新的需要。依托中国农业科学院及其他科研院所，通过合作共建、科技合作等方式，加强产学研协同合作，打造园区集成孵化、示范带动、成果转化的农业科技综合服务平台，成为凉山州现代农业发展的示范样板。

3.大力发展智慧农业，提升农业信息化水平

建立农产品质量追溯体系，通过加强特色农产品产地监管、农业投入品监管、农产品加工企业监管、电子地图管理、产品包装与标志管理、风险评估与预警机制管理、信息交流互动平台管理等系统建设，形成对园区苹果、蔬菜等特色农产品生产、加工、仓储、分销、物流运输、市场巡检及消费者等环节进行数据采集跟踪，实现对农产品生产、销售、流通、服务全程监控管理。探索应用物联网、大数据和人工智能，开发苹果大数据应用系统，加快管理平台的设计、开发与使用，为苹果大数据管理和服务提供全面支撑。集成、挖掘和使用在苹果生产、管理、加工流通中产生的大量数据，构建功能完善的农业信息化综合服务平台，推进农业物联网试验示范，加大智慧农业技术推广应用产业化模式，着力提高农业创新力，打造智慧农业示范样板。

（五）强化人才保障

1.加强人才引进

创造良好政策环境，培育、引进一批有远见、有能力、有责任感的高素质人才，优化服务机制。建立新型的农业科技人才聘用制度，吸引省内外优秀大学生、专业技术人才到园区工作就业。通过招聘、调动等方式把一些懂业务、擅管理的人才，充实到各经营管理层中，提高园区建设的人才水平。出台更多优惠政策，鼓励高学历、高职称、高层次、高素质的"双创"人才到园区进行开发和投资创业。

2.重视职业农民培训培养

通过开展农业培训和示范项目带动，大力培育生产和技术人才，使这些人才掌握相关的技术，提供及时的技术支持和信息服务。内向挖掘与外向吸引相结合，多渠道多形式地扶持培养"一懂两爱"的合作社带头人、农业经纪人参与产业经营。

主要参考文献

陈敏，袁威，2019. 实现脱贫攻坚与乡村振兴有机衔接的四川实践[J]. 经济研究，21（4）：36-41.
郭景福，程文，2018. 民族地区特色产业精准脱贫机制与路径研究[J]. 发展研究，387（11）：75-79.
国务院，2016-11-23.《国务院关于印发"十三五"脱贫攻坚规划的通知》（国发〔2016〕64号）[EB/OL].
　　http：//www.gov.cn/zhengce/content/2016-12/02/content_5142197.htm.
国务院扶贫办政策法规司，国务院扶贫办全国扶贫宣传教育中心，2018. 人类减贫史上的中国奇迹——中国扶贫改革40周年论文集[C]. 北京：研究出版社.
侯刚，邢韵龄，2020. 乡村振兴背景下脱贫攻坚成效巩固与提升的路径论析[J]. 延边党校学报，36（1）：58-62.
李俊杰，耿新，2018. 民族地区深度贫困现状及治理路径研究——以"三区三州"为例[J]. 民族研究（1）：47-57.
吕开宇，施海波，李芸，等，2020. 新中国70年产业扶贫政策：演变路径、经验教训及前景展望[J]. 农业经济问题（2）：23-30.
聂凤英，2019. 深度贫困地区产业扶贫的现状与作用机制分析——基于"三区三州"的实地调研[J]. 内蒙古民族大学学报（社会科学版），45（4）：1-5.
孙邦国，2019. 实施乡村振兴战略助力脱贫攻坚[J]. 合作经济与科技（11）：32-33.
习近平，2020-3-6. 在决战决胜脱贫攻坚座谈会上的讲话[EB/OL]. http：//www.ccps.gov.cn/xxsxk/zyls/202003/t20200306_138549.shtml.
徐美银，2019. 乡村振兴战略的科学内涵、动力机制与实现路径研究[J]. 农业经济（12）：3-5.
中共中央 国务院，2018-6-15.《中共中央 国务院关于打赢脱贫攻坚战三年行动的指导意见》[EB/OL].
　　http：//www.gov.cn/zhengce/2018-08/19/content_5314959.htm.
中共中央 国务院，2018-9-26.《乡村振兴战略规划（2018—2022年）》[EB/OL]. http：//www.moa.gov.cn/ztzl/xczx/xczxzlgh/201811/t20181129_6163953.htm.

后 记

本书编辑出版得到中国农业科学院农业资源与农业区划研究所、中国农学会高新技术农业应用专业委员会、中国农业科学技术出版社有关领导的重视与支持。在资料收集、整理过程中，得到泸州市农业农村局、凉山彝族自治州农业农村局、泸州市龙马潭区人民政府、泸州市江阳区人民政府、乡城县人民政府、稻城县人民政府、普格县人民政府、盐源县人民政府等的协助，在此表示衷心的感谢！

本书涉及国家、四川省及"三区三州"相关省份扶贫攻坚、农业农村政策及相关数据，在撰写过程中，参考了诸多文献，列出的参考文献难免有遗漏，谨向各位参考文献作者致以诚挚的感谢！

由于时间和作者水平有限，书中难免存在不足，欢迎读者批评指正。